JN411906

자린고비의 노래

자린고비의 노래

초판 1쇄 인쇄 | 2025년 09월 30일
지은이 | 한판암
펴낸이 | 이재욱(필명:이승훈)
펴낸곳 | 해드림출판사
주　소 | 서울 영등포구 경인로82길 3-4(문래동1가 39)
센터플러스빌딩 1004호(07371)
전 화 | 02-2612-5552
팩 스 | 02-2688-5568
E-mail | jlee5059@hanmail.net

등록번호　제2013-000076
등록일자　2008년 9월 29일

ISBN　979-11-5634-650-0

기린고비의 노래

한판암 수필집

해드림출판사

들어가는 글

스물두 번째 나의 민낯과 마주하며

원래는 스무 번째 펴내기로 계획하고 편집했다가 후 순위로 밀렸던 책의 고고성(呱呱聲)이다. 뒤늦은 탄생을 하당영지(下堂迎之)의 마음으로 반기며 가슴에 품는다. 여기에는 아내와 내가 칠십 대 중반과 말(末)에 건강문제로 애태웠던 아픔과 직간접으로 경험했던 흔적이 자분자분 적바림되었는데 이는 노년의 실상을 더덜이 없이 드러내고픈 의도이다. 이런 관점에서 생각할 때 전체적으로 황혼녘에 겪게 마련인 진솔한 삶의 궤적과 사유의 단면을 담담하게 풀어낸 산물의 범주에 해당한다고 하겠다.

글을 쓰는 재주를 타고난 문재(文才)는 아닐지라도 뭔가를 쓰는 것을 매우 즐겼다. 학업을 마치고 대학에 자리 잡고 나서 젊은 날부터 전공 서적 원고를 써서 출판한 책이 정년퇴임까지 얼추 30권이 넘었다. 그런가 하면 지천명(知天命) 후반부터 수필에 매달렸던 결실로 스물두 권 째 수필집을 펴낸 것을 감안할 때 그렇다는 얘기다.

무엇이든 질(質)을 생각하지 않고 양(量)으로 따지는 것은 매우 위험하고 어리석은 짓이라는 사실을 정확하게 꿰뚫고 있다. 그래도 태어나 어떤 종류나 어떤 수준일지라도 50권 이상의 책을 집필했다는 사실은 보람이고 뿌듯한 자랑거리이리라. 이런 마음에서 앞으로도 건강이 허락하는 한 수필 쓰기는 중단 없이 이어지도록 최선을 다할 요량이다. 욕심이긴 하지만 가능하다면 수필집도 지난날 집필했던 대학교재의 숫자(數字)에 버금갈 정도로 펴냈으면 하는 바람이다.

이번 책은 2022년 중반부터 2023년 중반까지 썼던 글 72개를 그러모아 편집했다. 올해 즉 을사년(乙巳年) 동짓달 초여드레(11월 8일)는 우리 내외가 부부의 연을 맺은 지 50주년인 금혼식(金婚式 : gold wedding) 기념일이다. 결코, 적지 않은 세월을 동행하면서 제법 멋있는 지아비로 각인되었다고 자부해왔었다. 하지만 웬걸 이는 달콤한 착각으로 아내는 정반대였던 것 같다. 평소 나에 대한 생각의 일단을 더덜이 없이 옮긴 글 중의 하나가 '앞뒤 꽉 막힌 자린고비'이다. 이 글에서 아이디어를 차용하여 책의 이름은 '자린고비(玼吝考妣)의 노래'라고 새기기로 했다. 한편 책의 구성은 모두 여섯 장(章)으로 나누어 각 장의 이름은 차례대로 노비와 머슴, 잔인한 사월, 되로 주고 말로 돌려받다, 말과 글의 되새김, 배달 의뢰인 미상의 난 화분, 수의 단위를 되새겨 봄 등으로 정했다.

오늘도 글 쓰는 게 즐거워 컴퓨터 앞에 쭈그리고 앉아있다. 제대로 된 글에 이르려면 요원하며 영원히 닿지 못할 꿈이고 바람일지라도 섧거나 떫다고 할 이유는 없다. 왜냐하면 지금의 시점에서 글쓰기는 내 생활의 일부로서 정신 건강을 이끌어 주는 향도(嚮導) 역할을 하는 천군만마 같은 존재이기 때문이다. 이런 맥락에서 '자린고비의 노래'라는 삶의 보고서 출간을 자축하련다.

을사년(乙巳年) 초추(初秋)

한 판 암

* 이 책은 신곡문학상 대상 상금으로 출판되었다. 이에 신곡문학상 관계자 제위께 감사드린다.

차례

Ⅰ. 노비와 머슴

Ⅱ. 잔인한 사월

III. 되로 주고 말로 돌려받다 

IV. 말과 글의 되새김

V. 배달 의뢰인 미상의 난 화분

VI. 수의 단위를 되새겨 봄

I.

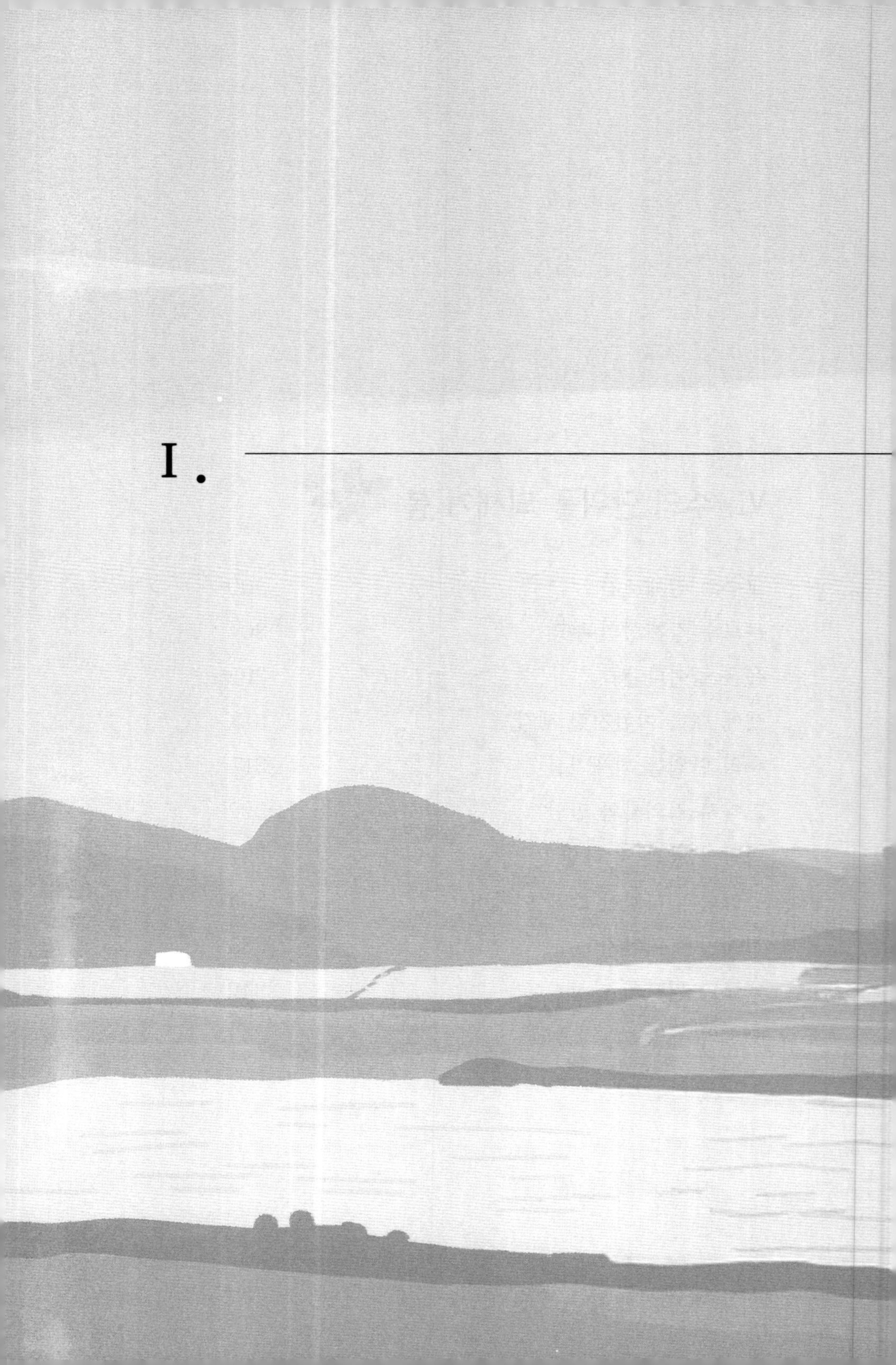

노비와 머슴

기로소 얘기

조선 시대 연로한 고위 문신들의 친목과 예우를 위해 설치했던 관서가 기로소(耆老所)이다. 나이가 많다는 관점에서 생각하면 오늘날의 원로원(元老院) 냄새가 물씬 풍긴다. 한편 회원이 되려면 특정한 자격 조건을 갖춰야 한다는 전제를 감안하면 명예의 전당(Hall of Fame) 같은 기분이 드는 묘한 구석이 있다.

예로부터 60세가 되면 기(耆 : 六十曰耆脂使 : 육십왈기지사)라고 하여 '일을 지시하고 남을 부린다.'고 했다. 또한, 70세가 되면 로(老 : 七十曰老而傳 : 칠십왈노이전)라고 하여, '집안일을 아들에게 넘긴(傳)다.'는 얘기였다. 한편 그 당시 60~70세 노인을 기로(耆老)라고 호칭했다.

역사적으로 기로의 모임은 중국의 당(唐)·송(宋) 시대부터 있었다. 우리나라에서는 고려 시대 문하시랑(門下侍郎)을 지냈던 최당

(崔讜) 등이 치사(致仕)*한 후에 유유자적을 겨냥해 기영회(耆英會)*를 조직한 게 효시(嚆矢)이다.

기로소 최초의 명칭은 기사(耆社)였다가 전함재추소(前銜宰樞所)로 바뀌었고 마지막에는 치사기로소(致仕耆老所)로 개칭되었다. 따라서 우리가 단순히 기로소라고 부르지만, 정식 명칭은 치사기로소이다. 조선의 태조 이성계가 자신의 나이 60세를 넘기면서 기사라는 관청을 만들고 70세 내외의 2품관 이상의 관료를 선발하여 그들의 이름과 자신의 이름도 함께 기사의 명단에 올렸다. 여기에 이름을 올린 신하들에게는 전토(田土), 염전(鹽田), 어전(漁箭), 노비(奴婢) 따위를 하사했다. 이렇게 군신이 함께 어울려 연회를 베풀며 즐기는 것으로 시작하여 나라에서 매년 정식으로 기로연(耆老宴)*을 베풀었다. 한편 태종(太宗)이 즉위하면서 기사에 입소한 사람 중에 수령을 능멸하거나 향리에서 가렴주구(苛斂誅求)를 일삼는 폐단이 적지 않다는 민원이 제기되어 본격적인 개선을 위해 제도 개선을 하면서 전함재추소에 귀속시켰다. 그 뒤 그 이름이 맘에 들지 않는다는 건의에 따라 세종(世宗)은 즉시 치사기로소로 개칭했다. 모든 문신은 그곳에 입소하는 것을 더할 수 없는 영예로 여겼다.

세월이 지나면서 기로소 회원 자격이 한층 강화되었다. 조선 중기 이후에 기로소에 입소하려면 정경(正卿 : 정2품 판서급)으로서 70세 이상의 문신(文臣)만이 회원에 될 수 있도록 엄격히 제한했는데 이들을 기로당상(耆老堂上)이라고 불렀다. 기로소 역할의 간추림이다. 임금의 탄일(誕日), 정조(正朝 : 설날), 동지(冬至), 국경일이나 왕의 행차에 하례(賀禮), 왕의 자문에 응했다.

조선 시대 왕의 평균수명은 46세로 최하위 계층인 상민이나 천민과 비슷한 수준으로 양반의 수명에 비해 10살 정도 짧았다. 이런 점을 암암리에 고려하여 현직 왕이 기로소에 이름을 올릴 수 있는 나이를 60으로, 일반 신하는 70으로 정한 게 아닐까. 그 예이다. 태조인 이성계는 현존하는 왕으로서 60을 넘기면서, 숙종은 태조의 선례를 근거로 59세에, 영조와 고종은 51세에 기로소에 이름을 올렸다. 조선의 여러 왕 중에 기로소에 이름을 올린 경우는 태조, 숙종, 영조, 고종 등 4명뿐이다. 따라서 60세 이상으로서 현직 왕에 재임한 경우는 그들이 전부라는 얘기다. 한편 정종과 광해군은 60세를 넘겨 살았음에도 현역 국왕이 아니라서 기로소에 이름을 올리지 못했다. 또한, 조선 시대 기로소에 입소한 사람은 기껏해야 7백여 명 정도였다.

사진이 없던 시절 행사의 흔적을 길이 남길 방법은 무엇이었을까. 그 내용을 똑같은 그림으로 여러 장 그려서 필요한 사람들이 나눠 보관하고 다시 보는 방법이 유일했다. 그런 맥락이었을 게다. 숙종의 기로소 입소를 기념하기 위해 행사에 참여했던 관료들이 계(契)를 조직해서 계첩(契帖)을 만들었는데 이것이 《기사계첩(耆社契帖)》이다. 따라서 계첩은 같은 행사 내용의 그림을 필요한 수만큼 그려서 일일이 나눠주기에 오늘날의 기념 사진첩과 유사하다. 그렇게 남겨진 계첩이 신기하게도 300년을 훌쩍 넘긴 지금까지도 온전하게 보관되어 국보(제334호)로 지정되었다는 보도가 눈길을 끌기도 했다.

몹쓸 전화(戰禍)가 역사적 유물이나 기록을 한 줌의 재로 날려 안타까운 경우가 어디 한둘일까. 조선 시대 기로소에 입소하는 사람은 녹명안(錄名案)에 이름을 기록했다. 그런데 임진왜란 때 조선 초·중기의 기로소 자료가 완전히 소실되는 참화를 당했다. 그 이후에 다시 편찬했던《기로소제목록후(耆老所題目錄後)》에 따르면 최고령자는 현종 때 윤경(尹絅)으로 98세이었다.

분명히 맹자왈 공자왈을 주워섬기던 옛적의 흔적에 지나지 않는다. 현대의 시각에서는 원로원 같기도 하고, 명예의 전당을 빼닮은 것 같은 묘한 기로소이다. 참으로 생각을 거듭할수록 매력적이고 구미가 당겨 자꾸 돌아보게 한다. 각박한 현실에서 노인복지 차원의 인간적인 냄새와 여유가 있는 정책이 새삼 그리워짐 때문일까.

* 치사(致仕) : 나이가 많아 벼슬을 사양하고 물러남.

* 기영회(耆英會) : 고급 관료나 공신으로 나이 많은 사람들을 초청하여 베푸는 연회.

* 기로연(耆老宴) : 조선 시대 기로소에 등록된 전직과 현직 문신 관료를 위하여 나라에서 베풀어주던 잔치이다. 매년 봄 상사(上巳 : 음력 3월 상순의 사일(巳日)이나 삼짇날(3월 3일) 아니면 가을의 중양절(음력 9월 9일)에 열렸다.

2022년 8월 10일 수요일

호패는 서러운 신분의 상징

조선 시대의 얘기다. 호패법(號牌法)에 따라 16세 이상의 남자들이 차고 다녀야 했던 호패(號牌)는 단순한 신분증이 아니었다. 요즘으로 치면 주민등록증과 같은 역할을 비롯하여 신분의 높고 낮음을 한눈에 가름할 수 있었다. 따라서 평민이나 천민으로 태어났다는 이유로 최하위계층을 뜻하는 호패를 받아드는 순간 얼마나 참담한 자괴감이 엄습했을까. 지체 높은 이들은 언제든지 필요할 때 당당히 꺼내 보였을 터이다. 하지만 서인 이하의 민초들은 나라 법 때문에 지니고 다니면서도 누군가에게 보이려면 머뭇거렸을 게다. 왜냐하면, 꽁꽁 감추고 싶은 신분이 백일하에 드러난다는 이유에서 할 수만 있다면 아무도 찾을 수 없는 곳에 폐기하고 싶은 충동을 자주 받았으리라.

조선 전기와 후기에 따라 다소 다를지라도 호패를 만드는 기본 틀은 엄하게 정해졌다. 한 예로서 태종(1413년) 때의 호패에 대한 규정이다. 먼저 형태는 위쪽은 둥글고 아래쪽은 직사각형인 상원하방(上圓下方) 모양이다. 한편 크기는 '길이 3촌* 7푼*, 너비 1촌 3푼, 두께 2푼'으로 규정하고 있다. 여기까지는 지체 높은 이들과 천민에 차이가 없다. 그런데 신분의 차이에 따라 호패 재질이 확연히 다르다는데 심각한 문제가 있었다. 2품 이상은 상아(象牙), 3~4품은 녹각(鹿角), 5~6품은 황양목(黃楊木), 7품 이하 관원은 자작목(白椴木), 서인(庶人)은 잡목(雜木)으로 만들었다. 물론 숙종 시절에 일반 평민들의 호패를 종이로 만들기도 했었다.

또한, 호패에 새겨지는 내용도 신분이 높을수록 간단하고, 낮을수록 많고 길었다. 심지어 고관대작들은 이름도 없이 관직명만 새겼었다. 예를 들면 3품 이상은 관직만, 산관 3품 이하는 관직·성명·주소를 기록했다. 한편 서인(庶人)은 성명·주소·얼굴색·수염 유무를 적시했다. 그리고 시·산군관은 소속 부대명·신장(身長)을 적시했다. 그런가 하면 잡색인은 역명(役名)·소속·관아·주인·주인 이름·나이·주소·얼굴색·수염 유무·신장 등을 기재하도록 엄히 규정하고 있다.

호패의 유래 요약이다. 원래는 중국 원(元)나라의 제도를 본뜬 것으로서 고려의 공양왕(1391년) 때 도평의사사(都評議使司)의 주청(奏請)에 따라 군정(軍丁 : 군적에 있는 지방 장정)에게 이를 패용(佩用) 하면서 비롯되었다. 이를 조선 시대에 도입하여 폐지하고 부활하기를 여러 임금이 되풀이했다. 태조(1391년), 세조(1459년), 성종(1469년), 광해군(1610년), 인조(1626년), 숙종(1675년)을 거쳐 고종 때까지 이어졌다. 이처럼 호패 제도가 여러 차례 실행했다가 폐지하기를 거듭하며 부침을 했던 숨겨진 연유는 뭘까.

호패법을 도입한 연유이다. 왕권 강화를 기본적 목표로 하고 부수적으로 정확한 가구 수와 주민 수 파악, 신분 질서 강화, 유랑민 방지, 향촌의 거주 환경 안정화, 각종 국역(國役)의 조달, 사회적 안정 도모를 겨냥했다. 그렇지만 처음 시행된 태종 때부터 숙종 때까지 250여 년 동안 호패 제도가 제대로 시행된 기간은 불과 18년이었단다. 세종실록에 따르면 호패를 받은 사람은 전체 인구의 1~2할 정도라는 얘기다. 게다가 성종실록에 호패를 받은 사람 중에 실제로 국역(國役)을 담당했던 양인(良人) 역시 1~2할 정도였다. 이는 많은 백성이 배척했거나 회피했다는 방증이다.

결국, 호패 제도는 그다지 효과를 거두지 못했던 정책으로 주요한 이유의 간추림이다. 백성들이 호패를 받으면 곧바로 호적(戶籍)과 군적(軍籍)에 등재되는 까닭에 군정(軍丁)으로 선발되거나 다양한 국역(國役)의 의무가 부과되어 가능한 한 피하려고 온갖 수단을 동원했던 관계로 효과가 낮았었다. 이런 사회적 풍조가 만연되면서 백성들은 군역이나 국역을 피할 요량으로 양반의 노비를 자청하는 경우가 흔해졌다. 게다가 호패의 위조·교환 따위의 불법이 횡행하면서 혼란이 심했다. 이런 심리는 오늘날 갖은 칭병(稱病)이나 구차한 사유를 끌어다 붙이며 입대를 피하려는 심리와 빼닮은 꼴이다. 물론 호패 제도로 세금을 거둬들이기는 쉬워졌을지라도, 앞서 언급한 국방 의무가 따르는 부담이 크게 부정적인 역할을 했다. 그 당시 천민인 노비에겐 군역(軍役) 의무를 주지 않았기 때문이었을 게다. 호구지책이 막막했던 상인이나 중인들이 군역을 피하려고 가짜로 노비의 호패를 만들어 차고 다니는 웃지 못 할 진풍경도 드물지 않았다. 결국, 민초들의 입장에서 볼 때 신분이 노출 되는데다가 끝없는 의무만 지워지고 실익이 없는 악법이라는 인식이 바탕에 깔려 있어 은근히 배척했다.

태조 때 제정한 호패법을 위반하는 자에게 내리는 처벌규정은 무척 지엄했다. 위조자는 사형(처자는 노비로 영속), 발급 기한을 넘긴 자는 사형(처자는 노비로 영속), 패를 바치고 호패를 받지 않는 자는 중형(重刑), 유이자(流移者)는 감 1등, 차용·대여자는 감 2등, 망실자(亡失者)는 태형(笞刑) 후 재발급, 관리 소홀 자는 태형, 유이자 단속을 하지 못한 이장·수령과 무패자(無牌者)를 통과시킨 관율(關律) 관리는 감 2등이다. 이렇게 엄격했음에도 소기의 목적을 달성하지 못한 연유는 민심을 얻지 못했기 때문이었다. 받는 것이 있으면 그에 상응하는 베풂이 따라야 하는 게 세상 이치라는 평범한 진리를 깨우치지 못한 단견이 빚어낸 당연한 귀결이었다. 오늘날에 비하면 정권을 거머쥔 쪽에서 민의를 핑계 대며 자신들의 실정을 틀어막으려고 무리한 입법을 강행하는 것과 무엇이 다르랴.

지금의 주민등록증이 신분의 높고 낮음이나 직업에 따라 확연하게 구분되는 재질로 만든다는 생각을 감히 할 수 있을까. 이런 생각은 민주사회에서 언어도단으로 도저히 있을 수도 생각할 수도 없는 일이다. 불도장으로 이마에 신분을 나타내는 낙인을 찍는 것과 무엇이 다르랴. 민심을 이반한 정책이 어떤 결과로 귀결되는지 증명해준 사례가 호패법이 아닐까. 신분에 따라 호패의 재질이 다르고 기재 내용이 달라지는 부정적인 요소를 완전히 배제하고 오늘날 주민등록증처럼 만인 평등하게 만들어 그를 통해 얻을 수 있는 각종 자료를 좋은 쪽으로 이용했다면 조선의 모습을 일신했을 터인데. 오랜 세월이 지난 조선의 호패제도는 여러 임금이 공을 많이 들였어도 겨냥했던 소기의 성과를 거두지 못한 정책의 본보기이다. 이를 역으로 말하면 오늘날 모든 정치인이나 위정자들이 겸허하게 반면교사로 삼을만한 역사적 교훈이기도 하다.

* 촌(寸) : 한 자(尺)의 10분의 1 또는 3.03cm에 해당한다.

* 푼(分) : 한 치(寸)의 10분의 1로서 약 0.3cm에 해당한다.

시와늪, 2023년 봄호(통권 59호), 2023년 4월 25일
(2022년 8월 14일 일요일)

부관참시

듣기만 해도 등골이 오싹하고 소름이 돋으며 가슴이 오들오들 떨리는 말이 있다. 학창시절 역사 시간에 들었을 법한 부관참시(剖棺斬屍)가 그런 유형이리라. 그 말을 곧이곧대로 옮기면 '관을 쪼개고 시체를 벤다.'는 의미이다. 하지만 실제로는 '무덤을 파헤치고 관을 꺼내어 시체를 베거나 목을 잘라 거리에 내걸었던 형'의 집행이었다. 자고로 이승을 등진 망자(亡者)에게는 특별한 경우가 아니면 저승길 잘 찾아가라고 잡다한 잘못은 대범하게 덮어주면서 유택을 만들어 주는 대응이 우리의 너그러운 관용이었다.

물론 우리 선조들도 망나니나 못된 짓을 일삼던 사람이나 범법자인 '죄를 지은 사람이 죽음 또는 죄를 지은 사람을 죽임'에 대해서는 야박할 정도로 단호하고 몰인정하게 물고(物故)라고 쏴붙이기도 했다. 하지만 보통의 경우는 사람의 죽음을 영면(永眠)·운명(殞命)·임종(臨終)·작고(作故)라는 다양한 표현으로 애도를 표하며 예를 갖췄다. 불교에서는 열반(涅槃)·적멸(寂滅), 가톨릭에서는 선종(善終), 개신교에서는 소천(召天), 천도교에서는 환원(還元), 통일교에서는 승화(昇華), 대종교에서는 조천(朝天), 유가(儒家)에서는 역책(易簀)·결영(結纓)·불록(不祿)이라는 말로 애도하며 고인의 명복을 빌었다. 이런 문화가 우리 사회의 기저에 도도히 흐르기 때문에 부관참시라는 말은 어디에도 발붙일 여지가 없어 보인다. 그런데도 동서를 막론하고 역사의 소용돌이 속에서 흔히 자행되었던 징벌 행위이다.

왜 죽은 사람의 무덤을 파헤쳐 시신을 꺼내 참혹한 형 집행을 했을까. 이는 '생전에 저지른 극악한 죄상이 사후에 드러나 극형을 추시(追施)했던 일'이다. 실제로 무덤을 파헤치고 관을 꺼내 시체를 베거나 목을 잘라 거리에 내걸었던 형의 집행은 끔찍한 일이었다. 이는 실질적인 형벌이라기보다는 정치적인 목적으로 상징적인 효과를 겨냥한 결연한 의지의 천명이며 다짐이었다. 왜 하필이면 죽은 뒤에 앙상한 유골을 대상으로 그런 행위를 했을까. 살아 있을 때는 정치적인 이유나 엄청난 위세에 주눅이 들어 납작 엎드려 지낼밖에 달리 대처방법이 없지 않았을까. 그런 까닭에 죄목을 따지거나 감히 대적할 수 없어 사후에 상황이 뒤바뀌었을 때 실행했을 게다.

잔인한 짓이 아닐까. 생명이 붙어있는 사람의 치죄(治罪)를 위해서 위해를 가하거나 감옥살이를 시키는 행위는 이해가 된다. 이미 고인이 되어 육탈(肉脫)된 앙상한 유골(遺骨)을 묘에서 꺼내 절단하는 것도 모자라 저잣거리에 효수(梟首)하는 행위는 아무래도 지나친 참형(斬刑)이다. 따라서 누구에게도 환영받지 못할 패륜에 가깝지 않았을까. 물론 극형의 집행이지만 고인에게 실질적으로 아무런 영향을 미치거나 고통을 줄 수 없는 방법이다. 이는 솔직히 이성적인 측면에서 볼 때 가치나 의미를 부여하기 어렵다. 다만 그 무시무시한 치죄(治罪)를 지켜보는 백성이나 후손들에게 강력한 경고로서 유사한 행위가 재발하지 않도록 주의를 환기시키는 효과를 기대할 수 있다. 하지만 그에 반감을 지닌 새로운 적을 만드는 역효과도 무시할 수 없으리라.

예나 지금이나 시신 또는 유골을 훼손하는 행위는 피하고 있다. 그런 행위는 고인의 명예를 훼손하고 후손들에게 지울 수 없는 치욕을 안겨 줄 수 있어 현행의 우리 법에서도 금기시하고 있다. 고인이 살아생전에 씻을 수 없는 죄를 지었거나 인간이기를 포기할 정도로 포악무도했을지라도 많은 생각과 고민 끝에 부관참시를 고려했으리라. 그런 문제가 제기됨에도 동서양을 막론하고 자행되었던 사례는 일일이 열거하기 어려울 정도이다.

부관참시의 대표적 몇몇 예이다. 먼저 신라에 반기를 들었던 김헌창(金憲昌)이 난(亂)을 일으켰다가 웅진성에서 최후를 맞았다. 그때 부하들이 그의 명예를 지켜주기 위해 머리와 몸을 베어 따로 묻었으나 토벌군이 찾아내 부관참시했다. 한편 고려 때《삼국사기(三國史記)》의 저자인 김부식(金富軾) 역시 훗날 무신(武臣)들에 의해 부관참시 당했다. 조선 시대는 너무 많아 놀랄 지경인데 그중에 김종직(金宗直)·성현(成俔)·한명회(韓明澮)·남효온(南孝溫)·

정여창(鄭汝昌)·김옥균(金玉均) 등이 언뜻 떠오른다. 우리나라뿐 아니라 서양에도 마찬가지였다. 대표적인 예로서 영국의 청교도 혁명을 승리로 이끌었던 올리버 크롬웰(Oliver Cromwell) 역시 사후에 부관참시를 당했다. 전체적으로 개인적인 감정이나 적대 관계보다는 거의 정치적인 대립이나 사상적인 차이에 비롯한 경우였다.

우리는 망자의 유택에 잠든 유골은 무연고일지라도 파헤치거나 이장할 경우 무척 신경을 쓰며 예를 갖춰 조심스럽게 다룬다. 이런 사회적 관습에도 불구하고 동서양을 막론하고 부관참시 사례가 부지기수였음은 나라를 다스리는 과정에서 수많은 척을 져 불구대천(不俱戴天)의 원수가 많았었다는 징표가 아닐까. 시체의 목을 벤다는 맥락에서 육시효수(戮屍梟首) 또는 부관참두(剖棺斬頭)라고도 호칭한다. 그렇다고 '죄인의 뼈와 살을 발라내어 죽이는 형벌'인 능지처참(陵遲處斬)과는 전혀 성격이 다른 벌이다. 엄하게 법이 집행되어야 한다는 원칙에 전적으로 동의한다. 하지만 살아 있는 죄인의 살과 뼈를 발라내서 죽이는 형벌은 언어도단이다. 이런 맥락에서 죽은 사람에게 행했던 부관참시나 살아 있는 사람에게 자행했던 능지처참이라는 극단적인 단죄 방법은 우리의 뇌리에서 기필코 말끔하게 지워져야 할 단어가 아닐까.

2022년 8월 16일 화요일

구휼미 얘기

'재난을 당한 사람이나 빈민을 돕는 데 쓰는 쌀'이 구휼미(救恤米)이다. 지금으로부터 얼추 6, 70년 전쯤의 일이다. 6·25 전쟁으로 모두가 쑥대밭이 되었기 때문에 너나없이 초근목피로 연명하며 허덕이던 궁핍한 세월이었다. 그럼에도 대책이 없어 절망에 빠졌을 때 미국을 중심으로 원조해 주었던 옥수숫가루를 비롯해 탈지분유를 무상으로 나눠줬다. 지금 생각하니 주관 기관이나 형태만 다를 뿐 그 옛날부터 제공하던 구휼미의 또 다른 모습이었다. 어린 때문에 누가 무엇 때문에 주는 것인지도 모른 채 학교를 통해 나누어 주는 대로 책보자기에 싸서 집으로 가지고 갔다. 한편 학교에서 점심때마다 분유를 끓인 우유를 줘서 무조건 한 대접씩 마셨었다. 이 같은 추억을 바탕으로 한 구휼미 만남이다.

우리 선조들은 언제부터 빈민을 구제하려는 정책을 펼쳤을까. 역사의 기록에 따르면 고려 말 이암(李嵒)*이 저술한《단군세기(檀君世紀 : 1363년)》에 최초로 구휼(救恤)의 흔적이 보인다. 여기에서 고조선(古朝鮮)의 27세(世) 단군이었던 두밀(豆密) 시절이었다. "심한 가뭄 뒤에 큰비가 내리자 백성들이 곡식을 거둬들이지 못했다. 이에 임금께서 나라의 곡물 창고를 활짝 열고 두루 나눠줬다." 고 기록되어 있다. 이후 고려의 문신인 김부식(金富軾)의《삼국사기(三國史記)》를 비롯해 조선 시대 정약용(丁若鏞)의《목민심서(牧民心書)》나 해방 이후 신정언(申鼎言)이 지은《구휼국사(救恤國史 : 啓蒙俱樂部 發行 : 1946년)》등에 우리의 여러 왕조가 펼쳤던 구휼 정책과 제도를 상세히 열거하고 있다.

고구려와 고려를 거쳐 조선에 이르기까지 이재민이나 빈민을 돕던 구휼미에 대한 정책의 기본 틀은 백성들에게 봄에 빌려주고 가을에 돌려받는 방식인 춘대추납(春貸秋納)의 원칙을 고수했다. 먼저 고구려의 경우 봄부터 가을까지 곡식을 대여해 주었다가 가을에 수확한 뒤에 갚는 제도인 진대법(賑貸法)을 시행했었다. 한편 고려 때는 빈민구휼을 위해 구급도감(救急都監)을 비롯해 재난이나 질병 수습을 위해 구제도감(救濟都監)을 설치했다. 여기에 더하여 세금이나 부역을 감면해 주는 견감제도(蠲減制度)를 채택하기도 했다. 구휼미의 경우는 태조인 왕건 때 설치된 흑창(黑倉)에서 담당했다가 성종 때 그 명칭을 의창(義倉)으로 바꿨다.

조선 시대는 전란을 비롯해 역병의 창궐이나 가뭄과 풍수해 같은 천재지변 때문에 기근에 많이 시달렸다. 얼마나 기근에 극심했으면《숙종실록(肅宗實錄)*》에 "산 사람의 고기를 먹고(噉生人之肉 : 감생인지육) 죽은 사람의 옷을 벗겨 입었다(剝死屍之衣 : 박사시지의).”는 목불인견의 사태에 대한 기록이 보일까. 이 시절을 대표할 대기근(大飢饉)으로 계갑대기근(癸甲大飢饉 : 1593~1594년), 병정대기근(丙丁大飢饉 : 1626~1629년), 경신대기근(庚申大飢饉 : 1670~1671년), 을병대기근(乙丙大飢饉 : 1695~1696년)을 위시해서 수많은 기근 때문에 온 나라가 전전긍긍했다. 한편 조선에서 의창(義倉)을 담당하던 기관은 진휼청(賑恤廳) 혹은 상평창(常平倉)이었다.

조선이 패망하고 일제가 국권을 강점하면서 암암리에 사적으로 개인 간에 쌀을 빌려주고 돌려받는 장리미(長利米 : 장리쌀) 제도가 활기를 띠었다. 이는 6.25 전쟁 휴전 직후인 1950년대까지도 끈질기게 명맥을 이어왔었다. 원래 장리는 ‘봄에 쌀(白米) 한 가마를 빌리면 가을 추수 후에 한 가마 반을 돌려받는 것.’이 기본이었다. 그런 고리(高利)에도 공급이 수요를 따라가지 못하면서 수전노들이 ‘봄에 쌀 한 가마를 빌려주고 가을에 쌀 두 가마를 돌려받는 제도’인 곱장리를 놓아 폐해가 막심했다. 그에 못지않은 횡포도 숱했다. 예를 들면 봄에 좁쌀이나 보리쌀 한 가마를 빌려주고 가을 추수 후에 백미(白米)로 한 가마 반을 돌려받는 악랄한 제도가 하나의 사례이다.

아주 오래전인 삼국시대에 나라의 기본적인 구제 대상은 환과고독(鰥寡孤獨 : 홀아비·과부·고아·독거노인)과 노병빈핍(老病貧乏 : 늙고 병들고 빈곤한 사람)이었다. 이 구제사업의 원칙은 우선 나라에서 비축한 관곡을 각종 재해로 어려워진 백성에게 배급해 구제하는 제도인 관곡진급(官穀賑給)을 시행했다. 다음으로 환과고독의 무의무탁한 빈민들을 구제하는 제도인 사궁구혈(四窮救血)의 시행이었다. 아울러 재해로 피해를 당한 백성에게 재해 정도에 따라 조세를 감면해 주는 제도인 조조감면(租調減免)의 시행이었다. 평소에는 이런 정책을 수행해도 천재지변으로 감당하기 힘든 기근이 들면 구휼미를 폭넓고 많이 풀지 않을 수 없었으리라.

인류 역사상 가장 문명이 발달한 21세기인 디지털 시대를 사는 축복일까. 아니면 그 옛날 천역(天疫)이라고 여겼던 역병(疫病)에 해당하는 신종 코로나바이러스 감염증(코로나19)에 신음하는 국민이 안타까워 나라에서 베푸는 특별 위로금이었던가. 지난해 두 번에 걸친 특별재해 지원금(?)을 수령 했으니 현대판 구휼미를 받은 셈이다. 우리가 낸 세금 가지고 선심 쓰는 정책이라면 무지렁이에게 맡겨도 척척 해낼 수 있다. 이런 현실에서 금쪽같은 사재(私財)를 털어 대기근으로 도탄에 빠져 헐벗고 굶주리던 수많은 도민을 구했다는 제주(濟州)의 거상(巨商)이었던 김만덕(金萬德) 여사의 파란만장한 생과 우뚝한 족적이 떠오르곤 한다. 또한, 경주의 최부잣집의 대를 이어 베풀어온 선행이나 구례 운조루(雲鳥樓) 고택의 주인이었던 류이주(柳爾胄) 선생이 폈던 애민사상 등은 샛별처럼 영롱하게 빛난다. 아울러 현대에 이르러 이승의 삶을 접으면서 전 재산을 사회에 환원했던 유일한(柳一韓) 박사(1895~1971)가 더더욱 태산같이 느껴진다. 적게는 몇 십억에서 많게는 몇 백억의 재산을 가진 우리 사회의 지도자나 그릇이 큰 애국자인 체 행동하는 정치인들이 사유재산을 조건 없이 어려운 이웃이나 도움이 절실한 시설에 쾌척했다는 뉴스가 조석으로 들려오는 세상을 기대해도 되는 걸까.

* 이암(李嵒) : 고려 시대의 문신이며 서화가(1297~1364)였다. 자는 고운(古雲)이고 호는 행촌(杏村)이다. 찬성사를 시작으로 좌정승을 거쳐 수문하시중(守門下侍中)을 지냈다. 글씨에 뛰어나 동국(東國)의 조자앙(趙子昻)으로 불리었으며, 그림으로는 묵죽(墨竹)에 능하였다고 전해진다.

* 《숙종실록(肅宗實錄)》 중에 1697년 2월 10일의 기록 내용 일부이다.

2022년 8월 19일 금요일

등용의 필요 충족조건 신언서판

중국의 당(唐)나라 때 관리 선발의 필요 충족조건이었던 신언서판(身言書判) 얘기다. 당을 건국했던 원년을 기준으로 삼으면 1400년쯤의 일이다(2022(금년) - 618(당 건국 연도) = 1404년). 까마득한 그 시절 오늘날과 견줘도 별로 빠질 구석이 없는 관리 선발기준을 설정해 엄격히 지켰다는 사실이 믿기지 않는다. 체면치레를 위해 유명무실한 방침을 원칙이랍시고 만들어 놓고 눈 감고 아옹 했던 경우와는 전혀 다르다. 설정한 4가지 모두를 만족해야 하기에 「그리고(and)」 조건을 만족시키는 게 결단코 호락호락하지 않다. 다시 말하면 신(身)·언(言)·서(書)·판(判) 등에서 각각 제시하는 조건을 완벽하게 갖춰야 심사에서 통과한다는 얘기다. 그러므로 요구되는 여러 내용 중에 어느 하나만 충족하면 성립하는 느슨한 「또는(or)」 조건이 아니라는 사실에 주목할 필요가 있다. 이런 관점에서 신언사판의 되새김이다.

까마득한 옛날에 신언사판이라는 조건을 관리의 임용 필요 충족조건을 내세웠다. 그로부터 수많은 세월이 흐르고 문명이 최고로 발달한 오늘은 21세기다. 우리는 정권이 바뀔 때마다 공수의 자리를 바꿔가며 고위 공직자 인사 검증을 한답시고 떠는 호들갑이 눈꼴 사나워 외면하기 일쑤이다. 여야를 막론하고 제대로 지키지도 못할 병역 면탈, 불법 재산 증식, 세금 탈루, 위장 전입, 연구부정행위, 성 관련 범죄, 음주운전 등의 조건이 지고지선의 잣대인 양 나팔을 불어대며 으르렁 왈왈거리는 낯 뜨거운 짓을 되풀이하고 있다. 그런데 여태까지 이들 조건을 완벽하게 충족했든 경우는 없었다. 아니 불법 사례의 본보기 같았던 이도 버젓이 장관에 임용되는 낯 뜨거운 꼬락서니를 보여주던 파렴치를 어떻게 받아들여야 할까. 어느 진영이든 입장이 바뀌면 정반대로 표변하기 때문에 아무도 믿을 수 없는 서글픈 현실이 개탄스럽다.

원래 신언서판은 《신당서(新唐書)*》의 〈선거지(選擧志)〉에 나오는데 그 주요 내용은 이렇다. 대체로 생각건대 사람을 고르는 방법은 네 가지가 있다(凡擇人之法有四 : 범택인지법유사). 첫째로 신(身)은 몸을 뜻하므로 체모(體貌)를 말하며 위풍당당하고 건장한 풍위(豊偉)를 주문했다(一曰身, 言體貌豊偉 : 일왈신 언체모풍위). 둘째로 언(言)은 말씨 즉 언변(言辯)을 말하며 옳고 그름을 바로잡을 수 있는 변정(辨正)에 이르러야 한다는 지적이다(二曰言, 言言辭辨正 이왈언 언언사변정). 셋째로 서(書)는 글씨 즉 필적(筆跡)을 말하며 바르고 활달하게 써서 남들이 부러워 따르고 싶을 정도로 아름다운 준미(遵美)의 수준을 요구하고 있다(三曰書, 言楷法遵美 삼왈서 언해법준미). 넷째로 판(判)은 문리(文理) 즉 사물의 이치를 깨달아 인지하는 판단력을 말한다. 그러므로 문리가 우장(優長)하기를 원했다(四曰判, 言文理優長 : 사왈판 언문리우장). 이들 네 가지 조건을 고루 갖추면 골라 뽑을(등용할) 만하다(四事皆可取 : 사사개가취)고 이르고 있다. 결국, 신에서 풍위, 언에서 변정, 서에서 준미, 판에서 우장 등 네 가지 조건을 모두 만족하는 경우는 거의 없었을 게다. 그처럼 인사란 어렵고 힘들어 인사(人事)는 만사(萬事)라는 말이 생겨난 게 아닐까.

당 태종은 토호세력인 기득권을 견제하고 강호에 은둔한 인재들을 널리 발굴해 등용하려는 취지로 과거제도를 채택해 과감하게 시행했다. 이는 천자의 권한을 강화시킴과 동시에 뛰어난 인재를 얻으면서 사적채용(私的採用)의 폐단을 막았기 때문에 결국은 다목적 효과를 거뒀다. 물론 과거에 합격해도 곧바로 등용하지 않고 신언서판이라는 4가지의 엄격한 기준에 따라 다면적인 평가한 뒤에 채용했다. 이 과거제도는 훗날 고려에서도 채용되었을 뿐 아니라 신언서판은 인재 평가의 금과옥조로 활용되었다. 한편 조선시대에도 유교 문화가 지배의 바탕이 되면서 이들은 인재 발굴과 등용에 주요 잣대이었다.

외모가 어연번듯하고 건장한 몸을 지닌 경우는 그렇지 못한 사람에 비해 호감을 느끼게 됨은 당연하다는 관점에서 판단의 기준으로 삼았으리라. 한편 말이란 자신의 가치관이나 철학을 더덜이 없이 표현하기 때문에 무엇보다 중요하며 어눌한 말투나 부정확한 발음이 사회생활 어디에서도 도움이 될 리 만무하다. 아울러 글씨란 심성을 곧이곧대로 나타내는 척도라는 측면에서 바르게 써서 남이 부러워할 만큼의 수준을 요구했을 게다. 이는 단순한 글씨가 아니라 전체적으로 글이 전하려는 뜻을 잘 나타내야 한다는 의미도 함께 담겨있다. 또한, 세상 이치나 문리를 제대로 깨우쳐 사리의 분별 능력이 뛰어남은 무엇보다도 큰 축복이리라.

어떤 경우이든 필요 충족해야 할 모든 내용을 「그리고(and)」 조건으로 완벽하게 만족시키는 것은 극히 어려운 화두일지 모른다. 여러 조건 중에 어느 하나를 만족시키는 「또한(or)」 조건도 충족시키기 어려워 허둥대는 경우도 숱한 현실이다.

우화 한 토막이다. 옛날 대가 집 무남독녀가 혼기를 맞았다. 대감이 여기저기 연통을 넣어 전국을 대상으로 사윗감을 골랐지만 몇 년이 지나도 혼사는 성사되지 못했다. 대감의 행동을 묵묵히 지켜보던 딸이 하루는 도시락을 싸주면서 밖에 나가셔서 반드시 '첫째로 산 좋고, 둘째로 물이 좋으며, 셋째로 정자가 좋은 곳'을 찾아 드시고 오라고 주문했다. 쉬운 것 같지만 만족 조건을 「또한(or)」 조건이 아닌 「그리고(and)」 조건을 붙였다. 딸의 얘기를 대수롭지 않게 받아들이고 종일 찾아다녔는데도 허탕을 치고 점심을 거른 채 돌아왔다. 다음날부터 오랫동안 똑같은 얘기를 들으며 집을 나섰으나 끝끝내 딸이 얘기한 조건의 장소를 찾지 못한 채 돌아오기를 되풀이했다. 그러던 어느 날 몹시 피곤한 몸을 이끌고 터덜터덜 귀가하다가 문득 세상에 완벽한 것이 없다는 평범한 사실을 깨달았다. 놀란 대감이 서둘러 사윗감을 물색했는데 의외의 평범한 젊은이가 적격이라고 판단되어 두 눈 질끈 감고 혼인을 시켰더니 알콩달콩 살면서 백년해로를 하더라는 얘기다.

압축성장과 물질만능주의가 지배했던 어두운 그림자이며 부작용일까. 명문 가정에서 태어나 유복한 생활을 누리며 최고의 교육을 받고 크게 성공한 이들의 숨겨진 치부(恥部)가 곧이곧대로 발가벗겨지면서 치욕적인 수모를 당하는 경우를 수없이 목도(目睹)했다. 이런 세상에서 누구를 막론하고 오염된 세파에 물들지 않고 독야청청했다고 장담할 수 있을지 모르겠다. 그런 자리에 자신을 대입(代入)시키고 생각하며 돌아보자. 과연 떳떳하고 바르며 일관되게 옳은 처신을 해 어디에 내놓아도 돌팔매를 맞거나 손가락질을 당하지 않을 올곧은 삶이었던가. 왠지 자신이 없고 자꾸 위축됨은 무슨 연유일까.

* 《신당서(新唐書)》 : 중국 정사 24사 중 하나이다. 북송 인종(仁宗)의 조칙에 의해 1044년 범진(范鎭)과 여하경(呂夏卿)이 찬수를 시작했다. 그리고 왕주(王疇)와 송민구(宋敏求)를 비롯해서 유희수 등이 추가로 참여했다. 한편 마지막으로 구양수 (歐陽修)가 마무리했다. 1060년에 재상 증공량(曾公亮)에 의해 진상된 당나라에 대한 기전체(紀傳體) 정사이다. 오대십국 후진 시기에 편찬된 《구당서(舊唐書)》와 구별하기 위해 《신당서》라고 호칭한다.

2022년 8월 21일 일요일

칠보시에 얽힌 일화

중국 삼국시대 위(魏)나라의 시인이었던 조식(曺植)이 '일곱 걸음을 걷는 동안 지은 시'라는 〈칠보시(七步詩)〉를 처음 대한 것은 대학 신입생 시절 교양국어 강의이었다. 너무도 강력한 인상을 남겨 거의 60년이 지난 여태까지 이따금 읊조리고 있다. 이 시는 권력에 눈이 먼 형의 삐뚤어진 심보가 오롯이 담겨있어 우리를 슬프게 한다.

> / 깍지를 태워 콩을 삶으니(煮豆燃豆萁 : 자두연두기) / 솥 안의 콩이 울고 있네(豆在釜中泣 : 두재부중읍) / 본래 한 뿌리에서 났건만(本是同根生 : 본시동근생) / 왜 이리 급하게 삶아대는지(相煎何太急 : 상전하태급) /

한나라의 승상이었던 조조(曹操)가 병사한 뒤 태자였던 조비(曹丕)가 왕위를 승계했다. 그 무렵 누군가가 동생인 조식(曺植)이 술에 취하면 조정을 헐뜯음은 물론이고 사신도 옥에 가둔다는 음해

성 제보를 했다. 그들은 같은 부모에게서 태어났다. 태자인 조비 보다 동생인 조식이 더 영리하고 학문의 재주가 출중하여 처음엔 아버지 조조가 작은아들을 태자로 책봉하려 했다. 하지만 신하들의 강한 반대로 뜻을 이루지 못했다. 어찌 되었든 이런저런 이유에서 형인 조비는 항상 동생의 재능이나 총명함에 심한 열등감을 느껴왔다.

언젠가 전장으로 떠나는 아버지 조조에 대해 작은 아들인 조식이 아버지의 공덕을 찬양하는 발군의 시를 지어 뭇사람들의 칭송과 선망을 한 몸에 받았다. 그때 큰아들인 조비에게 어떤 신하가 태자께서는 전장으로 떠나시는 승상(조조) 앞에서 슬픈 표정만 하고 있으라는 조언에 따라 말없이 눈물만 뚝뚝 흘렸다. 그 모습을 본 아버지 조조는 태자의 효성이 지극하다고 여겨 크게 감동하여 신뢰하게 되었다.

어려서부터 동생에게 열등감을 느껴오던 차에 동생이 나랏일에 대해 어깃장을 놓고 사신을 옥에 가두는 패륜적인 행동을 일삼는다고 생각했다. 이는 필시 역모를 획책하는 이심(異心)이 분명하다고 여겨 이참에 동생을 아예 제거할 심산이었다. 이런 속내를 알아챈 어머니인 변태후(卞太后)가 동생이 아무리 미워도 그리하면 안 된다고 강력하게 주장을 했다. 그를 내칠 수 없어 묘수를 생각해 냈다.

조식을 소환해 더 낮은 직위로 강등시켰다. 한편, 네가 시를 잘 짓는 것으로 천하에 알려졌는데 다음의 조건을 준수하는 전제하에서 일곱 걸음을 걷는 동안 시를 지어야 한다는 얼토당토않은 엄명을 내리며 그렇게 한다면 너의 죄를 사해 주리라고 했다. 이런 고사를 들여다보면서 과연 어떤 경우라도 하늘에 해가 둘일 수 없으며 권력이란 부자 형제간에도 공유할 수 없는 것일까 하는 생각을 곱씹어보게 했다.

《삼국지연의(三國志演義)》에 의하면 최초에 〈칠보시〉 시제(詩題)로 등장한 것은 이렇다*. "소 두 마리가 싸우다가 한 마리가 밀려 우물 속으로 떨어지는 모습을 일곱 걸음을 걷는 동안 시로 지어야 하되 소 두 마리가 싸우다가 한 마리가 우물 속으로 떨어져 죽었다."는 내용이 포함되면 안 된다는 전제조건을 제시했다. 이런 조건을 충족시키는 시를 짓지 못하면 참수를 하겠다고 했다. 조식이 천천히 걸음을 옮기며 나지막한 목소리로 이렇게 시를 읊었다.

/ 두 덩이의 고기가 길을 가지런히 가는데(兩肉齊道行 : 양육제도행) / 머리엔 볼록한 뿔이 달렸네(頭上帶凹角 : 두상대요각) / 서로 철산 밑에서 만나(相遇凸山下 : 상우철산하) / 홀연히 서로 싸움이 벌어지네(欻起相唐突 : 훌기상당돌) / 두 대적이 다 함께 강할 수 없어(二敵不俱剛 : 이적불구강) / 한 고깃덩이는 토굴 속으로 쓰러지네(一肉臥土窟 : 일육와토굴) / 힘이 부족한 것이 아니라(非是力不如 : 비시력불여) / 기운을 다 쏟지 못한 탓이로세(盛氣不泄畢 : 성기불설필) /

정확하게 일곱 걸음 만에 시를 지었다. 조비는 공연히 트집을 잡아 걸음이 너무 느렸기 때문에 인정할 수 없다며 다시 이런 시제를 제시했다. "형제를 묘사하는 시를 짓되 자기들(조비와 조식)이 형제라는 내용이 포함되면 안 되며 이번에는 일곱 걸음을 걷는 동안이 아니라, 령(令)을 내림과 동시에 시를 읊어야 한다는 거의 불가능한 조건"을 내 걸었다. 그 명령이 떨어짐과 동시에 조식이 줄줄 읊어 댄 시가 글머리에서 적시한 〈칠보시〉이다.

〈칠보시〉를 묵묵히 듣고 있던 조비는 양심의 가책과 함께 많은 것을 느꼈는지 아니면 생모인 변태후의 간곡한 말씀 때문인지 모를 일이다. 동생을 죽이지 못하고 목숨을 살려 임지로 돌려보냈단다. 그 후 더욱 열악한 변방으로 쫓겨나 울분을 삭이던, 조식은 울화병으로 한 많은 생을 마감했다.

열등감에 사로잡힌 옹졸한 형의 품성은 과연 제왕다웠는지 의문이 가시지 않았다. 그런가 하면 갑자기 일곱 걸음을 걷는 동안도 아니고 시제가 떨어지기 무섭게 그렇게 빼어난 시를 지었다는 사실이 믿기지 않는다. 왜냐하면, 아무리 문재(文才)가 뛰어난 천재라도 과연 가능할 것인지 갈피를 잡을 수 없기 때문이다. 한편 같은 어머니에게서 태어난 동생과도 공유할 수 없는 게 권력이라는 사실을 되새기며 모골이 송연했다. 물론 우리 조상들의 더러운 왕권 다툼에서도 있었던 비근(卑近)한 예이기도 하다. 이런 이유에서 오늘날의 권력이라는 것은 왕정 시대에 비하면 하찮을 뿐이라고 생각된다. 그런데도 정상배를 빼닮은 패거리들이 여야의 입장이 뒤바뀌며 이합집산을 거듭하면서 싸움질로 날이 새고 해가 저물어가는 꼴이 그 옛날과 다를 바 없다. 그들의 마음에 조금이라도 국민을 생각하고 있다면 더할 수 없이 좋겠다. 그런 동네에 눈길을 빼앗기지 않고 살아온 게 다행이라고 여김은 못난이의 독백이며 푼수데기의 얼토당토않은 자위일까.

* http://namu.wiki/칠보시

2022년 10월 26일 수요일

최악의 귀양살이 위리안치

지독한 귀양살이인 위리안치(圍籬安置) 얘기다. 그 옛날 주로 왕족이나 고위관리에게만 적용되던 형벌로서 민초들과는 그다지 관계가 없다. 이는 중죄인에 대한 유배형(流配刑) 중의 한 가지로서 '유배된 죄인의 거처(집) 둘레에 가시 울타리를 치고 그 안에 가두던 일'을 뜻한다. 가장 중죄인에게 내리던 형벌로서 살아 있는 자의 무덤이라고 하여 집 밖으로 도망가지 못하도록 완전히 차단했다. 그리고 외부인의 출입도 철두철미하게 막아 세상과 단절시켰다.

한편 귀양살이는 대략 네 가지 유형이 있었다. 죄의 경중에 따라서 고향에서 지내도록 벌하는 본향안치(本鄕安置), 변방에서 지내도록 벌하는 극변안치(極邊安置), 섬(島)에서 지내도록 벌하는 절도안치(絶島安置), 중죄인을 가시 많은 탱자나무 울타리로 둘러싼 집안에 갇혀 지내도록 벌하는 위리안치(圍籬安置)가 있다.

'죄인을 먼 변방의 오지나 섬으로 보내 일정한 기간을 살게 하던 형벌'이 귀양이다. 귀양의 본딧말은 귀향(歸鄕)으로 고려나 조선 시대 '죄를 지어 관직에 나갈 수 없는 자'들이 귀향하게 되면서 비롯되었는데 발음이 변하여 귀양으로 바뀌었다는 전언이다.

오늘날 개념으로는 철저한 분리와 고립을 전제로 한 채 그림자처럼 살아가도록 조치하는 가택연금형(家宅軟禁刑)이 위리안치이다. 여기서 위리안치의 조건이 얼마나 엄하게 정해 시행했는지의 한 예이다. 조선의 세조(世祖) 10년에 의금부에서 건의한 안치 죄인인 화의군(和義君) 이영(李瓔) 등에 대한 금방조건(禁防條件) 중에 중요 내용 간추림이다. "첫째로 담장밖에 녹각성(鹿角城)*을 설치하며, 둘째로 바깥문은 늘 자물쇠로 잠그고, 일상적인 먹거리는 열흘에 한 차례씩 조달해 주며, 울안에 샘 즉 우물을 파서 음용수 문제를 해결하도록 조치하고, 외부인과 소통을 철저히 차단한다. 셋째로 외부인이 출입하거나 혹은 각종 물품을 제공하는 자는 불충(不忠)으로 처벌한다. 넷째로 수령이 불시에 점검하여 문을 지키는 자가 비리를 저지르면 법률에 따라 엄하게 치죄한다."라고 기술되어 있다. 이런 분위기라면 안치 죄인의 심신이 피폐해져 정상일 수 없으리라.

조선 시대 형벌 중에서 곤장 100대를 맞고 멀고 먼 변방이며 사람이 살기 어려운 개마고원 중심부의 황무지 같은 삼수갑산(三水甲山)으로 유배되어 위리안치되었다가 죽임을 당하는 게 최악의 귀양살이였다. 그렇다면 한양에서 거의 3000리 떨어진 오지 중의 오지를 유배지로 정했을까. 이처럼 곤장을 때리고 멀리 변방으로 유배를 보내는 형벌이었던 조선 시대 형법의 근간은 중국의 명(明)나라 법전인 〈대명률(大明律)〉이었다는 귀띔이다. 이에 따르면 유배를 보낼 때 죗값에 따라 2000리~3000리까지 보내도록 되어 있었다. 하지만 조선에서는 국토가 좁아 한양에서 2000리 밖으로 귀양을 보내는 게 사실상 어려웠다. 때문에 통상적으로 900리 정도 떨어진 변방으로 유배를 보냈다. 그런데 법에 죄를 면하고자 바치는 돈인 속전(贖錢) 즉 속죄금(贖罪金) 제도가 있어 관료 정도만 되어도 장형을 받고 귀양 가는 일은 드물었다. 이런 관점에서 조선 시대에도 유전무죄 무전유죄(有錢無罪 無錢有罪)라는 조소와 한탄이 널리 회자되지 않았을까.

대역 죄인은 한양에서 멀리 떨어진 열악한 오지에 유배된 채 누추한 거처(집)에는 드높은 탱자나무 울타리(15~30척(尺) 정도의 높이)로 둘러싸인 상태에서 지내야 했다. 바람과 햇볕을 제외하곤 아무것도 드나들 수 없는 환경인 까닭에 과연 정상 생활이 가능했을까. 외부와 완벽하게 단절된 절애고도 같은 옹색한 곳에서 숨통을 조이는 생활은 정신적 갈등에서 벗어날 수 없었으리라. 한편 실제로 위리안치 당했던 몇몇 예이다. 연산군은 강화도 교동에 위리안치 되었으나 불과 2개월 만에 유배지에서 생을 마감했다. 그리고 광해군도 인조반정 이후에 강화도 교동에 위리안치 되었다가 병자호란 이후에는 제주도로 옮겨졌다가 그곳에서 사망했다. 또한, 추사 김정희도 제주도에 위리안치 되어 8년을 보내기도 했다.

어떤 귀양이든지 오늘날에 견주면 무기징역에 해당하기 때문에 내일을 기약할 희망이 없었다. 따라서 비록 위리안치의 형벌이 아닐지라도 모든 귀양은 그 끝을 예측할 수 없어 절망의 연속인 삶이었다. 우리에게 잘 알려진 고산(孤山) 윤선도(尹善道)는 4차례에 걸쳐 25년 동안 귀양살이를 했었고, 다산(茶山) 정약용(丁若鏞)은 18년 동안 강진에서 귀양살이를 했다. 보통 사람이라면 그동안 모든 걸 포기하고 세월을 탓하며 술에 찌들어 폐인이 되기에 십상이다. 그럼에도 정약용은 유배 생활 중에 《목민심서(牧民心書)》 같은 저술과 학문 연구에 발군의 성과를 거둔 특이한 경우이다.

고관대작으로 고래 등 같은 저택에서 떵떵거리면서 아랫것들을 부리며 살다가 오지에서 외부와 완전히 단절된 삶은 생각만 해도 등골이 오싹할 터이다. 게다가 귀양길의 이동 비용이나 유배지에서 의식주 모두 스스로 해결해야 했기에 경제적 궁핍에다가 정신적 피폐는 극에 달했으리라. 이러한 처지에서 체통을 지키거나 정상적인 처신은 구두선(口頭禪)에 지나지 않았을 것이다. 만일 요즈음 개인을 집에 감금하고 외부인과 소통이나 만남을 완전 차단함과 동시에 온라인(online)이나 오프라인(offline)의 소통 망(網)이 완전히 단절된 상태에서 숨만 쉬며 목숨을 부지해야 한다면 과연 며칠이나 정상적으로 버텨낼 수 있을지 모르겠다. 이런 관점에서 생각할 때 그 옛날 귀양살이는 오늘날 감방에 갇혀 무기수(無期囚)로 살아가는 경우보다 혹독한 형벌이 아니었을까.

* 녹각성(鹿角城) : 적의 침입을 방지하기 위하여 짧은 나무토막을 비스듬하게 박아 놓거나 십자 모양으로 울타리처럼 만들어 놓은 것으로 오늘날에 비하면 바리케이드(barricade)와 유사한 개념의 구조물이다. 그 옛날 성 둘레에 연못을 만들어 적의 침입을 방지하려던 해자(垓子)와 비슷한 개념이다.

한맥문학동인사화집 제23호, 2023년 2월 28일
(2022년 11월 7일 월요일)

선달그믐의 세시풍속

음력으로 선달그믐날의 풍속이다. 본디 선달그믐이란 음력으로 선달의 마지막 날을 지칭하며 대회(大晦)라고도 했다. 또한, 이날 밤을 제야(除夜)라고 호칭했다. 이의 유의어(類義語)로서 분세(分歲 : 불교 선사에서 제야를 이르는 말)·세제(歲除)·제석(除夕) 따위가 있다. 이 풍습은 분명히 음력의 선달그믐날 행해지던 습속(習俗)인데 현대에서 이르러 슬그머니 양력 12월 31일 날이 꿰차고 앉아 안방마님 노릇을 하는 모양새로 바뀌었다. 이날의 풍습 몇 가지이다.

가장 먼저 떠오르는 것이 수세(守歲)로서 다른 말로 해지킴 또는 불밝히기이다. 이는 선달그믐날 밤에 잠을 자지 않고 꼬박 새우던 습속을 뜻한다. 원래 이 풍속은 중국의 촉(蜀)에 연원을 두고 있다. 그 옛날 촉나라에서는 한 해의 마지막 날 술과 음식을 장만해 잔치를 베풀며 여러 사람이 어울려 새해를 맞이했는데 이를 별세(別歲)라고 했다. 한편 이날 밤에 집안을 등불로 밝히면서 잠자지 않던 습속을 일컬어 수세(守歲)라고 했다.

수세의 유래에 대해 두 가지 설이 있다. 우선 《동국세시기(東國歲時記)》에 의하면 수세란 경신수야(庚申守夜)의 유속(儒俗)으로 수경신(守庚申)을 모시던 유교 행사라고 한다. 아울러 《고려사절요(高麗史節要)》에 따르면 수세는 고려에서 국속(國俗)의 하나로 행해졌다는 전문가들의 귀띔이다. 또 다른 유래로서 천상에서 내려오는 조왕신(竈王神)을 영접하기 위해 부뚜막에 환하게 불을 밝힌다는 것이다. 실제로 《동경몽화록(東京夢華錄)*》에 의하면 제야에 부뚜막의 불을 밝혀 놓는 습속이 조허모(照虛耗)란다. 한편 민가에서 화롯가에 둘러앉아 밤을 새우는 것을 수세라고 했다.

원래 중국에서 섣달그믐날 밤에 조왕신을 위해 부뚜막과 솥에 환하게 불을 밝혀 놓는 습속이 있었다. 그 이유는 이렇다. 조왕신이 지난 1년 동안 집안에서 발생했던 대소사를 옥황상제께 보고하기 위해 천상으로 갔다가 섣달그믐날 밤에 부뚜막으로 강림하여 좌정한다는 믿음에서 그런 풍습이 생겨났다. 이들 풍속이 수세의 기원이 되었다는 얘기다. 그런데 조선의 영조 때(1759년 영조 35) 대나례(大儺禮)*와 함께 경신일(庚申日)의 풍속은 폐지되었다. 어린 시절 회상이다. 섣달그믐날 밤에 잠을 자면 눈썹이 센다는 어른들의 말에 기를 쓰며 잠을 이겨내려 버티다가 나도 모르는 사이에 잠이 들었었다. 아침에 일어났는데 가족들이 나를 보고 하얗게 눈썹이 셌다고 걱정을 하며 겁을 줘서 거울을 보니 오호통재라! 할아버지처럼 변해있었다. 그래서 울고불고 야단법석을 떨었던 기억이 여태까지 또렷하다.

다음으로 떠오르는 게 제야의 종이다. 예부터 절에서는 음력 섣달그믐날이나 대회일(大晦日)이면 중생들의 백팔번뇌를 없앤다는 의미에서 종을 108번* 쳤던 데서 유래했다는 얘기다. 한편 섣달그믐에 궁중에서 큰 소리가 나는 대포를 쏴서 악귀를 멀리 쫓는 연종포(年終砲)가 있었다는 기록이 보여도 종(鐘)을 울리며 새해를 맞았다는 기록은 없다. 한편 조선이 건국된 뒤에 한양성을 축성하고(1938년) 4 대문과 종로에 자리한 종루(鐘樓 : 현재 보신각)가 완공된 뒤에 새벽 4시에 종을 33번치고 성문을 열었고, 저녁 10시에 28번 종을 치고 성문을 닫는 의식이 시작되었다.

조선 후기에 종각(鐘閣)이 보신각으로 개칭되면서 정오와 자정에 타종하는 것으로 바뀌었다(1895년). 그 후(1908년) 포(砲)를 쏘는 것으로 대체했었다. 아울러 일제 강점기에 접어들면서 타종이 중단되었다가 경성방송국이 특별기획으로 정초(1929년)에 제야의 종소리를 방송했었다. 광복의 어수선함과 6·25 전쟁의 참화를 겪으며 소실되었던 보신각이 중건되었다. 그해(1953년) 말부터 타종 행사가 부활했다. 원래의 보신각종은 세조(1468년 : 보물 제2호) 때 만든 종을 사용했다(1984년). 그러다가 새로 주조한 현재의 종으로 바꿔 타종하며(1985년) 국태민안(國泰民安)을 기원하고 있다.

제야의 종은 33번 타종한다. 그 이유는 조선 시대 새벽 4시에 보신각에서 사대문이 열리는 것을 백성들에게 알릴 때 33번 타종했던 관습을 그대로 따른 것이다. 이처럼 매일 새벽 4시 즉 인정(寅正)에 종을 타종하던 것을 파루(罷漏)라고 했다.

요즈음 요원의 들불처럼 번지는 해넘이 행사 얘기다. 해넘이를 다른 말로 바꾸면 해질녘·해질물·일몰(日沒)이다. 그런데 해넘이는 해돋이에 대비되는 말로서 해거름보다 한발 늦은 시각을 뜻하기 때문에 해가 서산마루 또는 지평선 너머로 넘어가는 시각을 의미한다. 이런 견지에서 저녁때 해의 아랫부분이 서산마루나 지평선에 닿는 순간부터 점점 사라져 완전히 자취를 감추는 순간까지를 이르는 개념으로 받아들이면 무리가 없다. 따라서 해넘이나 해돋이의 시각은 계절에 따라 다르게 마련이다. 장관(壯觀)의 지는 해를 보며 바쁘게 살아온 한 해를 돌아보고 자성과 성찰에 이르러 새해의 소망을 비손하는 경건한 모습은 더 할 수 없이 진지하고 정겨워 미소가 절로 번지게 마련이다. 이런 모습에 비해 요즘 시끌벅적하게 떼를 지어 머나먼 길을 달려가 기념사진 몇 장 촬영해 여기저기 사이트에 올리기에 급급한 해넘이는 왠지 탐탁하지 않다. 올곧은 기원 행위라기보다는 관광 목적이 크다는 생각에 덥석 동의하기 어려움은 꼰대스러움 때문이 아니었으면 좋겠다.

마지막으로 오늘이 바로 까치설날이다. 동요에서 "까치 까치설날은 어저께고요, 우리, 우리 설날은 오늘이래요…"라고 하지 않았던가. 깜빡하고 까치들에게 안부를 전하지 못하는 결례를 범했다. 오늘 날씨가 그다지 춥지 않아 다행이다. 하지만 오늘 아침에 떡국 한 그릇이라도 챙겨 먹었는지 모르겠다. 옛날엔 국조(國鳥)로 추앙

받았던 그들이 세월이 바뀌면서 미운털이 단단히 박힌 해로운 새의 상징으로 낙인찍혀 심하게 배척당하는 옹색하고 서러운 처지이다. 그래도 지난날 아끼던 이웃이었기에 평소 꽁꽁 닫아걸었던 마음의 빗장을 활짝 풀어버리고 말부조 일지라도 진솔하게 전하는 게 도리가 아닐까.

두 주일 전쯤이었다. 같은 길을 걷고 있는 글쟁이들이 내일 아침 마산의 변두리인 광암해수욕장 주변의 데크 로드(deck road)를 걸으며 해돋이를 맞으려는데 동참했으면 좋겠다는 연락을 받았었다. 하지만 선약 때문에 불가하다고 정중히 거절했었다. 이런 사태를 예견했던 선견지명이었을까. 요즘 감기가 무척 심해 3차례 병원을 오가며 링거 주사를 맞는 법석까지 떠는 주접을 떨기 바빠 내일 기묘년 원단의 선약도 취소했다. 게다가 오늘 해질녘 동네 뒷산에 해거름에 올라가 조용히 지난 한 해를 돌아보며 맞으려 했던 해넘이도 아쉽게도 접어야 했다.

* 《동경몽화록(東京夢華錄)》 : 맹원로(孟元老)가 북송(北宋)의 수도인 개봉(開封)의 민속, 역사와 문화를 기록한 책이다. 저자는 북송 말에 지금의 하남성 개봉시인 동경(東京)으로 들어와 23년을 살다가 금나라 군대의 남침으로 동경을 떠나 강남으로 피신했었다. 그런 연유로 동경의 모습과 사회생활, 풍속과 인정에 대해 익숙해졌다. 그래서 말년에 동경을 회상하며 당시의 일들을 묘사한 책이다.

* 대나례(大儺禮) : 고려와 조선 시대 섣달그믐 전날 밤에 잡귀(雜鬼)를 몰아내기 위해 궁중에서 벌였던 의식. 악귀를 쫓고 정결하게 새해를 맞이한다는 뜻으로 대궐 안을 정갈하게 청소한 뒤에 역신(疫神)을 쫓기 위하여 붉은 옷을 입고 가면을 쓴 소년이 4개의 황금빛 눈을 가진 가면과 검은 저고리에 붉은 치마를 입고 곰의 가

죽을 뒤집어쓴 방상씨(方相氏)와 싸우던 의식을 행했다는 전언이다.

* 108번의 타종 : 불교에서는 인간의 모든 번뇌를 제거하는 의미로 여겼고, 1년은 12달로서 24절기이며, 절기마다 3 후(초후(初候), 중후(中侯), 말후(末候))로 나뉘기 때문에 24 × 3=72 후를 합하면 108(12달 + 24절기 + 72 후)이 된다. 이는 불교의 백팔번뇌(百八煩惱)와 결이 다른 개념이다.

불교에서 이르는 백팔번뇌에 대한 셈법에는 대충 다음과 같은 두 가지 셈법이 있는 것 같다. 그 첫째로 불교에서 육관(六官 : 耳(소리)·目(색깔)·口(맛)·鼻(냄새)·心(뜻)·體(감각))이 상호작용해서 발생하는 온갖 번뇌가 '좋고(好)·나쁘고(惡)·좋지도 싫지도 않은(不好不惡) 평등(平等)'의 3가지 인식작용을 하는데 이것이 곧 18(3 × 6)가지 번뇌이다. 여기에 '탐(貪)과 불탐(不貪)'이 있어 36(18 × 2) 가지가 된다. 또한, 이를 '전생(前生)·금생(今生)·내생(來生)'의 3세를 적용시키면 108(36 × 3)이 되는데, 이것이 백팔번뇌이다. 또 다른 백팔번뇌의 셈법을 한마디로 요약하면 이렇다. 견혹(見惑) 88가지에다가 수혹(修惑) 10가지를 합하면(88 + 10) 98가지가 된다. 여기에 탐심(貪心)과 진심(嗔心) 그리고 치심(癡心)의 근본에서 발생하는 10가지 부수적인 번뇌를 합하면(98 + 10) 백팔번뇌라는 견해이다.

2022년 12월 31일(섣달그믐날) 토요일

익선관에 담긴 의미

조선 시대에 왕이나 세자를 비롯한 세손이 머리에 쓰던 관(冠)이 익선관(翼善冠)이다. 이 시절 조정에서 관료들이 집무 시에 사모관대(紗帽冠帶) 규정에 따라 갖춰 입었던 관복(官服)과 관모(官帽)로서 문무(文武)와 품계(品階)를 구별해 위계질서를 확립했다. 하지만 관료들과 달리 왕이나 세자를 비롯한 세손의 경우는 무늬와 색상은 다소 다를지라도 의복은 상복(常服)으로 곤룡포(袞龍袍)를 입었고 머리에는 익선관을 썼다. 여기서 익선관은 매미의 날개를 본떠서 만든 관인데 특히 왕이 쓰는 익선관은 매미의 양쪽 날개를 하늘로 향하게 만듦으로써 위엄(威嚴)이 있어 보이도록 했다는 사실에 눈길이 끌린다.

관료들은 관모, 왕은 익선관을 썼던 이면에는 중국의 진(晉) 나라 때 육운(陸運)이 〈한선부(寒蟬賦)〉에서 일렀던 '매미의 오덕(五德)을 망각하지 말고 기리며 청렴하고 강직하게 선정을 펼치면서 백성을 다스리라는 위민(爲民) 철학이 담겨' 있다.

원래 매미는 길게는 7년 동안 땅속에 있다가 성충이 되어 밝은 세상에 나와 선탈(蟬脫)한 뒤에 기껏해야 10여 일 안팎을 살고 미련 없이 짧은 생을 마감한다. 하지만 그 생김새나 행동거지로 볼 때 나무라거나 흠잡을 데가 없다는 맥락에서 일찍이 진나라 시인이었던 육운이 아래와 같은 오덕을 지녔다고 〈한선부〉에서 칭송했다. 첫째로 매미의 입이 곧게 뻗은 모양이 갓끈 늘어진 것을 연상시켜 이는 학문을 이르고(文), 둘째로 맑은 이슬만 먹고살기 때문에 청빈하다는 것이고(淸), 셋째로 사람이 먹는 곡식은 손대지 않으니 염치가 있다는 것이고(廉), 넷째로 구태여 집을 짓지 않고 나무 그늘에서 살기 때문에 검소하다는 것이고(儉), 다섯째로 철에 맞춰(오고 가며) 울어 절도를 지키니 신의가 있다(信)는 것이다. 결국, 이들을 요약할 때 매미는 문(文)·청(淸)·염(廉)·검(儉)·신(信) 따위의 다섯 가지의 덕목을 갖췄다는 견해이다.

육운이 지적했던 매미의 오덕 영향이었을까. 전통적으로 매미에 관한 생각은 무척 관대했다. 그런 예의 한 가지이다. 고려 때 이규보(李奎報)가 지은 〈방선부(放蟬賦)*〉에 나오는 내용이다. 거미줄에 걸려 버둥대는 매미를 날려주려 하는데 옆에서 뜨악하게 지켜보던 이가 "둘 다 똑같은 미물(微物)인데 매미를 살려주면 거미는 굶어 죽는데 왜, 풀어주느냐."고 이유 있는 항의를 하자 이렇게 답했다. "거미는 성질이 탐욕스럽고 / 매미는 심성이 맑은지라 / 배 부르려는 욕심은 채워지기 어려우나 / 이슬 먹는 창자야 무슨 욕심이 있을 것인가 / 욕심 많고 더러운 놈이 맑은 놈을 박해하니 / 내 어찌 동정이 없겠는가."라고 답했다. 같은 하찮은 미물임에도 매미에게 잔뜩 기울어진 속내가 확연하다.

매미의 오덕을 각별하게 여겼던 덕치(德治)의 일환이었을까. 조선 시대 일평생 벼슬의 언저리에도 가보지 못했던 이름 없는 백성들에게도 혼례식에서만은 관료들의 복식을 갖춰 입는 것과 궁궐 여인들이 착용했던 원삼(圓衫) 족두리 차림으로 혼례를 치르도록 허용했다. 다시 말하면 평민들로 혼례 때 신랑은 사모관대를 하는가 하면, 신부의 경우는 궁궐의 여인네들이 가례(嘉禮) 때에 차려 입었던 원삼 족두리를 착용하고 예식을 치르도록 배려하는 은전을 베풀었다.

우리의 경우 급진적인 산업화 과정에서 경박한 물질문명이 모든 것을 압도했던 때문일까. 타고난 그릇에 비해 지나치게 과다한 이름 때문인지 일궈낸 부(富)나 거머쥔 권력에 비해 인품이나 덕(德)이 턱없이 모자라는 함량 미달인 정신적 가난뱅이들이 부지기수이다. 이처럼 영혼이 피폐해진 족속들은 진부하다고 여길지도 모르는 매미의 오덕을 되새김질하는 진솔한 자성과 성찰이 절실한 작금이 아닐까.

* 〈방선부(放蟬賦)〉 : 매미를 놓아주며 부른 노래

문학춘하추동, 제2호, 2023년 6월 10일
(2023년 1월 30일 월요일)

노비와 머슴

얼핏 생각하면 서로 닮은꼴일지라도 그렇다고 단정하기엔 찜찜한 노비와 머슴의 차이다. 원래 맡았던 일이 어렵고 힘든 육체적 단순노동이었다는 관점에서 외형적으로 비슷할지 모른다. 하지만 태생적으로 전혀 다른 차원에서 탄생한 개념이다. 실제로 노비(奴婢)는 높고 낮음을 뜻하는 신분적인 계층을 나타내는 개념이다. 이에 비하여 머슴은 직업의 한 유형으로서 경제적인 사상에 바탕을 두고 생성된 것으로 오늘날 연봉제의 효시(嚆矢)인 셈이었다.

노비(奴婢)를 순우리말로 종이라고 했다. 그런데 사내종을 노(奴), 계집종을 비(婢)라고 했으며 이들 둘을 통틀어 노비라고 호칭했다. 동서양을 막론하고 노비의 신분은 세습되었고, 물건처럼 매매 대상이었으며, 생사여탈권(生死與奪權)은 주인에게 주어졌다. 한편 노비의 갈래는 태생이 노비인 자(者), 빚을 진 자, 나쁜 일을 한 자, 전쟁 포로, 자매(自賣)*를 한 자 따위로 분류할 수 있다.

노비 종류의 간추림이다. 먼저 나라의 다양한 관청이나 지방의 관아에 예속된 공노비(公奴婢)이다. 다음으로 개인의 소유로 개인적인 일이나 가정사를 맡았던 사노비(私奴婢)이다. 그리고 사찰의 일을 하던 사노비(寺奴婢)이다. 끝으로 각종 향교나 서원의 일을 했던 원노비(院奴婢)가 있다.

노비의 구분이다. 우선 노비가 독립된 호(戶)의 구성 여부에 따라 솔거노비(率居奴婢)와 외거노비(外居奴婢)로 나눈다. 이때 솔거노비는 '주인의 호(戶)에 적(籍)을 두고 가사노동을 담당하는 가내노비'이다. 그리고 외거노비는 '주인의 호와 다른 호를 세워서 그곳에 적을 두고 주인의 영지에서 농사를 짓던 노비'이다. 다음으로 사역 즉 신공(身貢)* 형태에 따라 입역노비(入役奴婢) 혹은 앙역노비(仰役奴婢)와 납공노비(納貢奴婢)로 나눴다. 한편 입역노비(앙역노비)는 직접 몸으로 노동력을 제공하는 노비를 말한다. 아울러 돈이나 물건으로 일종의 몸값을 지불하는 노비가 납공노비이다. 이들 납공노비는 소속기관이나 상전에 매이지 않고 자유스럽게 생활하는 대신에 반드시 신공을 받쳐야 했다.

노비법은 무척 엄격했다. 첫째로 원칙적으로 노비끼리만 혼인하라는 동색혼(同色婚)을 법으로 정했다. 둘째로 양민과 노비의 교혼(交婚) 즉 양천교혼(良賤交婚)을 금하도록 규정하고 있다. 셋째로 부모 중에 어느 한쪽이 천민(賤民)이면 그들의 고든 자녀는 천인으로 규정하는 일천즉천(一賤則賤) 법칙을 엄히 적용했다. 넷째로 자녀의 소유나 신분이 어머니에 의해 결정되는 종모법(從母法)

을 적용했다. 또한, 다섯째로 자녀의 신분이 아버지에 의해 결정되는 종부법(從父法)을 적용하기도 했다.

하늘이 무너져도 솟아날 구멍은 있게 마련이던가. 조선 시대 노비가 적법하게 양인(良人)으로 속신(贖身)* 할 수 있는 길인 종양제도(從良制度)가 있었다. 그 예이다. 우선 노비가 군사적으로 공을 세워 면천(免賤) 되거나 모반사건 따위에서 혁혁한 공을 세워 양인이 되는 법이 공로면천(功勞免賤) 혹은 군공종량(軍功從良)이다. 또한, 임진왜란과 병자호란 이후에 재산을 축적하여 나라에 헌납해 노비의 신분을 벗어나 면천 하거나 자신의 역할을 다른 사람에게 대신하게 하는 법인 납속종량(納粟從良)이 시행되었다.

머슴은 노비와 근본적으로 뿌리가 다른 개념이다. 이들은 신분이 높고 낮음에 따라 상놈·상것·상민 따위로 불리며 천대받던 노비가 아니다. 가정 형편이 곤궁하다는 경제적 이유로 새경*이라는 연봉(年俸)을 받고 일정 기간 고용되는 사람이 머슴이다. 다만 머슴은 연봉인 새경을 비롯해 노동 조건 따위를 주인과 협상하여 요구조건이 충족되었을 때 고용계약이 성립하기 때문에 노비와 견줌은 어불성설이다. 따라서 머슴은 계약 기간이 끝나면 주인과 동등한 인간관계이기 때문에 어떤 속박이나 간섭을 받지 않는 자유인이 된다. 이런 이유에서 생사여탈권이 주인에게 있는 노비와는 비교할 수 없다.

원래 머슴은 '농가나 양반의 집에 고용되어 농사나 잡일 같은 허드렛일을 해주고 대가를 받는 사내(남자)'를 뜻한다. 결국, 머슴은 자본주의 사상이 잉태하기 시작했던 조선 후기에 이르러 생긴 직업군(職業群)이다. 그들은 임금노동자로서 연봉인 새경을 받고 전속계약을 맺었던 효시에 해당한다. 그 옛날 공사노비(公私奴婢)를 막론하고 관이나 주인에게 예속되어 원천적으로 머슴이 될 수 없었다. 그런 때문에 양인(良人)들이 자발적으로 근로계약을 맺고 부잣집에 들어가 급여와 숙식을 제공받았던 제도의 산물이었다. 일반적으로 동지(冬至)에 연봉인 새경을 받았다. 그러므로 그들은 피고용인으로서 신분은 양인(良人)이었다. 가세가 기울어진 명문가 출신들도 머슴으로 들어가는 경우도 있었다. 그런 이유이었으리라. 주인댁 사람들과 머슴 사이의 호칭이나 대접도 노비와는 격과 결이 다른 대접을 받았다. 하나의 예이다. 머슴이 꽤나 많던 시절 그들의 수고에 위로하고 새로 다가오는 봄철 농사 준비를 격려하기 위해 음력 2월 1일을 머슴날·일꾼날·노비일(奴婢日)로 정했다. 그날 술과 음식을 푸짐하게 마련하여 대접하며 즐기도록 배려하는 세시풍속까지 생겨났었다. 그뿐이 아니었다. 먹는 음식 대접에서도 배곯지 말라는 뜻의 인정을 듬뿍 담은 머슴 밥 혹은 고봉(高峯)밥 문화도 정착했었다.

노비들이 이승의 삶을 마칠 때까지 의식주 문제에서부터 삶에 관련되는 모든 문제의 책임은 주인에게 있었다. 이는 주인의 입장에서 좋은 점도 있지만 무한 책임이라는 관점에서 무거운 짐이 되기도 했다. 물론 노비들 입장에서는 자기 뜻과 관계없이 태어난 세상이 싫고 섧고 떫었을 게 자명하다. 이들의 처지에 비해 머슴은 계약 기간이 만료되면 구속이나 의무 조항이 완전히 소멸되기 때문에 고용자와 피고용인(머슴) 모두에게 득이 된다. 또한, 이런 장점을 이용하여 주인은 필요한 기간만 고용하는 경영 마인드(mind)를 살릴 수 있고, 머슴의 입장에서는 계약이 만료된 자유로운 시기에 다른 일을 할 수 있다는 이점(利點)도 있었으리라.

앞서 언급한 바와 같이 노비들은 자유가 없고, 성(姓)이 없었으며, 신분은 세습되는 폐단이 있었고, 매매가 가능했으며, 생사여탈 권한이 깡그리 주인에게 있었던 처참한 존재였다. 이에 비해서 계약 노동자인 머슴은 일정 기간 피고용인으로서 의무를 다하면 그것으로 끝이었다. 이런 차이가 있음에도 불구하고 요즘 젊은이들이 툭하면 직장에 대한 불만으로 현대판 노비라고 한탄하는 얘기를 내뱉어 무척 당혹스럽다. 언제 자신들의 신분이 천민으로 추락해 생사여탈권을 고용자에게 넘겨주었는지 당최 헷갈린다. 무심결에 쏟아내는 언어의 유희라지만 자고로 '아 다르고, 어 다르다(於異阿異 : 어이아이)'고 했거늘 과도한 자기 비하는 피하는 게 최소한의 자존감을 지키는 첩경이 아닐까.

* 자매(自賣) : 조선 후기에 계속되던 흉년으로 연명할 길이 없는 평민들이 자신이나 처자를 노비로 파는 경우나 부채를 감당하지 못해 스스로 노예로 팔려갔던 경우다.

* 신공(身貢) : 조선 시대 노비가 신역(身役)* 대신에 삼베나 무명, 모시, 쌀, 돈 따위를 납부하던 세(稅)를 말한다.

* 신역(身役) : 나라에서 성인 장정에게 부과하던 군역(軍役)과 부역(賦役)이다.

* 속신(贖身) 혹은 속량(贖良) : 어떤 대가를 치르고 천인(賤人)의 신분에서 벗어나 양인(良人)이 되는 것을 뜻한다.

* 새경 : 머슴이 주인에게서 한 해 동안 일한 대가로 받는 돈이나 물건. 유의어로 보수 또는 사경이 있다.

문학공간, 2023년 10월호(통권 407호), 2023년 10월 1일
(2023년 3월 9일 목요일)

무덤에 대한 생각

지구촌에서 전승되는 장례의 종류에는 매장(埋葬), 화장(火葬), 수장(水葬), 조장(鳥葬), 수목장(樹木葬), 풍장(風葬) 따위가 있다. 지금은 인식이 많이 변했지만, 전통적으로 우리 선조들은 매장을 선호했다. 그 때문에 산야의 구석구석에 제멋대로 널려있는 무덤이 부지기수이다. 순수한 우리말인 무덤이란 '송장이나 유골을 땅에 묻어 놓은 곳' 다시 말하면 '죽은 사람이 묻혀있는 장소'이다. 이를 한자로는 묘(墓), 묘지(墓地), 유택(幽宅), 분묘(墳墓), 구묘(丘墓), 구분(丘墳), 총묘(塚墓), 분영(墳塋), 구총(丘塚), 만년유택(萬年幽宅) 등으로 다양하게 표기해왔다. 한편 무덤의 수를 세는 단위로 기(基), 자리, 장 따위가 쓰인다. 아울러 묘지는 사설묘지와 공동묘지로 나뉠 수 있다.

예로부터 사람은 '빈손으로 왔다가 빈손으로 간다.'고 하여 공수래공수거(空手來空手去)라고 했다. 그럼에도 이승에서 삶은 천차만별로 어떤 이는 고래 등 같은 집에서 부와 권력을 거머쥐고 수

많은 아랫것을 부리며 살았다. 선택받았던 그들에 비해 이름 없는 민초들은 오 척(尺) 단신도 편히 뉠 수 없는 초막(草幕) 같은 누옥에서 고달픈 애옥살이를 하다가 서러운 생을 마치는 경우가 훨씬 많았다. 이런 불평등이 현생(現生)에서 내생(來生)으로 이어지는 게 아닌가 하는 의구심이 조상들의 무덤의 차이를 보면서 스멀스멀 떠오른다.

임금이나 왕후장상을 비롯해 천민들까지 예외 없이 생명이 끊어지면 똑같은 주검일 따름이다. 한데, 지난날엔 그 신분에 따라 장례 절차가 다를 뿐 아니라 무덤의 규모에서 엄청난 격차는 물론이고 호칭도 사뭇 달랐다. 오늘날 나라에서 조성해 관리하는 현충원에서도 대통령이나 장군의 묘역과 이름 없는 졸병의 묘역이 엄연히 다른 것처럼 말이다. 그 예로서 조선 시대 무덤에 대해 어떻게 나뉘었는지 살핌이다.

조선 시대 무덤은 크게 3가지로 구분되었다. 먼저 릉(陵)은 '국왕이나 왕후의 무덤'으로서 동구릉, 선릉, 정릉, 영릉을 비롯하여 무열왕릉 등을 열거할 수 있겠다. 한편 원(園)은 '왕세자와 왕세자빈의 무덤을 위시해서 국왕을 낳은 후궁(희빈(禧嬪) 장씨(張氏)는 경종의 모후)의 무덤'을 지칭했는데 흥경원(興慶園), 소녕원(昭寧園), 수경원(綏慶園), 순창원(順昌園) 등을 위시해 여럿이 있다. 끝으로 묘(墓)는 '대군, 공주, 왕자, 옹주, 군부인(君婦人), 대원군, 부대부인(府大夫人), 폐위 국왕, 폐위 왕비, 일반 백성들의 무덤'을 호칭한다. 이런 이유에서 연산군이나 광해군은 폐위된 임금이었던 까닭에 그들의 무덤은 능이라 부르지 않고 묘라고 호칭한다. 또한, 나라를 위해 임금 이상의 공헌을 했어도 왕족이 아니라서 김유신 장군 묘, 이순신 장군 묘, 최영 장군 묘로 불리고 있다. 현재 조선 왕실에 관련된 릉(陵)은 모두 44기로서 북한에 2기(제릉과 후릉)와 남한에 42기(基)가 있으며, 원(園)은 13기가 있고, 묘(墓)는 64기가 있다는 기록이 보인다.

분(墳)이라는 말은 '무덤의 주인을 정확히 특정할 수 없을 뿐 아니라 특징점도 찾을 수 없을 경우에 붙이는 명칭'이다. 수천 년 혹은 몇 백 년 지난 무덤을 발굴했을 때 누구의 것인지 특정 지을 수 없는 경우가 흔하다. 이럴 때 역사적이나 고고학적인 자료가 될 수 있는 분묘를 고분(古墳)이라고 한다. 그 예로서 능산리 고분, 의성 금성산 고분, 영일 냉수리 고분, 신한 도창리 고분 따위가 있다. 한편 출토된 유물을 미루어 생각할 때 능이라고 어림짐작 되지만 특정할 확실한 증거가 부족한 무덤을 호칭하는 개념이 총(塚)이다. 예를 들면 천마총(天馬塚), 호우총(壺衦塚), 금관총(金冠塚)을 열거할 수 있겠다.

옛날엔 거의 농어업에 종사했던 관계로 같은 동네에 여러 대(代)에 걸쳐서 뿌리 내리고 붙박이로 살아 집성촌(集姓村)을 이루던 경우가 많았다. 게다가 다산으로 자녀가 많아 노동력이 충분해 조상의 묘지 관리에 문제가 없었다. 그렇지만 오늘날은 기껏해야 자녀 한둘을 낳아 기르며 직장 따라 이 고을 저 도시로 이사를 되풀이하기 때문에 옛날같이 조상의 묘역을 돌보거나 벌초를 제대로

하기 무척 어려운 형편이다. 이런 현실의 단면일 게다. 스무 해 남짓 오르내리는 등산로 주변에 꽤 많은 묘가 널려있는데 해가 거듭될수록 벌초를 하지 않아 방치되는 묵뫼가 늘어나 안타깝기 그지없다. 앞으로 이런 현상이 기하급수적으로 늘어날 개연성은 다분하다.

변화에 선제적인 대응은 용단이 전제되어야 한다. 씨족의 윗대부터 선친까지는 고향의 선산에 조성한 씨족 공동묘역에 모신 상태이다. 그럼에도 이런저런 이유로 올해 고등학교에 진학한 손주는 그곳을 겨우 몇 차례 함께 다녀왔을 뿐이다. 씨족 개념이 거의 없는 아이에게 일면식도 없이 살아온 산지사방의 일가붙이들과 서로 연락하며 조상의 묘역을 지금처럼 관리해야 할 책임을 떠넘기는 것은 언어도단이 아닐까. 이런 우매하고 어리석은 모순에서 벗어나기 위해서 환골탈태는 필연적이다.

어려서부터 주위에서 눈으로 보며 자연스럽게 익혔던 학습효과 때문일 게다. 이승의 삶을 접었을 경우 매장이 당연하다고 여겨 문중(門中)의 뜻을 모아 선산에 공동묘역을 만들어 조상들이 안식을 취하도록 만들어 드렸다. 하지만 최근의 세태를 감안할 때 후손들에게 묘지 관리의 개선 방안도 없이 무조건 덤터기를 씌우는 짓은 과도하다. 심사숙고해 내린 결론이다. 조상들께는 묘역을 지어드렸을지라도 경천동지할 정도로 혁파의 대책이 절실한 작금이다. 이런 시류를 감안해서 내가 죽음을 맞으면 쓸데없이 고민하지 말고 화장하여 바다나 강 혹은 호수에 뿌리거나 수목장을 하라고 유언으로 남길 참이다. 그 방법이 정녕 마음에 걸려 께름칙할 경우 한시적으로 납골당에 안치하는 방법도 차선의 선택지라고 일깨워 줄 요량이다.

2023년 4월 1일 토요일

출필곡반필면을 짚어봄

그 옛날 젊은이들이 출타와 귀가 시에 행동 규범이었을 '출필곡반필면(出必告反必面)'에 대한 일화이다. 맹자나 공자의 가르침을 최고의 덕목으로 여기며 유교적 윤리가 지배하던 시절 자녀들의 행동 지침으로서 금과옥조로 여기던 내용 중의 하나이었으리라. 이는 '출타할 때는 반드시 부모님께 고하여 허락을 받아야 하고(出必告 : 출필곡), 귀가하면 반드시 얼굴을 뵙고 돌아왔음을 알려야 한다(反必面 : 반필면).'는 의미이다. 결국, 출타하려고 할 때나 귀가했을 때 자식이 부모에게 지켜야 할 도리를 이르는 말이다. 요즘에 비하면 출타를 하려고 할 경우는 "○○에 다녀오겠습니다."라고 말씀드리고 허락을 받은 다음에 집을 나서야 하며, 귀가했을 때는 반드시 부모님을 직접 뵙고 "잘 다녀왔습니다."라고 말씀드리는 게 도리라는 일깨움이다.

이에 얽힌 얘기이다. 대충 스무 해 전쯤의 일이다. 연락이 뜸했던 서울의 J 시인에게서 전화가 왔었다. 수인사를 나눈 뒤 다짜고짜

"예로부터 자녀들이 밖에 출타하려 할 때와 외출에서 돌아와 반드시 부모님께 인사를 드려야 한다."는 내용을 한자(漢字)로 어떻게 표현하느냐고 물었다. 한학자도 아닌 내게 갑자기 물으니 퍼뜩 떠오르지 않아 생각나면 곧바로 알려주겠다는 약속을 하고 전화를 끊었다. 대학 시절 교양 국어 시간에 들었지만 까마득하게 잊고 있었다. 서둘러 자료를 뒤져 '出必告反必面(출필곡반필면)'이라는 사실을 확인한 뒤에 지체 없이 알려줬다.

며칠 전의 일이다. 어떤 문예지 최근호에서 출필곡반필면이라는 수필을 읽었다. 줄거리를 요약하면 문예지에 투고했던 글 중에 한자 '出必告'을 한글로 '출필곡'이라고 바르게 표기했었단다. 하지만 마(魔)가 끼었던가? 교정하는 과정에 젊은 담당자가 '출필고'라고 틀리게 수정한 사실을 인지하지 못한 채 그대로 넘겼더란다. 그런데 그 글을 필자의 지난날 직장 상사가 읽고서 전화로 당신의 글 중에 한자 '出必告'를 한글로 '출필고'로 오기(誤記)했더라고 알려줘 죄송한 마음에 모골이 송연했었단다. 그 후 똑 같은 실수를 되풀이하지 않기 위해서 다른 글에 한자 "出必告"을 쓰면서 특별히 신경을 써서 '출필곡'으로 바르게 표기했다. 한데, 이번에는 초등학교 동창 하나가 어떤 경로를 통해 봤는지 '출필고'가 맞는 표기로서 '출필곡'은 틀렸다고 막무가내로 우기며 강력하게 몰아붙여 꿀 먹은 벙어리처럼 제대로 대꾸도 하지 못한 채 곤혹스러웠다는 술회였다.

이 문구(文句)가 중국의 오경(五經) 중의 하나인《예기(禮記)》의

〈곡예편(曲禮篇)〉에 한자로 표기되어 있는데, 그 원문과 뜻을 요약한 내용은 아래와 같다. 한편 지난날 학동들이 서당에서 《천자문》을 떼고 나서, 배우던 《사자소학(四字小學)》에도 '출필곡지/반필면지(出必告之 反必面之)'라는 내용이 나온다.

/ 사람의 자식 된 자는, 출타할 때는 반드시 부모님께 말씀을 드리고 허락을 받아야 하고, 귀가하면 반드시 얼굴을 뵙고 돌아왔음을 알려야한다(夫爲人子者 出必告反必面 : 부위인자자 출필곡반필면) / 나들이 하는 곳은 반드시 일정해야 하고, 학문을 할 때는 반드시 기록(장)해야 한다(所遊必有常 所習必有業 : 소유필유상 소습필유업) / 항상 자신이 늙었다고 말하지 않도록 유념해야 하고, 나이가 두 배 많은 이를 대할 경우는 부모처럼 섬겨야 한다(恒言不稱老 年長以倍則父事之 : 항언불칭노 연장이배즉부사지) / 10년 연장자를 대할 경우는 형처럼 따르고, 5년 연장자를 대할 경우는 어깨를 나란히 하되 뒤를 따른다(동년배로 지낼지라도 상대방을 윗사람처럼 대접하라는 의미)(十年以長則兄肩隨之 五年以長則肩隨之 : 십년이장즉형견수지 오년이장즉견수지) / 다섯 사람이 한 자리를 할 경우에는, 연장자의 좌석은 반드시 달리해야 한다(群居五人 則長者必異席 : 군거오인 즉장자필이석). /

요즈음엔 한자를 거의 배우지 않기 때문에 그 부분에 대해서 청맹과니이거나 어설프게 알고 있는 경우가 허다하다. 그런 이유일 게다. 그다지 어렵지 않은 한자인 '告'가 '알릴 고'라고 알고 있어도, '뵙고 청할 곡'으로도 쓰인다는 사실을 까마득하게 모르는 경우가 숱한가 보다.

일반적으로 '알리다·알리고 허락받는다.'는 의미로 쓰일 경우 '곡'이라고 읽어야 한다. 따라서 '出必告'는 한글로 '출필곡'으로 표기해야 맞다. 이 문제에 대해 현실적으로 어떤 상태인지 살펴보려고 인터넷에 접속했더니 상당수가 한자 '出必告'을 한글로 '출필고'로 틀리게 표기하고 있어 황당했다. 이런 측면이 오늘날 우리 사회에서 문해력(文解力)에 심각한 문제가 있음을 단적으로 드러내는 예가 아닐까.

아날로그 세대(analog generation)인 노년층들은 디지털 문화의 기본 원리나 개념을 비롯해 무수히 생겨나는 신조어에 까막눈으로 깜깜하다. 그 때문에 새로운 문화를 따라가지 못해 현대문명의 사각지대로 내몰리는 안타까운 형국이다. 이들 기성세대에 비해서 디지털 세대(digital generation)인 젊은이들은 우리말이나 글의 표현 중에 상당 부분이 한자를 기반으로 탄생했음에도 그 참뜻을 바르게 꿰뚫어 정통하지 못함으로써 겪는 어려움이나 단절의 문제를 두고 이르는 독백이다.

2023년 5월 1일 월요일

Ⅱ.

잔인한 사월

무해 무덕(無德)한 임인년을 꿈꿨는데

'마(魔)가 낀 걸까.'* 아니면 손재수(損財數)*가 들었나? 임인년(壬寅年) 한 해는 탈 없이 무해 무덕하기를 염원했던 소망대로 지나리라 기대했었다. 신통하게도 유월까지는 순풍에 돛을 단 듯 순항했다. 그런데 한여름으로 접어들며 잡다한 일들이 연이어 꼬리를 물고 심통을 부리면서 줄줄이 사탕으로 현재 진행형이다. 입때까지 무속(巫俗) 주위를 얼씬거렸던 적이 단 한 차례도 없다. 하지만 옹색한 구석으로 몰리니 점(占)이라도 보고 푸닥거리라도 해야 하는 게 아닌지 갈피를 잡기 어렵고 뒤숭숭하다.

분양한 지 6년 가까운 아파트에 살고 있다. 그 때문에 하자(瑕疵) 보수를 제외하면 모두가 원래 시공했던 그대로이다. 한데, 지난달 하순에 접어들어 멀쩡하던 현관문 도어 록(door lock)이 작동하지 않아 S 전자 서비스 센터에 연락했다. 이틀 뒤에 기사가 방문하여 살폈다. 기판(基板)이 망가졌는데 단종(斷種)되어 부품의 재고가 전국 어디에도 없다면서 신형 모델로 교체하라는 권고를 군소리 없이 따랐다. 이전처럼 출입 키나 비밀번호를 입력하여 출입하기도 하지만 지문인식 기능도 추가되어 투자에 비례한 이점 또한 쏠쏠했다. 그래도 다른 집에서는 옛것을 그대로 사용하는데 거금을 들여 교체한 게 자꾸만 아깝다는 생각이 들었다.

동티가 난 걸까. 현관문 도어 록을 새것으로 교체하고 불과 일주일 남짓 뒤에 또 다른 탈이 이어졌다. 평상시와 다름없이 주차장에 주차했던 승용차가 몽니 부리듯 시동이 걸리지 않았다. 화들짝 놀라 자동차 보험회사에 연락해 기사가 득달같이 달려왔는데 배터리 방전이라는 진단이었다. 가는 날이 장날이라 했던가. 하필이면 토요일 오후라서 정비소(블루핸즈)가 문을 닫아 꼼짝없이 월요일 아침까지 기다렸다. 월요일 아침을 맞아 또다시 기사를 호출해 비상조치로 시동을 걸고 가까스로 정비소에 찾아가 즉시 배터리를 교체했는데 그 비용 만만치 않아 씁쓸했다.

승용차 배터리를 교체하고 3주일쯤 지난 며칠 전의 일이었다. 꼭 10년 전에 구매한 텔레비전이 왕왕거려 볼륨을 높이면 전혀 무슨 소리인지 제대로 들리지 않았다. 역시 S 전자 수리 센터에 연락했더니 사흘 뒤에 기사가 방문했다. 한두 가지 기능을 점검하더니 스피커 기능이 완전히 망가졌다는 결론이었다. 단종 된 제품이기 때문에 어디에도 부품이 없어 폐기할밖에 도리가 없다는 선고였다. 스피커 문제를 제외하면 흠잡을 데가 전혀 없어 무척 안타까웠다. 수리하던 기사의 설명에 따르면 현재 사용 중인 텔레비전을 기대수명을 7년(현재 생산되는 제품은 10년)을 목표로 제조했단다. 그런 맥락에서 기대수명을 다한 셈이라는 위로의 덕담을 해줬다. 다른 대응책이 없어 어제 L 전자제품매장에 가서 신형 텔레비전을 구매했는데 오늘 아침(8월 26일)에 설치해 주고 갔다. 별 것 아니라 생각했는데 몇 백만 원이라니 어안이 벙벙하고 얼떨떨했다.

문득 오래전 기억이 불쑥 떠올랐다. 지난 68년 정월 대학 3학년 겨울 방학 때의 일이다. '제4차 대학생 대표 파월장병 위문단' 일원으로 자유중국(대만)을 거쳐 베트남에 다녀온 적이 있다. 그때 자유중국에서 트랜지스터(zenith 제품) 하나를 사 왔었다. 그걸 부모님께 드렸는데 자그마치 20년 이상 집안에 굴러다니며 제몫을 톡톡히 했다. 그에 비하여 그동안 일취월장한 초현대기술을 바탕으로 만들어진 첨단 전자제품이나 컴퓨터 따위의 수명은 오히려 짧아지는 아이러니를 어떤 논리로 설명해야 할까. 우리는 옷이나 신발 따위는 해지거나 구멍이 뚫리고 찢어져 보기 흉할 때 폐기 처분한다. 하지만 각종 전자제품은 부품 일부가 망실되었을지라도 외양은 새것과 진배없어 아깝다는 생각을 떨쳐버릴 수 없다. 이번에 폐기한 텔레비전은 스피커에 문제가 있을 뿐 다른 부분은 멀쩡해 더더욱 아쉬웠다. 하기야 지금까지 사용하다가 폐기했던 컴퓨터 역시 마찬가지였다.

화불단행(禍不單行)일까. 이번엔 갑자기 치아가 심하게 말썽을 부리는 심통이 현재 진행형이다. 몇 해 전 치아 4개를 임플란트(implant) 시술했다. 그런데 이번엔 최소한 6개를 추가로 해야 한다. 이 중에 3개는 임플란트 시술이 보급되기 전에 치아 한 개가 빠졌을 때 치료했었다. 빠진 이의 양쪽 이를 브리지(bridge)로 하여 인공치아를 만들어 끼웠었는데 지금은 그 두 개의 치근(齒根)이 통째로 흔들려 발치한 다음에 임플란트 시술을 해야 한다. 제대로 치료하려면 시일이 많이 소요될 뿐 아니라 치료비용 또한 만만치 않을 것이기에 자꾸 신경이 쓰인다. 여러 가지로 불편하지만, 추석을 지내고 그다음 주일에 주요행사 하나를 마친 뒤에 치료를 받도록 예약을 해둘 참이다. 젊은 시절부터 말썽을 부리는 치아 문제는 아마도 모계 유전인 것 같다. 돌이켜 생각하니 지난날 아버지의 치아는 이승을 떠날 때까지도 튼튼했지만 어머니는 초로에 접어들면서부터 고생을 수월찮게 하셨다.

오늘 폐기한 텔레비전을 구매하면서(2012년 3월) 이런 생각을 했었다. 내 생에 마지막일 수도 있으니 다소 비싸더라도 최신형을 구입하자고 각오를 했었다. 그렇게 구입했던 제품이 제 몫을 다하고 명줄을 놓아 폐기하고 또다시 고집스럽게 최신형을 구입하는 짓을 되풀이했다. 그렇다면 요즘 전자제품의 수명이 지나치게 짧아진 것인지 아니면 내가 너무 오래 산 셈인지 당최 헷갈린다. 이런 이유에서 앞으로 10년 안팎의 세월이 흐른 뒤에 또다시 신형 텔레비전을 구매할 때까지 내 자리를 지킬지 확신할 수 없다. 어찌 되었든 올해 임인년이 수월하게 지나가길 기대하던 소박한 바람마저 틀어지는 현실이 삶이고 세월일 게다. 또 하나의 작은 소원을 빌 수 있다면 올해엔 더 이상 다른 변고가 없기를 일월성신에 곡진하게 빌련다.

* 마(魔)가 끼다 : '일의 진행 중에 나쁜 운이나 훼방 거리가 끼어 들어서 일이 잘 안 되는 쪽으로 상황이 기우는 것'을 뜻한다. 여기서 마는 불교 용어인 마라(魔羅)에서 유래했으며 '사람의 마음을 홀려 제정신을 차리지 못하고 불도(佛道) 수행을 방해하여 악한 길로 유혹하는 나쁜 귀신'을 의미한다.

* 손재수(損財數) : 재물을 잃을 운수

2022년 8월 26일 금요일

일은 꼬이고 소식은 답답했던 하루

첫 새벽 등산을 다녀와 한 시간 남짓 눈을 붙이고 일어나 조간 신문을 뒤적였다. 책상 한쪽 구석에서 쥐 죽은 듯이 깊은 잠에 빠졌던 휴대전화에 문자 메시지가 도착했다는 신호음이 울렸다. 쓸데없는 쓰레기 메일 나부랭이라고 지레짐작한 채 신경 쓰지 않기로 작정했다. 신문의 마지막 쪽까지 샅샅이 훑고 나서 빈둥대다가 왠지 찜찜해 문자 메시지 내용을 확인했다.

청주한가(淸州韓哥) 공안공(恭安公) 할아버지 후손의 모임인 문중(門中)의 총무를 맡은 재종(再從)* 동생이 보낸 메시지였다. 메시지 핵심 내용은 "문중의 올해 벌초 날짜를 8월 28일로 계획했는데, 피치 못할 사정이 돌발하여 8월 21일로 변경했다."는 알림 문자였다.

문자 메시지를 확인하는 순간 '아뿔싸! 문제가 생겼구나.'라는 생각이 들었다. 왜냐하면 8월 21일(음력 7월 24일)은 내 선비(先

妣)의 기제사(忌祭祀) 날이다. 외아들인 까닭에 제사를 대신 모실 형제가 없다. 마산에서 선영까지 찾아가 벌초를 마치고 돌아와 제수를 장만하여 제사를 모신다는 것은 어불성설이다. 이런 연유를 벌초에 참여할 일가붙이들에 알리고 양해를 구해야 할 옹색한 처지가 되었다.

조금 전 벌초 일정의 변경을 알린 재종에게 문자 메시지를 보냈다. "갑자기 21일로 변경되니 참석을 못 하게 되네. 그날이 어머니 제삿날이거든. 외아들이라서 다른 사람이 대신 제사를 모실 수도 없고. 어쩔 수 없으니 이해해 주기를 바라며. 판암." 문자를 보내고 나서 곧바로 전화벨이 울렸다. 현직 고교 교사이기 때문에 출근한 줄 알았다. "방학이라서 집에 머물고 있다며, 형의 목소리 듣고 싶어 전화했다."는 얘기였다. 반갑게 안부 인사를 나누고 나서 자초지종을 다시 한번 얘기하고 불참하게 되어 미안한 마음을 전했다.

아직 시간은 남았지만, 벌초에 참석하지 못하게 됨을 대전의 사촌 동생에게 미리 알리려고 서둘러 전화를 연결했다. 한두 번 신호음이 가면서 바로 받았다. 그런데 들려오는 전화 목소리가 전 같지 않았다. 왠지 숨이 가쁜 것 같고 말끝이 분명히 흔들렸다. 그때 곧바로 눈치를 챘어야 했는데 투미한 성격 때문에 기민하게 대처하지 못하고 실기(失期)를 했다. 약간 낌새가 이상함에도 개의치 않고 안부를 물으며 내 처지를 주저리주저리 주워섬기며 당일 참석하는 유복친(有服親)*이나 족친(族親)*들에게 얘기해 달라는 당부를 했다.

내 얘기를 다 듣고 나서 “사실은 저도 그날 참석할 수 없어요.” 라고 했다. 왜냐하면 “몸이 아파서”라고 했다. 깜짝 놀라 꼬치꼬치 물었더니 민망한 듯 떠듬떠듬 말을 이어갔다. 어느 날 갑자기 몸 상태가 좋지 않아 대학병원을 찾아 검사를 받았더니 폐암이라며 서둘러 서울로 가라고 강권하더란다. 찍소리도 못하고 서울 아산 병원에 입원하여 수술을 받고 치료를 받다가 어제 퇴원을 했단다. 그런 때문에 거동할 수 없어 조상의 벌초일지라도 도저히 참석할 형편이 못됨을 이실직고했다.

청천벽력 같은 얘기에 놀라 갈피를 못 잡고 오락가락하다가 왜 연락도 없었냐고 따지듯 물었다. 그랬더니 병원에서 신종 코로나 바이러스 감염증(코로나19)은 치명적이라서 부모 형제도 만나지 말라는 엄명에 따라 입을 꾹 닫고 있었다는 대답이었다. 기가 막혔지만 하나도 틀린 대응이 아니었다. 서운해 당장 달려가겠다고 했더니 도저히 만날 형편이 아님을 누누이 강조하며 극구 사양했다. 이제 겨우 고희(古稀)의 초반인데 하늘의 뜻에는 곧이곧대로 따라야 하는 걸까. 이 세상에 법이 없어도 살아갈 도인 같은 동생인데…….

예로부터 ‘복은 거듭 오지 않고, 재앙은 홀로 다니지 않는다.’며 복무쌍지/화불단행(福無雙至/禍不單行)이라고 했다. 정말 그런 걸까. 오늘 문중의 벌초 날이 바뀌면서 참석이 불가한 일이 발생하더니, 겨우 고희를 넘긴 사촌 동생이 폐암 수술을 받았다는 충격적인 소식에 종일 우울하고 답답하기 그지없다. 장수 시대가 도래하면서 100세 인생을 운운하는 요즈음에 가혹한 처사라는 삐딱한 생각에서 신(神)이 좀팽이같이 옹졸해 보일 뿐 아니라 어느 구석도 맘에 들지 않아 떨떠름하기 짝이 없다.

* 형제의 촌수(寸數) 호칭 : 3촌(伯叔父)의 아들은 4촌 즉 종형제(從兄弟), 5촌(從伯叔父)의 아들은 6촌 즉 재종형제(再從兄弟), 7촌(再從伯叔父)의 아들은 8촌 즉 삼종형제(三從兄弟), 9촌(三從伯叔父)의 아들은 10촌 즉 사종형제(四從兄弟)라고 호칭한다.

* 유복친(有服親) : 복(服)을 입는 8촌 이내의 가까운 친척을 지칭한다. 복제(服制)는 친분의 경중과 촌수의 원근에 따라서 5등급으로 구분하여 오복(五服)을 규정하고 있다. 이에 해당하는 사람을 유복지친(有服之親)이라고 한다.

* 족친(族親) : 유복친 안에 들지 않는 같은 성을 가진 일가붙이를 의미한다.

2022년 8월 6일 토요일

고구마의 재발견

고구마 얘기다. 그 옛날 천재지변으로 기근(飢饉)이 들어 초근목피로 연명하던 시절 서민들에게 없어서는 안 될 구황작물(고구마, 감자, 조, 피, 기장, 수수, 옥수수, 메밀)이었다. 지독한 흉년이 들거나 참혹한 전란을 겪어야 했던 어려운 시절 가난한 민초들이 가을부터 이듬해 늦은 봄까지 밥 대신 고구마로 끼니를 거르지 않을 수만 있어도 감지덕지했었다. 그리 멀지 않은 지난 60년대까지도 찐 고구마에 곁들인 김치나 동치미로 저녁 식사를 대신에 하는 경우가 다반사였다. 가난했던 시절의 부정적인 인식 때문일까. 오늘날 많은 사람이 건강식품으로 선호하고 있음에도 구황작물이라는 인식 때문인지 주식으로 먹는 것에는 고개를 갸우뚱하는 분위기이다.

고구마를 시큰둥하게 취급한 채 거리를 두고 지냈다. 대여섯 해 전부터 건강문제로 식습관 형태를 바꿀 수밖에 묘책이 없었다. 매일 삼시 세끼 꼭 밥을 먹어야 하는 것으로 생각하고 살아왔다. 그런 까닭에 어느 한 끼라도 거르거나 식단을 바꾸면 큰일 나는 것으로 믿었다. 하지만 뜻하지 않게 탄수화물 섭취량을 조절해야 했다. 그래서 매일 아침은 찐 고구마와 삶은 달걀 각각 한 개, 우유 한 컵을 마시는 것으로 과감하게 바꿨다. 아울러 점심과 저녁은 완전 꽁보리밥을 섭취함으로써 쌀밥을 피하고 있다. 식단의 변화 과정에서 매일 고구마를 의무적으로 한 개씩 먹고 있지만 별다른 생각을 해보는 지혜가 없었다.

최근 대전에 사는 사촌 동생이 폐암 수술을 했다. 겨우 70을 조금 넘긴 처지라서 뭔가 도움을 주고 싶어 다양한 채널을 통해 귀동냥해도 별로 얻어지는 게 없었다. 그러던 중에 지인들과 얘기를 나누다가 좋은 정보가 있으면 들려달라고 청했다. 시와늪 B 대표가 고구마를 날것으로 먹으면 폐암에 좋다면서 적극적으로 추천했다. 그 얘기를 듣고도 반신반의했다. 흔해 빠진 생고구마가 무슨 도움이 될까 의아했지만, 지푸라기라도 잡는 심정에서 인터넷을 뒤져봤다. 다양한 사람들이 생고구마 효능에 대해 일목요연하게 정리해 올려놓은 내용에 구미가 바짝 당겼다. 즉각 동생에게 전화로 알려주고 나도 매일 생고구마 반 개 정도씩 먹고 있다.

다양한 사이트에서 생고구마의 효능을 자세히 적시하고 있었는데 그중에 중요한 예닐곱 가지를 대강 요약하면 이랬다. 첫째로 항암 기능이다. 항암 물질인 강글리오시드(ganglioside)가 함유되어 있는데 무나 양배추 브로콜리를 위시해서 감자 따위보다 효능이 월등하단다. 특히 고구마의 적황색에는 베타카로틴(β-Carotene)

이 다량 함유되어 있단다. 이 성분이 암세포 생성을 억제하기 때문에 폐암이 예방된단다. 둘째로 다량 함유되어 있는 펠리페놀(polyphenol)이나 안토시아닌(anthocyanin)을 비롯해 베타카로틴이 체내의 활성 산소를 제거해 준단다. 이런 항산화 효능에 의해 젊음을 오래 유지할 수 있다는 지적이다. 셋째로 다이어트 기능이다. 함유하고 있는 나이아신(niacin)은 지방이 체내에 축적되지 않도록 분해시킴으로써 체중관리에 도움이 된단다. 게다가 저칼로리 식품*으로 식이 섬유가 많고 포만감을 주기 때문에 다이어트(diet)나 웨이트 트레이닝(weight training)을 하는 경우에 특히 유익하단다. 그런가 하면 나이아신(niacin)이나 엽산(葉酸 : folic acid)을 위시해서 비타민B군 따위가 다량 함유되어 신진대사를 촉진시켜 다이어트에 도움을 준다는 얘기다.

넷째로 노폐물 배출 기능이다. 셀룰로오스(cellulose)나 펙틴(pectin) 등의 식이 섬유가 다량 함유되어 있는데 이들이 노폐물을 배출시킨다고 한다. 생고구마를 잘랐을 때 나오는 하얀 진액이 장 운동이나 배변을 촉진함으로써 노폐물 배출을 돕는다는 귀띔이다. 결국, 변비나 숙변에 효과적이기 때문에 결과적으로는 대장암을 예방하며 장 건강에 좋다는 얘기다. 다섯째로 나트륨(Na)을 많이 섭취하면 고혈압이 유발될 개연성이 다분하단다. 하지만 생고구마에 다량 함유되어 있는 칼륨(K)이 나트륨을 배출시키기 때문에 결국 갈륨을 많이 섭취하면 고혈압을 예방할 수 있다는 지적이다. 여섯째로 감기 예방과 피부 미용 기능이다. 비타민C가 사과의 10배나 함유되어 있기에 기미나 주근깨를 예방하는 등 피부 미용과 감기

예방에 유익하다는 견해이었다.

생고구마 먹는 방법을 이렇게 제시하고 있다. 우선 '껍질 째 먹으라.'는 권고이다. 식이 섬유를 비롯해 비타민C도 껍질이 속살보다 많이 함유되어 있을 뿐 아니라 칼슘(calcium)도 속살보다 5배나 더 함유되었다는 지적이다. 다음으로 껍질의 보라색은 항산화 물질인 안토시아닌(anthocyanin)으로 노화 방지, 혈액 순환, 간 기능 개선, 콜레스테롤(cholesterol) 제거, 시력 보호 따위의 효과를 지닌 영양소란다. 한편 샐러드나 김치로 활용해 먹을 수도 있다. 끝으로 생고구마즙으로 먹거나 다른 과일과 함께 갈아서 생고구마 주스를 만들어 먹으면 누구나 부담 없이 즐길 수 있다는 조언이었다.

생고구마를 먹었을 때 부작용을 이렇게 열거하고 있다. 함유된 라피노스(raffinose)라는 성분이 이산화탄소(carbon dioxide)를 발생시켜 복부에 가스가 차면서 방귀가 잦아지는 경우가 흔하다고 했다. 한편 익힌 고구마에 비해 소화가 더딜 경우가 있는데 이는 단백질 분해 효소인 트립신(trypsin)을 억제하는 물질이 함유되었기 때문이라는 귀띔이다. 아울러 생고구마를 먹을 때 고구마의 표피에 검은 점이 박혀있다면 먹지 않아야 한단다. 그 경우 틀림없이 고구마 검은무늬병(흑반병(黑斑病) : purple blotch)에 걸린 것이기 때문이다. 이 병균이 고구마에 퍼지면 이포메아마론(ipomeamarone)이라는 독소가 생겨 호흡 곤란, 설사, 복통 따위가 유발될 수 있기 때문에 절대적으로 피해야 한다는 충고이다.

옛날부터 구황작물로 갈래지어져 하찮게 취급을 받던 고구마이다. 어쩌다가 건강문제로 할 수 없는 구석으로 몰려 매일 아침 찐 고구마를 한 개씩 먹고 있다. 그래도 긍정적인 시각에서 그 효능에 대하여 찬찬히 자료를 살펴봤던 적이 도통 없었다. 우연한 기회에 고구마에 대한 재발견을 한 셈이다. 어쩌면 진흙탕 속에 묻혀있던 진주를 새롭게 발견하는 눈을 떴다고나 할까. 이제 아침마다 먹던 찐 고구마 하나에 더해서 생고구마 반 개 씩 매일 먹을 요량이다. 몸에 좋다고 호들갑을 떠는 꼴이 미덥지 않았던지 뜨악한 표정으로 잠자코 지켜보기만 하던 아내도 슬며시 인터넷을 뒤져본 뒤 생고구마 먹기에 자발적으로 참여해 동행하고 있다.

* '고구마 100g의 칼로리'는 생고구마의 경우는 약 112kcal, 찐 고구마 경우는 138kcal, 군고구마는 350kcal이라는 기록이 보였다.

2022년 10월 2일 일요일

또 이가 빠졌다

어제 자연스럽게 이(齒) 3개가 빠졌다. 아래턱(下顎)의 오른쪽 앞니(중절치와 측절치)와 송곳니(견치)가 그 원흉들이다. 오래전의 일이었다. 갑자기 아래턱 오른쪽의 앞니 중에 측절치가 빠졌다. 임플란트가 보급되지 않은 시절이라서 중절치와 견치를 갈아내고 치근(齒根)을 지주(支柱) 삼아서 브릿지(bridge)로 고정시킨 인공치아였다. 세월이 지나면서 시나브로 그들의 치근 자체가 흔들려 무척 조심해 왔음에도 불구하고 어제 거짓말처럼 제 갈 길을 찾아 떠났다. 몇 해 전부터 아스피린을 복용하고 있어 이가 빠지면서 발생하는 출혈을 무척 걱정해왔는데 신기하게도 피가 한 방울도 나지 않았다. 미루어 짐작할 때 오랫동안 심하게 흔들렸어도 강제로 발치(拔齒)하지 않은 까닭에 조금씩 움직임의 폭이 커지면서 치근이 잇몸과 서서히 분리되어 완전히 빠지는 순간에도 출혈이 없었던 것 같다. 이는 나무에 달린 과일이 농익으면 자연스럽게 낙과되는 것과 같은 이치가 아닐까.

현재 내 입안은 종합병동 꼴이다. 현재 위턱(上顎)과 아래턱에 각각 9개의 이가 남아있기 때문에 외형상으로는 모두 18개의 이가 살아 있다. 하지만 실제로 정상인 이는 11개뿐이다. 나머지 7개는 내 이가 아니거나(임플란트 4개) 부실한 이(금니 1개)를 비롯해 며칠 뒤(10월 24일) 임플란트 시술을 받으며 발치해야 할 이(2개)이다. 너무 엉망이라서 지난달 서둘러 병원에 달려가서 대대적인 임플란트 시술을 받으려 했다. 그렇지만 예약 환자가 많아 한 달 반 이상을 대기해야 차례가 돌아와서 기다리던 중에 3개의 이가 또 빠졌다. 어쩌면 미리 알아서 스스로 빠져 주어 치료에 도움이 되는 긍정적인 측면도 있지 않을까.

아무리 생각해도 울적하다. 32개 중에 정상적인 이가 11개라는 사실 말이다. 이제까지 중노동을 하거나 험한 음식을 비롯해 딱딱한 것을 함부로 씹어 먹었던 적이 없는데 왜 이다지도 엉망진창일까. 그렇다고 치아 관리에 소홀했던 적이 별로 없다. 남들처럼 양치질 꼬박꼬박해왔고 치아에 문제가 생길 때마다 병원을 찾아 전문의가 지시하는 대로 치료를 받아왔는데 야속할 정도이다. 이는 유전적인 요인이 틀림없어 보인다. 아마도 젊은 시절부터 치아 문제로 고생하셨던 어머니 쪽의 영향을 받았던 것 같다.

여태까지 충치 때문에 금으로 덧씌우기와 때우기를 비롯해 브릿지 시술과 임플란트 시술 따위를 위해 적지 않게 애를 쓰며 노력했건만 그 끝을 알 수 없다. 3주일쯤 지나 또다시 임플란트 시술이 될 터이지만 내일을 장담하기 힘든 난제가 분명하다. 이에 따른 경제적 부담도 무시할 수 없다. 그 문제보다도 잊을만하면 되풀이되기 때문에 정신적으로 위축을 초래하여 트라우마가 생기지 않을까 걱정이다. 똑같은 문제가 반복되는 현실이 마뜩잖아도 묘책은 어디에도 없다.

거울에 내 모습을 비춰보기 두렵다. 어제 이가 빠진 직후 출혈이 두려워 거울 앞에 섰을 때의 심적인 충격은 이루 말할 수 없었다. 마치 대문 한쪽이 활짝 열려 집안의 부끄러운 구석이 더덜이 없이 까발려지는 듯한 황당함을 받아들이기 힘들었다. 한 개 정도 빠졌을 때 느끼던 감정과는 사뭇 달랐다. 한 마디로 참담한 나락으로 떨어진 기분이었다. 순간 지난 세월이 주마등처럼 스쳐 지나고 나서 불쑥 나타난 낯선 노인의 초라한 모습에 무조건 외면하고 싶었다. 무언가를 떠듬떠듬 주워섬겨보지만, 자꾸 말이 새는 상황을 수습할 자신이 없어 곧바로 돌아서는 순간 무언가가 울컥 치밀었다. 옆에서 지켜보는 아내가 눈치챌까 싶어 움찔했지만 매구 같은 그녀가 낌새를 놓쳤을 리 없다.

3주일 뒤 임플란트 시술을 받을 때까지 외출을 삼가고 아무도 만나지 않을 요량이다. 하루가 다르게 초라해지는 꼴을 누군가 앞에 적나라하게 드러내고 싶지 않다. 이런 심정에다가 대문 한쪽을 활짝 열어젖혀 흉측한 몰골을 있는 그대로 드러내고 싶지 않다는 자존심 때문이다. 알량한 자존심을 위해서라도 며칠 뒤의 임플란트 시술이 마지막이었으면 하는 간절한 바람이다. 그동안 치아 문제로 여러 차례 곤혹을 겪으면서 느꼈던 곡진한 마음을 신이 들어주었으면 더할 수 없이 감사하련만 내일을 알 수 없어 그저 빌고 빌 따름이다.

2022년 10월 3일 월요일

임플란트 후유증

전혀 예측하지 못했던 임플란트 후유증을 겪었다. 지난달 하순 이미 빠졌거나 새로 발치(拔齒)한 경우까지 합해 8개의 임플란트 기초 시술을 받았다. 나름대로 대대적이라는 중압감에 조심해야 한다는 강박관념을 떨쳐내기 어려웠다. 그런 연유로 이것저것 신경을 쓰다가 탈을 자초한 어리석음을 범했다. 첫 시술을 한 뒤 2주일째에 접어들며 뜬금없는 변비로 호되게 경(黥)을 쳤다.

몇 해 전 다른 병원에서 시술했던 경험이다. 발치를 한 뒤에 치근(齒根)을 심고 6개월 정도 기다렸다던 것으로 기억된다. 치근을 심고 나서 곧바로 입안 전체가 헐어 며칠 동안 끙끙 앓으며 누워 지냈었다. 하필이면 그 무렵에 마침 우리 씨족의 합동 벌초 날짜와 겹쳐 참석을 못 했었다. 그런 끔찍한 악몽 때문에 이번에도 심리적으로 위축된 상태에서 치료에 임했다.

임플란트 시술은 비록 8개를 해야 하지만 발치했던 당일과 그다음 날 등 이틀에 걸쳐 6개에 대한 치근(齒根)을 심었다. 그리고 나머지 2개를 시술할 부분의 턱뼈가 얇아 인공 뼈를 심었다가 튼튼하게 양생 된 뒤에 치근을 심고 치료해 나가야 한다는 설명이었다. 그래도 모두 8개의 임플란트를 시술하는 대공사이기 때문에 섭생(攝生)을 비롯해 여러 측면에서 주의해야 고생을 덜 하지 싶어 조심하기로 단단히 각오했다.

치근을 심던 날 무지막지하게 윙윙대던 전동(電動) 드릴 소리는 뇌를 완전히 뒤죽박죽으로 흩어 놓을 것 같이 요란해 얼이 빠질 지경이었다. 얼마나 긴장하고 온몸에 힘을 주었던지 마치고 나서 시술대에서 일어나려는데 마구 휘청거려 몹시 민망했다. 집에 돌아와 특별한 통증이나 이상 증세는 없었다. 그래도 위턱(상악)과 아래턱(하악)을 좌우(左右)의 4부분으로 나누었을 때 두 군데 치근을 심었기 때문에 음식물을 씹을 수 없어 낭패였다.

예로부터 '궁하면 변해야 한다.'는 뜻에서 궁즉변(窮卽變)이라고 일렀다. 음식물을 씹어 먹을 수 없다면 죽을 먹으면 만사형통이라고 판단되어 시술을 받은 날부터 일주일 정도 삼시 세끼 내리 죽만 먹었다. 조금이라도 치아에 부담될 과일이나 견과류나 채소류 따위는 절대로 입에 대지 않았다. 그 무렵 여동생들이 보내준 도토리묵이 많이 있어 매일 이들 이외에 다른 음식이나 반찬에는 눈길 한번 주지 않았다. 나름대로 치아에 무리가 가지 않는 걸출한 선택이라고 여겨져 그런 기특한 결정을 했던 나 자신이 뿌듯하기도 했다.

극도로 편중된 식사 위주로 지낸 지 2주일 가까이 되면서 엉뚱한 데서 탈이 나기 시작했다. 어려서부터 매일 아침 기상과 동시에 보던 배변(排便) 과정에서 서서히 이상 징후가 나타났다. 하루 이틀 그러다가 정상으로 돌아오겠지 생각하고 대수롭지 않게 여기고 그냥 넘겼다. 하지만 웬걸? 하루가 다르게 점점 심해진 변비(便祕)가 예삿일이 아니었다. 아무리 생각해도 방치했다가는 뜨거운 꼴을 당할까 봐서 더럭 겁이 났다.

오래전부터 연을 맺어온 내과를 찾았다. 원장과 친숙해져 편한 사이이다. 임플란트와 죽과 도토리묵 얘기를 시시콜콜 주워섬겼다. 묵묵히 듣고 있더니 여러 원인을 예상할 수 있다면서 문진(問診)을 했다. 먼저 대장에서 용종(茸腫)을 떼어냈던 적이 있느냐고 묻더니 이어서 대장 내시경 검사 언제 했느냐고 물었다. 최근에 하지 않았으면 앞으로 2년에 한 번씩 꼭 하라는 조언이었다. 아울러 평소 물을 많이 마시고 우유를 자주 먹으며 섬유소가 많은 시래기와 과일 따위를 제대로 챙겨서 꾸준히 먹으라는 권유였다.

매일 3차례 복용하는 변비 치료제 일주일 분을 처방해 주었다. 그러면서 약을 먹는다고 당장 해결되지 않고 서서히 정상으로 돌아오게 될 것이라는 귀띔을 했다. 약 복용과 함께 시래기를 비롯한 섬유소가 많이 함유된 각종 채소와 과일을 평소보다 월등히 많이 먹고 있다, 그 때문인지 눈에 띄게 회복 속도가 빨랐다. 한편 곰곰이 생각해도 아무나 의사가 되는 게 아닌가 보다. 약을 먹은 지 사흘째부터 정상으로 돌아오기 시작하더니 일주일째인 오늘 아침엔 완전한 정상으로 돌아왔다. 평소처럼 편안한 하루가 활짝 열려 날아갈 듯한 기분이다.

예로부터 '과하면 부족함만 못하다.'고 하여 과유불급이라고 일렀거늘 서툴게 대응했다가 호되게 벌을 받은 걸까. 이 같은 비움의 철학을 정통으로 꿰뚫는다면 이것만이 좋다고 우기는 고집이라든가 저것만 귀하다는 아집으로 무엇인가를 갖고 싶어 안달하는 집착에서 자유로웠을 것이다. 이런 경지에 이르렀다면 세상에서 가장 귀한 것이나 진리도 냉정히 객관적으로 볼 수 있을 터이다. 그런데 미욱하게도 선부른 지식을 앞세워 미리 알아서 대비한다는 게 거의 2주일 동안 극단적으로 편향된 식단에 의존했었다. 그렇게 대응하면서 치아의 부하를 줄였다고 덜렁대다가 혹독한 대가를 치르며 제대로 한 수 배웠다. 설익은 선 떡 부스러기 같은 지식을 믿고 나부대다가 크게 한 방 먹은 지금 과연 제대로 아는 게 무엇인지 자문자답하지만 자신 있게 내세울 바 없는 처지가 한심하다.

2022년 11월 17일 목요일

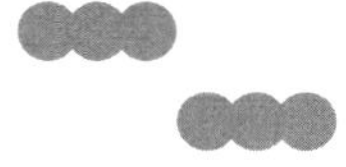

불우 이웃 돕기도 아닌데

의료비 부담이 만만치 않다. 별도로 보험에 가입하지 않은 노년층에게 의료비는 적지 않은 부담이 된다. '큰 탈은 없겠지!'라는 안일한 생각에서 슬기롭게 대비하지 못한 채 전적으로 지역 의료보험에 기대고 있다. 무식의 소치일까. 웬만한 병의 치료나 수술비용은 아무런 부담이 없을 것으로 생각했었다. 현실과 큰 괴리가 있는 착각으로 여겨져 슬슬 걱정이 앞서고 한편으로는 두렵기도 하다.

아내가 담석 때문에 담낭(쓸개) 절제 시술을 받았던 경우를 비롯해 내게 블랙아웃 현상이 갑자기 나타나 각종 검사를 받고 뇌졸중 때문이었다는 판정을 받았을 때도 마찬가지였다. 의료보험 비적용 대상이 태반이라서 개인적으로 부담되는 비용이 훨씬 많았다. 그러려니 지나치고 말았는데 최근 치과 치료를 받으며 정신이 번쩍 들었다.

지난해 정월 손주의 부정교합 시술을 받기 시작하여 지금까지도 매달 한 번씩 진료를 계속하고 있는데 언제 치료가 완료될지 어림이 되지 않는다. 사랑하는 손주의 일이라서 앞뒤 재지 않고 치료비를 일시불로 결제했다. 그런데 이번에는 내 치아에 탈이 나서 대대적인 치료가 필요했다. 말썽을 부리는 치아 6개를 발치(拔齒)하고 그동안 방치했던 치아까지 8개(상악(上顎) 좌우에 각각 2개, 하악(下顎) 우측에 3개와 좌측에 1개)의 임플란트를 하는데 시술비가 결코, 호락호락하지 않았다. 어제 그중에서 절반 이상을 일시불로 결제했다. 그것도 손주와 같은 병원에서 시술받는 까닭에 상당한 금액을 감해 주는 시혜를 받았음에도 그렇다. 연금으로 삶을 꾸리는 가정에서 2년 사이에 녹록지 않은 치과 치료비는 아무래도 부담이 크다. 이외에 다른 질환 때문에 병원이나 약국을 찾아가며 지출되는 의료비까지 감안한다면 어쩌면 심각한 문제 중의 하나이다.

몇 해 전 눈에 거슬리는 4개의 치아는 이미 임플란트 시술받았다. 그렇게 대충 치료한 뒤에 흉하지 않으면 이가 없는 상태로 지내려고 작정했다. 다행히도 빠진 치아 모두가 상악과 하악의 좌우 어금니 쪽이라서 잘 보이지 않아 그리해도 흉하게 보이지 않아 별 문제가 없다. 그런데 얼마 전 임플란트가 등장하기 전에 자연적으로 발치된 치아의 양쪽 이를 이용해 시술했던 브릿지(bridge) 한 곳에 치근(齒根) 자체가 빠졌다. 그래서 하악 우측의 중절치(대문니), 측절치, 견치(송곳니)가 없어져 집으로 치면 대문 한쪽을 활짝 열어젖혀 놓은 몰골이었다. 몹시 흉측하게 보인다. 여기에 설상가상으로 역시 하악의 좌측 측절치가 마구 흔들려 발치 외에 다른 대응 방법이 없는 형편이었다. 이런 관계로 임플란트가 불가피해 단안을 내렸다. 대대적인 보수 공사를 하기로 했다. 한편 몇 해 전에 임플란트 4개를 할 당시 나머지는 아무런 문제가 없어 보였는데 오늘 같은 상황이 또 발생했다. 따라서 현재 남은 자연 치아 11개 역시 탈이 없을 것이라고 장담할 수 없다.

세상에 완전이란 존재하지 않기 때문일까. 40대 초반부터 덜컹대는 치아 문제로 여러 치과를 전전하며 치료를 받았다. 똑같은 치아에 금을 씌웠다가 의치(義齒)로 바꿨던 것 같은데 이번에는 그 자리에 임플란트할 처지가 되었다. 시술을 받는 과정에서 읽어보라며 준 리플릿(leaflet)을 꼼꼼하게 들여다보니 이 역시 영원하지 않다며 여러 가지로 조심해야 한다는 조언이었다. 그럴지라도 이번 대대적 공사로 치아 트러블 문제에서 자유로웠으면 좋겠다.

현직 치과의사와 노령의 연금 수급자의 처지는 비교 대상이 될 수 없으리라. 그것도 명의로 알려진 경우는 더더욱 그렇다. 태생의 문제인지 아니면 사후 관리에 문제인지 모른다. 최근에 이르러 우리 집에서는 불우이웃돕기 대상도 아닌데 치과의사를 짬짬이 보태주는 격이 아닐까 하는 착각이 들어 떨떠름하다. 어찌 되었든 병원을 찾아가서 치료를 받는다는 사실을 다른 사람에게 시시콜콜 떠벌리는 게 썩 내키지 않는다. 이런 마음에서 병원에 가며 편편찮은 속내를 에둘러 표현한다는 것이 "형편이 어려운 의사를 돕기 위해 병원에 간다."고 얘기한다. 그리 말하면 대부분 무슨 말인지 진의를 파악하지 못해 되묻기 일쑤이다. 의사가 나의 처지에 비해 경제적 강자가 분명함에도 말이다. 이런 얘기를 들으면 지나가는 소도 웃을지 모르는데도 스스럼없이 그리한다.

지난해이던가. 평소 격의 없이 지내던 스님이 임플란트 시술을 받았는데 "적은 아파트 한 채를 입에 물고 산다."는 말씀이었다. 그 얘기에 내가 덧붙였던 말이다. "도량 넓으시고 가진 것은 돈밖에 없는 스님이 불쌍한 의사에게 보시했다."고 생각하시라고. 내 경우는 그에 비할 바가 못 되지만 여태까지 대충 어림할 때 치과 치료에 수월찮은 금액을 지급했다. 이제 손주와 나는 치아 문제로 더 이상 끌탕을 치는 일로부터 자유선언을 하고 살아갈 수 있었으면 더할 수 없이 좋으련만 단언할 수 없다. 또한, 이런 치료 이력을 천지사방에 대고 나팔을 불어야 할지 입을 꽉 다물고 꼭꼭 감춰야 할지 당최 헷갈린다.

2022년 10월 26일 수요일

정초부터 아홉수의 액땜일까?

70대를 마감하는 일흔아홉에 이르렀다. 민속이나 무속에서 흔히들 이르는 아홉수의 액땜 즉 도액(度厄)을 하는 중인지 지독한 감기를 앓고 있다. 물론 아직도 서슬이 퍼런 코로나19에 대비하기 위해 모더나 2가 백신(5번째 접종)과 독감 백신을 이미 접종했음에도 그들보다 하찮다고 여겼던 엉뚱한 훼방꾼인 감팡진 감기의 드센 태클을 피하지 못한 채 볼모로 잡혀 끙끙 앓으며 전전긍긍하고 있다.

지난 연말 무렵이었다. 어쭙잖게 기침 감기 기운이 엄습해 가벼운 마음으로 병원을 찾으며 별 탈 없이 지나가려니 생각했다. 하지만 웬걸 천만의 말씀 만만의 콩떡이었다. 계묘년(癸卯年) 새해가 밝아오면서 사정은 급전직하로 악화되었다. 자칫하다가 병을 키우는 꼴이 될지 모른다는 강박관념에 사로잡혀 사흘을 주기로 세 차례나 같은 병원을 거듭 찾으며 약 처방은 물론이고 주사에다가 링거(수액)까지 맞는 야단법석을 떨었다. 그럼에도 아직 드잡이하며 현재 진행형이다. 신기한 것은 몸살이나 열은 전혀 없다. 그 대신 정신을 차릴 수 없이 사레*와 기침이 수시로 불쑥불쑥 발생한다. 물론 병원에서 치료와 처방 약을 먹으면서 상당히 호전되었다. 하지만 간헐적인 기침 사태가 발작하면 정신이 혼미할 정도로 견디기 어렵다. 이처럼 불시에 돌발하는 기침에 즉효인 처방은 '매우 뜨거운 물을 마시는' 것이다. 도저히 믿기지 않지만 뜨거운 물을 몇 모금 마시면 씻은 듯이 금세 진정된다.

오늘(1월 10일)은 이따금 잔기침은 이어지고 있어도 간헐적으로 발작하던 사레와 기침이 멎어 한결 마음은 가볍다. 그래도 쾌청한 날씨처럼 씻은 듯 말끔해지지 않아 기분은 아직도 무겁다. 거의 보름 동안 의사 선생님 지시대로 등산도 일시적으로 중단한 채 집안에서 쉬면서 따뜻한 물을 밤낮을 가리지 않고 마셔대며 전전긍긍하고 있다. 하지만 여전히 찰거머리 같은 감기가 찰싹 달라붙어 성가시게 괴롭혀 냉탕과 온탕이 되풀이되고 있다.

감기 이전에 약속된 모임이 어제 서울의 경복궁 동문 바로 앞에 있는 한국출판문화회관에서 있었다. 한데, 덜컥 감기를 앓고 있어 일방적으로 불참할까 하다가 차마 그럴 수 없다고 판단했다. 무리임을 알면서도 새벽 일찍 일어나 따스하게 옷을 챙겨 입고 길을 재촉했다. 혹시라도 열차 안이나 행사 진행되는 중간에 불상사가 돌발할 경우에 마실 요량으로 뜨거운 물을 보온병에 가득 담아 챙겨서 가방에 넣고 집을 나섰다.

충분히 예견된 상황이지만 불행하게도 비상사태는 비껴가지 않아 여러 차례 위기를 맞았다. 그 첫 번째가 문학모임 행사 중간에 두 차례 발생해 행사장 밖으로 빠져나와 뜨거운 물을 마시고 진정했다. 행사를 마치고 안국역에서 지하철 3호선을 타고 종로3가에 도착하여 1호선으로 환승을 하고 서울역에 도착할 무렵 또다시 사례가 발생해 간이의자에 앉아 가방에서 보온병을 꺼내 뜨거운 물을 마시며 가까스로 진정시켰다. 지나가는 사람들에게 얼마나 이상하게 비쳤을까. 백발의 노인네가 가방에서 보온병을 꺼내 무엇인가를 따라 마시는 중독쟁이 같은 한심한 몰골 말이다. 한편 KTX를 타고 마산까지 오면서 세 차례에 걸쳐서 똑같은 현상이 발생해 무척이나 고생했다. 승무원에게 도움을 청했지만, 열차 내에서 뜨거운 물을 구할 수 없었다. 쩔쩔매는 모습이 안타깝게 비쳤던지 승무원이 먹다가 남은 목캔디라며 3알을 가져다주는 따스한 배려에 울컥해지기도 했다. 그런데 이상한 것은 그 이후 지금까지 그렇게 사람을 초주검으로 몰아붙이던 참혹한 사태가 한 번도 재발하지 않아 한결 가벼운 마음이다.

오늘 오전 중엔 여기저기(여덟 군데) 문학단체에 연회비를 송금하기 위해 두 군데 은행과 우체국을 헤맸어도 아직 지긋지긋한 사례와 기침은 돌발하지 않았다. 입에서 나오는 잔기침은 여전할지라도 한결 부드럽고 살만하다. 그러고 보니 달갑지 않은 감기와 드잡이를 시작한 지 20일이 되어가고 있다. 이쯤에서 서서히 결별하는 수순을 밟았으면 하는 절절한 심정이지만 뜻대로 될지 의문이다.

지난날을 돌이켜 생각한다. 젊은 날엔 웬만한 감기나 몸살 따위는 하루 이틀 시름시름 앓다가 툴툴 털고 일어서면 곧바로 일상으로 복귀했다. 하지만 이즈음 사정은 당최 녹록지 않다. 여러 날 호되게 끌탕을 치며 병원을 찾지만, 앓는 시간과 날짜는 상대적으로 늘어나게 마련이고 그 후유증은 눈에 띄게 심해지고 있다. 비루한 현실을 피하려고 기를 써 보지만 의지와 다르게 비척거리게 마련이라는데 문제가 있다. 이런 맥락에서 예로부터 세월 이기는 장사 없다고 했나 보다. 그럴지라도 건강 여투기에 소홀할 수 없는 게 황혼의 세월을 견뎌내는 보편적인 적응 방편인가보다.

* 사레 : 음식을 잘못 삼켜 식도가 아니라 기도로 들어갈 때, 갑자기 기침처럼 뿜어 나오는 기운

2023년 1월 10일 화요일

아내와 병원

아내가 아픈 표정만 보여도 가슴이 내려앉으며 벌렁댄다. 아마도 이런 증상을 빗대서 '자라보고 놀란 가슴 솥뚜껑 보고 놀란다.' 고 할 게다. 평생 병원을 찾지 않는 경우는 거의 없다. 그렇다고 할지라도 아내는 잦은 병치레를 했던 전과 때문에 표정만 달라져도 긴장할 수밖에 없을 뿐 아니라 더럭 겁부터 난다. 아내는 어제(4월 6일) 가슴 수술을 받고 텅 빈 병상에 홀로 누워있다*. 지금 바깥에는 굼실굼실 몰려오는 봄의 소리에 왁자지껄 소란한데 내 마음은 저기압의 한랭전선이 짙게 드리워져 마냥 심란하다.

1982년 여름방학에 부부가 두 아이와 고향에 갔다가 마산으로 돌아오던 길이었다. 대전의 고속버스 터미널에 도착하니 마산행 표가 매진되어 대구에서 시외버스를 이용해 마산으로 갈 요량에서 대구행 고속버스를 탔다. 대전에서 출발하여 불과 20분 남짓 달리다가 경부고속도로 제2금강교(지금은 직선화 공사로 그곳으로 고속버스가 다니지 않음) 위에서 금강 바닥 모래 벌로 추락하는 사고를 당했다. 그때까지 발생했던 가장 끔찍한 고속버스 사고로서 승객 절반 이상이 목숨을 잃었다. 조상의 음덕이었을까. 우리 가족의 경우 두 아이는 달포 가까이, 아내는 두 달 남짓 입원했었다. 나는 경추(頸椎) 불완전 탈골로 꼬박 6개월 동안 대전성모병원에서 입원했다가 어렵사리 일상으로 돌아왔다. 그 사고는 우리 가족이 겪었던 가장 혹독한 재앙이었다.

결혼 후 아내가 두 번째 병원에 입원했던 얘기다. 1986년 2월 하순부터 4월 중순까지 거의 두 달 정도 동안 입원해 수술을 거듭해야 했던 악몽이었다. 장모님 생신을 맞아 아내는 아이들과 함께 서울에 갔었다. '갑자기 아내가 심한 복통을 호소해 혜화동에 있는 K 대학교 병원 응급실에 입원했다.'는 연락이 왔다. 서둘러 병원을 찾아가 담당 교수를 만났더니 장폐색으로 절제 수술을 해야 한다는 얘기였다. 그 당시 수술 기법이 오늘날과 크게 달랐던지 자그마치 세 차례에 걸쳐서 수술했던 때문에 입원했던 날짜가 59일이나 소요되었다. 이 수술로 퇴원 이후에 일 년 남짓한 세월을 방에서 누워 지냈을 뿐 아니라 3년 넘게 투약을 하면서 일정 기간마다 병원을 찾아가 상태를 점검받는 호된 고생을 견뎌내야 했다.

대장 절제 수술을 받은 이듬해인 1987년 여름이었다. 아내가 평소 다니던 산부인과에서 난소 종양이라는 판정을 받았다. 기왕이면 지난해 수술받았던 부위도 실제로 눈으로 점검하는 게 좋겠다는 생각에서 다시 서울의 K 대학교 병원의 주치의였던 M 박사를 찾아가서 난소 종양 제거 수술을 받았다. 다행이었던 것은 전해(前年)에 장을 절제하고 접합했던 부위를 확인했는데 깨끗하다는 얘기에 날아갈 듯 기뻤다. 더더욱 다행이었던 것은 난소에 생긴 종양은 악성이 아니고 물혹이었다.

그 두 차례의 끔찍한 치도곤을 당한 뒤에 이제는 병원과 결별했다고 생각했다. 하지만 웬걸 착각이었다. 2020년 새해 첫날부터 아내가 복통에 쩔쩔매며 끙끙 앓기를 거듭했다. 진동한동 병원에 달려가 검사한 결과 담낭(쓸개)에 강낭콩만 한 돌이 3개나 들어있어 담낭의 절제 수술이 불가피했다. 그런데 무슨 조화인지 간의 수치(SGPT)가 높아 1차로 입원해 담낭에 호스를 꽂고 담액을 받아내는 비닐 팩(pack)을 차는 수술을 받고 가료하다가 간의 수치가 내려갈 동안 퇴원하여 집에 머물며 기다려야 했다. 그런 우여곡절을 겪으며 재입원하여 담낭 적출 수술을 받았는데 모두 19일 동안 입원했었다. 쉽게 지나는 사람들은 입원 당일 수술을 한다던데 아내는 여기서도 어려움을 피하지 못했다.

자고로 화불단행(禍不單行)이라 했던가. 담낭 절제 수술을 잊어갈 즈음(2021년부터 현재까지) 아내는 척추협착증과 무릎 연골 상태가 부실해서 툭하면 물리치료를 받아야 하는가 하면 뼈 주사를 맞는 눈치이다. 너무 간섭하면 되레 부담될 것 같아 무관심한 척하면서 필요할 경우 수시로 병원을 찾아가라는 말로서 내 마음을 에둘러 전한다. 젊은 시절부터 걷기를 탐탁하게 여기지 않는 성격이었다. 그런데다가 지금은 조금 먼 거리를 걸을 형편이 못 된다. 그뿐 아니라 승용차가 없으면 시장이나 마트에서 장을 본 먹거리도 들고 집에 올 형편도 못된다.

아직도 병원과 질긴 인연의 끈이 남았었던가. 지난달(3월) 스무나흘이었다. 등산 채비를 하려는데 바쁘지 않으면 오늘 자기와 함께 삼성창원병원에 가자며 내 눈치를 살폈다. 며칠 전에 건강검진 결과에 이상 증상이 보인다며 상담이 필요하다고 해서 어제 병원에 갔더란다. 그 자리에서 오른쪽 가슴에 석회 성분의 작은 가루 같은 것이 나타난다며 큰 병원에 가서 정밀검사를 받아보라며 소견서를 써 주더란다. 얘기를 듣는 순간 정신이 아득해졌다.

아내와 함께 병원을 찾았다. 대기실에서 기다리며 초조하게 검사 결과를 기다렸다. 아내가 담당 의사의 지시가 적혀있는 서류를 들고 나타나 지시하는 곳을 일일이 찾아가서 각종 검사를 받아야 한다고 했다. 물어물어 여기저기를 찾아가 가슴(유방) 촬영, 심장혈관검사(심전도), 폐 기능 검사. 혈액 및 소변 검사, 일반 X-Ray 촬영을 마쳤다. 그 후에 아내는 4월 5일부터 7일까지 사흘 동안 입원해 수술을 받아야 한다고 해서 얼결에 승낙하고 나왔다는 어이없는 얘기였다. 원래는 검사를 받고 정확한 판정을 받아보기 위한 방문이었다. 뜻하지 않게 수술 날짜를 구두로 약속했을지라도 '이건 아니다.'라는 생각이 들었다. 집에 돌아와 서울 쪽의 병원을 수소문하는 한편 여러 경로를 통해 현재 삼성창원병원의 담당 의사에 대해서도 알아봤다. 그 의사는 영남지역에서 최초로 가슴 로봇수술을 집도했을 뿐 아니라 상상 이상의 많은 집도 경험과 연구 실적이 탁월한 베테랑 전문의라는 사실을 확인했다. 알음알음으로 얻은 귀한 정보를 바탕으로 곰곰이 따져보던 아내가 서울행을 접고 여기서 수술을 받겠다는 단안을 내렸다.

처녀 시절에는 이렇다 할 탈 없이 건강했는데 왜 혼인 이후에 크고 작은 사고와 병마에 잇달아 시달리며 고초를 겪는 걸까. 부덕한 나와 부부의 연을 맺고 천리타향으로 이주한 외로움이 탈의 원인이었을까. 아니면 귀신에 씌어 동티가 난 게 아닌지 마음이 사뭇 편편하지 않다. 아내가 어려움을 겪는데도 아무런 도움이 되지 못하고 소가 닭을 보듯이 멀뚱멀뚱 지켜봐야 하는 자괴감에서 벗어나지 못해 떫기 그지없다. 게다가 고희의 중반을 넘어선 여인네가 민망하고 겸연쩍게 0 기암(零期癌)인 유방상피내암(乳房上皮內癌 : Carcinoma In Situ of Breast : 제자리암) 수술이라니 어이가 없다. 한편 수술 후에 혹시 싶어 MRI 검사와 CT 검사를 위시해서 몇 가지 검사를 추가로 받아보기 위해서 원래 예정보다 3일 정도 더 입원했다. 물론 이에 따른 후속 치료나 투약이 따르겠지만 큰 탈이나 부작용 없이 건강을 유지하며 황혼을 곱고 단아하게 누리다가 생을 정리하는 은총이 내렸으면 더 바랄 나위가 없겠다. 그러려면 오늘 수술한 부위의 석회 성분이 악성이 아닌 순둥이이어야 할 터인데 바람대로 순항할지 모르겠다.

* 수술을 받은 이튿날(4월 7일) 아내의 휴대전화로 보험공단에서 "국민건강보험 산정특례등록 0123105099"로 등록되었다는 안내 메시지를 보내왔다. 그리고 수술 후 여러 가지의 후속 검사를 받은 뒤에 4월 11일 퇴원했다.

2023년 4월 7일 목요일

잔인한 사월

야들야들한 연록의 물결이 굼실굼실 굼틀대는 찬연한 사월의 중순이다. 약동과 소생으로 싱그러움이 넘쳐남에도 어느 시인의 말처럼 잔인한 사월이라는 표현이 합당한 걸까. 엄동설한 내내 잔뜩 웅크렸다가 새봄을 맞으며 꿈과 희망이 피어오르려는 이 순간 마음을 무겁게 짓누르는 맹랑한 분위기와 정체를 가늠할 수 없는 불안에서 탈출했으면 좋겠다.

12층의 창가로 내려다보이는 아파트 뜰에 지천으로 피어난 영산홍을 비롯해 수많은 수목에 돋아난 잎새와 우듬지 새순의 신비로운 색채는 조석으로 다른 자태로 둔갑한다. 게다가 거의 매일 오르내리는 등산로에 펼쳐진 연록의 향연은 시시각각 완연히 다른 모습으로 탈바꿈해 오가는 이들의 얼이 빠질 정도로 장관인 작금이다. 그런가 하면 벌써 한낮의 등산은 햇살이 부담스러워 이른 아침에 등산에 나서도록 부추기고 있다. 그야말로 봄이 무르익으며 절정에 이른 양춘가절(陽春佳節)인데 가슴속엔 언제나 따스한 바람이 불어올까.

전생에 나는 어떤 존재였을까? 아마도 씻을 수 없는 원죄를 크게 저질렀던가 보다. 그런 업보 때문에 현생에서 벌을 받는 걸까. 돌이켜 보니 이제까지 살아오면서 커다란 죄를 짓거나 남에게 피해를 주었던 적이 별로 없다. 나와 가족에게 가볍지 않은 변고가 자주 발생한다. 이는 분명 '전생에 지었던 악업에 대한 응보가 아닐까?'라는 생각이 들어 오락가락 비틀거리다가 대처하지만 그럴 때마다 저기압을 피할 길이 없다.

나는 강골이 아니다. 그렇다고 편편약골도 아니다. 아내는 나보다 더 허약한지 병원을 자주 드나드는 편이다. 몇 해 전 쓸개(膽囊 : gallbladder) 절제 수술을 받으며 그게 마지막이었으면 좋겠다는 바람을 주고받았었다. 그런데 불행하게도 그게 아니었다. 지난 3월이었다. 한 해 걸러 의례적으로 받는 건강검진 결과 이상이 발견되어 며칠 전(4월 6일) 벼락 치듯이 유방상피내암(乳房上皮內癌 : carcinoma in situ(CIS) of breast : 제자리암) 수술을 받고 퇴원하여 집에서 가료 중이다.

고희(古稀)의 중반을 넘어선 여인네가 부끄럽게 가슴 수술이라니 조금은 민망하고 생뚱맞다. 그래도 다행인 것은 비록 가슴에 칼을 댔을지라도 영기암(零期癌)이란다. 그래서 후속적인 치료와 투약 처방이 따를지라도 부작용이 심한 항암치료는 비껴갈 수 있다는 주치의 설명에 뛸 듯이 기쁘고 위안이 되었다. 절절하게 빌고 또 빈다. 제발 다시는 아내가 다른 병으로 병원을 찾는 불상사가 없기를.

아내만 구차하게 병원에 줄을 대고 있는 게 아니다. 올해 고등학교에 진학한 손주는 치아 부정교합(不正咬合 : malocclusion) 교정 시술 때문에 28개월간 교정 장치를 하고 있다가 어제(4월 15일) 떼어냈다. 하지만 앞으로 몇 차례 더 병원을 찾아가 후속 치료와 조치가 필요하다. 한편 나는 뇌졸중(腦卒中 : stroke)에 관련된 약을 8년째 복용하는데다가 지난해 10월부터 시작된 치아 8개의 임플란트 시술이 언제 끝날지 기약할 수 없는 고약한 상황에 처해 있다. 이래저래 아름다운 봄날임에도 무거운 짐을 잔뜩 지고 있는 듯한 현실이 답답하고 우중충하며 께름칙하다.

'비가 내린 뒤에 땅이 굳어진다.'고 했다. 부부의 연을 맺은 이후에 아내가 일생에 한 번 겪기도 끔찍한 이런저런 변고와 와병으로 모진 고초와 위기를 여러 차례 맞았지만 슬기롭게 잘 버티며 이겨냈다. 이들 역경과 시련을 딛고 일어서며 다져진 각고의 경험이 묘약이 되어 다시는 또 다른 위험이나 병고에서 자유롭기를 천지신명께 빌고 또 빈다. 그래서 앞으로의 삶이 건강하고 무탈하다면 여태까지의 변고나 신양(身恙)은 노년을 담보하기 위해 백신을 접종했던 것쯤으로 가볍게 여기고 지나갈 터인데.

칠흑 같은 어둠이 지나면 여명의 새벽이 밝아오는 것은 진리이다. 견디며 버티기 어려운 시련 또한 시간의 흐름과 함께 지나갈 것이다. 이제 오만 정이 떨어진 사월도 중반을 넘어섰다. 진득하게 며칠 지내면 신록의 계절인 싱그러운 5월의 문이 활짝 열리리라. 계절의 여왕 5월엔 잔뜩 짓눌렀던 어둠의 그림자를 훌훌 털고 일어서 가족 나들이라도 할 수 있었으면 좋겠다. 심한 충격이 불가피했을 아내가 정상으로 돌아왔으면 더 바랄 게 없으련만 소원대로 빨리 이뤄질지 장담할 수 없다. 그럴지라도 그리되도록 간원 하면서 차분하게 내일을 기대하련다. 자고로 선인들이 이르던 진인사대천명(盡人事待天命)의 참뜻을 곱씹으면서 말이다.

한국수필, 2023년 7월호. 통권 341호, 2023년 7월 1일
(2023년 4월 16일 일요일)

아내의 방사선 치료

아내가 유방상피내암(乳房上皮內癌 : 제자리암) 수술의 후속처리로서 오늘부터 연속적으로 19회에 걸쳐 방사선 치료를 받는다. 집도의에 따르면 현재 진행되는 치료를 받는 것으로 일단 끝이란다. 별도의 항암치료가 없을 뿐 아니라 그 외에 후속 치료나 투약도 없다는 귀띔이다. 이번 치료를 마치고 몇 달 지난 10월 초순(6일)에 유방 촬영, 혈액검사, 컴퓨터 단층촬영(CT), 자기공명영상(MRI) 촬영을 한다는 얘기다. 그들을 통해서 나타나는 각종 데이터를 바탕으로 일주일 뒤(10월 13일) 집도의인 교수가 최종적으로 판단해서 향후 어떻게 대응할 것인지 대응 원칙이 결정된단다.

격년으로 건강검진을 받았던 병원에서 우측 유방에 모래가 흩어져 있는 것 같은 석회 성분이 보인다며 정밀검사를 받으라고 권유하더란다. 그 과정에서 추천해 준 상급병원의 검사 결과 유방상피내암으로 판정을 받았다. 우물쭈물 좌고우면할 처지가 아니라고 판단되어 곧바로 수술을 받고(4월 6일) 엿새 만에 퇴원했다(4

월 11일). 집도의 견해에 따르면 항암치료는 하지 않아도 될 것으로 사료되지만 후속적으로 방사선 치료는 받아야 한단다. 그러면서 방사선 종양외과 담당 교수 면담을 통해서 자세한 치료 계획을 세우라고 예약해 줬다.

예약된 날 방사선 종양외과 담당 교수를 찾아갔다(4월 21일). 수술을 받았던 환부가 정상으로 회복될 때까지 기다렸다가 치료를 받아야 하는 모양이었다. 3주쯤 지난 뒤(5월 9일)에 내원(來院)해서 치료할 위치를 정확하게 결정하는 모의치료(simulation)를 한다고 했다. 감히 어느 안전이라고 어깃장을 놓거나 토를 달 수 있을까? 끽소리도 못하고 정해준 날짜에 모의치료를 마치고(5월 9일) 치료가 시작된 첫날이 바로 오늘(5월 16일)이었다. 의학 분야에는 완전한 문외한이라서 깜깜하다. 하지만 이 치료는 수술 과정에 놓쳤을지도 모르는 암세포를 깨끗하게 궤멸시키기 위한 추가적인 조치의 일환이리라.

원래 오늘(5월 16일) 방사선 치료 예약은 오후 늦은 시각(오후 5시 20분)으로 잡혀있었다. 아내가 볼링 동호인들이 모이기 시작한 지 30주년을 기념하기 위해 마련된 오찬(午餐) 자리에 참석했다가 병원에 갈 요량에서 한창 외출 채비에 몰두할 때였다. 병원에서 치료 시각이 변경되었다는 연락이 왔다. 예약 환자 중 하나가 중간에 빠져 자리가 생겼으니 낮 1시 20분까지 병원에 도착해서 치료받으라는 엄명이 떨어졌다. 이번에도 옴짝달싹할 여지가 없어 오찬 자리를 미련 없이 포기하고 서둘러 병원으로 달려갔다. 이런 아내의 수행 비서를 자청하고 동행하던 중간에 슬쩍 심기를 떠봤다. 와병으로 대학 졸업 50주년을 기념하는 홈커밍 데이(homecoming day) 행사에 참여할 수 없게 되는 것도 몹시 마뜩잖을 터이다. 여기에 엎친 데 덮치는 격으로 볼링 동호인들의 모임인 오찬 기회까지 야속하게 뺏는 게 말이 되느냐고 은근히 화를 돋워 봤다. 본인이 생각해도 어처구니가 없고 대꾸하기 싫은지 잠자코 듣다가 끝내 고개를 돌리며 쓴웃음을 지을 뿐이었다.

지난 4월에 접어들며 아내의 마음은 달뜨기 시작했다. 자기 모교의 홈커밍 데이 행사 때문이었다. 아내의 모교에서 매년 졸업 50주년을 맞는 졸업생들을 대상으로 그 행사가 계속 개최되었던가 보다. 그런데 최근 몇 해째 신종 코로나바이러스 감염증(코로나19) 때문에 중단되었다가 이번 오월 중순(5월 17일)에 70~73년도까지 4년 동안의 졸업생을 대상으로 개최될 계획이라는 통지를 받았다며 뿌듯해했다. 그 자리에 꼭 참석해 학창시절을 되새기며 친구들과 어울려 즐기고 돌아오겠다며 손꼽으며 기다렸다. 공식적인 행사 외에도 며칠 동안 게스트하우스를 통째로 빌려서 동기들이 맘 놓고 머물 수 있는 숙소도 별도로 마련한다는 얘기였다. 미국이나 일본에 이민 갔던 친구들을 비롯해 국내에 거주하는 동기가 빠짐없이 참석할 예정이라며 자랑이 대단했다. 세세한 내막은 잘 모르지만 경제적으로 여유가 있는 친구 몇몇이 꽤 많은 갹출도 했던 것 같다.

어쩌면 대학 졸업 후 동기 동창들이 모두 한자리에 모이는 첫 행사이자 마지막일 터인데 오죽이나 설레었을까. 한데, 이 무슨 신의 짓궂은 시기이며 훼방일까. 그 행사 직전에 달갑지 않은 수술을 하고 후속적인 조치로서 방사선 치료가 하필이면 홈커밍 데이 하루 전날 시작되다니 너무도 가혹한 처사가 아닐까. 이런 아내의 처지를 누군가가 동창들의 카톡방에 올려놔 여러 친구에게 위로와 격려가 줄을 잇는 낌새이다. 그래도 위로가 되지 않는지 아내는 시무룩한 표정은 활짝 펴지지 않고 저기압의 연속이다. 그런 아내가 안쓰러워도 어쩔 도리가 없다.

우연하게도 비슷한 병으로 수술을 받은 아내의 동창이 서울에 살고 있다. 선험 자로서 이런저런 조언을 숱하게 많이 해주는 눈치이다. 그중에서도 방사선 치료를 받아도 부작용이나 후유증이 전혀 없다고 희망적인 귀띔은 복음(福音)같이 고맙고 위로가 되었으리라. 그래도 오늘 처음으로 치료를 받기 위해 치료 대 위에 누웠는데 무척 떨리고 긴장되어 혼났다는 푸념이지만 별다른 이상 증상은 보이지 않아 안도했다. 모두 끝날 때까지 별 탈이 없이 마쳤으면 더할 나위 없겠다. 치료실에 들어갔다가 나오는데 소요된 시간은 대충 10분 안팎이었다.

병원 출입이 잦았던 아내는 이번 와병으로 무척 충격이 심했을 게다. 아내의 충격이나 심적 갈등 못지않게 나도 무척 두렵고 견디기 힘들었다. 전문가들의 견해에 따르면 가벼운 상태인 영기(零期)이기 때문에 앞으로 제대로 대응하면 아무런 문제가 없으리라는 단언과 위로를 하늘 같이 믿고 의지하려고 굳게 마음을 다지고 또 다진다. 천지신명께 절절한 심정으로 곡진하게 빌고 또 빌 각오이다. 이번 방사선 치료를 끝으로 어둡고 칙칙한 질곡의 터널을 벗어나 해맑고 청청하게 밝은 날이 활짝 열리기를 말이다.

2023년 5월 16일 화요일

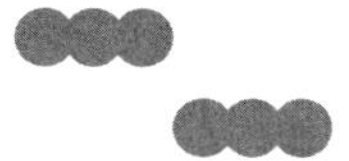

폭풍우 몰아치듯이

쓰나미(tsunami)처럼 연이어지는 크고 작은 변고로 정신이 혼미할 지경이다. 전생에 악업 때문일까 아니면 현생에서 나도 모르는 사이에 범했던 죄업에 대한 인과응보일까. 밀물이 몰려오듯 황당한 일이 꼬리를 물어 쓰러질 듯 비틀거리고 있다. 예로부터 화불단행(禍不單行)이라 하여 '재앙은 겹쳐서 온다.'고 이르던 말이 빈말이 아니었나 보다. 최근 이런저런 어려움이 겹치거나 잇따르면서 버텨낼 수 있는 마지막 임계점에 이른 게 아닌지 모르겠다.

4월 초순 아내가 갑자기 0기 암(零期癌)이라는 유방상피내암(乳房上皮內癌 : 제자리암) 수술을 받고 후속 치료 과정으로 방사선 치료를 받고 있다. 5월 중순에 시작했는데 토요일과 일요일 및 공휴일을 제외하고 매일 받는 관계로 모두 18회를 채우려면 이달 중순(6월 13일)이 되어야 겨우 끝난다. 처음엔 아침 일찍 출근하는 기분으로 임했지만 매일 일정한 시간대에 맞춘다는 게 생각보다 호락호락하지 않았다. 그 길에 수행 비서로 따라나선 지 스무

날 가까이 지나면서 스멀스멀 꾀가 나고 핑곗거리를 찾을 궁리를 하려고 궁싯거린다.

지난날 아침 일찍 일터에 나가는 것은 너무도 당연해 아무렇지도 않았다. 그런데 퇴임 후에 10여 년이 훌쩍 지난 지금 매일 일정한 시간대에 아내와 집을 나서는 게 조금은 성가시고 피곤하다. 나만 그런가 했더니 아내도 힘이 들고 왠지 피곤하다는 하소연을 입에 달고 있다. 하기야 처음부터 아내는 자기 혼자서 오가며 치료를 받겠다고 주장했다. 하지만 어디 그럴 수 있는가? 게다가 혹여나 그리 대처했다가 훗날 기분이 언짢아졌을 경우 자기가 병고에 시달릴 때 완전히 수수방관했다는 덤터기를 쓸 개연성을 감안할 때 종료 시까지 동행하는 게 최상의 처신이다.

지난 금요일(6월 2일)엔 평소처럼 아침 일찍 아내와 병원에 갔다 와서 오후 늦게 치과에 가서 4개의 치아에 대한 임플란트 시술을 받았다. 아무리 마취를 하고 치근(齒根)을 심고 꿰맨다지만 지혈이 잘되지 않고 통증이 심해서 비몽사몽 상태에서 밤을 새우며 끌탕을 쳤다. 그렇게 끙끙 앓으며 밤을 보내고 토요일 아침을 맞았다. 이날 오전 부산에서 열리는 출판기념회에 축사를 해주기로 약속되어 있었다. 그 때문에 행사장에 갈 일행들이 아침 일찍 우리 아파트 앞에서 모여 함께 부산으로 가는 강행군을 했다. 어제 늦게 멀쩡한 잇몸을 절개하고 치근 4개를 심고 나서 절개한 부분을 꿰맸다. 얼굴이 퉁퉁 부어 일그러졌는데도 불구하고 아무렇지도 않은 듯 천연덕스럽게 축사를 마치고 집에 돌아와 주말을 보냈다. 그리고 증상이 조금 호전되어 지금 이 글을 쓰기 위해서 컴퓨터 자판(keyboard)을 열심히 두드리고 있다.

아내가 겪는 정신적 스트레스에 비하면 나는 배부른 아이의 멀쩡한 젖 투정에 지나지 않으리라. 오늘까지 아내는 방사선 치료를 13회 받았다. 어쩌면 매일 아침 직접 운전을 하며 병원을 오가는 기분은 매우 착잡하고 언짢을 게다. 그래도 겉으로 침울한 기색을 보인다거나 말을 필요 이상으로 아끼는 편은 아니다. 속으로는 천불이 날 것으로 유추되지만 태연자약 냉정한 모습이 되레 가슴을 뭉클하게 만든다. 별다른 말이 없더니 오늘은 방사선 치료를 받으며 체중이 1kg쯤 줄어들었을 뿐 아니라 횟수(回數)가 늘어날수록 '어지럽고 더 메슥거린다.'는 고백을 했다. 의학적인 지식이 맹탕이라서 기껏 해줄 수 있는 말은 "무언가를 더 많이 먹어야 한다."고 얼렁뚱땅 되는대로 주워섬겼다.

지금도 오른쪽 얼굴은 퉁퉁 부어 일그러진 상태이다. 임플란트 시술 후 담당 간호사는 술과 담배를 비롯해 운동을 금지하고 철저하게 휴식을 취하라고 일렀다. 거의 매일 다니던 산행도 잠정적으로 잠시 끊고 있다. 지난해 동짓달에 심었던 치근이 잘못되어 지난 3월에 뽑았던 아픈 기억 때문에 그리 대응하기로 했다. 두려움으로 잔뜩 위축된 채 병원에 갔었는데 다행히 이번에는 잘못된 게 없었다. '자라를 보고 놀란 가슴 솥뚜껑 보고 놀란다.'고 하던가. 어찌 되었든 이번에는 병원에서 이르는 대로 따라 탈 없이 마치도록 할 각오이다.

심신이 무척 나약해졌나 보다. 아내의 와병과 나의 임플란트 시술 따위가 함께 얽히고설키면서 심적 갈등이 더 해지고 있다. 안정을 되찾고픈 마음에서 시간 나는 대로 하루 한두 차례씩 아파트 정원에 나가서 잡초를 뽑는 것으로 마음을 달래고 있다. 모두 9백여 세대가 살아도 주민 누군가가 정원에 자란 잡초를 뽑는 경우를 본 적이 없다. 그런 때문에 혹시나 아파트 정원 잡초를 뽑는 괴이한 행동을 본 뒤에 이상한 노인네나 치매 환자로 몰아갈지 모른다는 생각에서 남들의 눈에 잘 띄지 않는 이른 새벽이나 한낮에 몰래 뽑는다. 얼추 한 달 넘게 그 일에 매달렸더니 양손의 엄지와 검지가 막 노동자처럼 거칠어져 손을 보호한다는 맥락에서 별도의 전용 장갑까지 두 켤레 사 왔다.

아무리 생각해도 올해 4~6월은 재수 없게 액운이 꼈던가 보다. 뜻하지 않은 아내의 신양(身恙)에다가 나의 치아 치료 따위가 함께 뒤엉켜 폭풍우가 몰아치듯이 요동치며 벼랑 끝으로 내몰 뿐 아니라 이들 외에도 크고 작은 골칫거리들이 꼬리를 물고 발생하여 얼을 빼기에 이르는 독백이다. 칠흑 같은 질곡의 터널을 한시라도 빨리 벗어났으면 좋겠다. 이런 바람에서 이번 주말(9일) 강원도의 태백(太白)으로 떠나는 문학기행에 기필코 참여하여 밝은 세상으로 발길을 내디디고 싶다*.

* 6월 10일 태백으로 떠나는 문학기행은 끝내 참가하지 못했다. 유감스럽게도 6월 9일 우리 내외가 선종 코로나바이러스 감염증(코로나19) 확진 판정을 받고 치료에 임해 스스로 5일 동안 자가 격리에 돌입했기 때문이다.

2023년 6월 5일 월요일

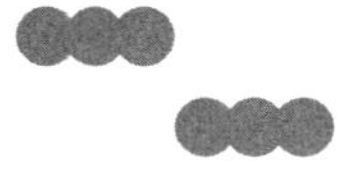

코로나19의 왕림

용케도 신종 코로나바이러스 감염증(코로나19)을 피해왔다고 자부했다. 지난 2020년 정월에 국내 첫 확진자가 발생한 직후 정부에서 위기 경보 단계를 심각으로 분류했다. 아울러 확진자에 대한 격리 의무를 비롯해 마스크 착용 의무를 강제로 규정했었다. 그 후 3년 4개월 남짓 지난 6월 1일 위기경보 단계를 경계로 하향 조정하고 강제 격리나 마스크 착용 의무를 해제했다. 정상으로 돌아온 지 불과 며칠 지나자마자 우리 부부는 어이없게도 덜미를 꽉 잡혔다. 어찌하든 피하려고 돌다리도 두들겨 보고 건너듯 매사에 조심 또 조심해 왔다. 그래도 심통 사나운 마수(魔手)를 피해간다는 것은 터무니없는 욕심으로 가당찮은 꿈이었나 보다.

독감 백신이 보급되면서 매년 가을 꼬박꼬박 접종을 해왔다. 그렇다고 독감으로부터 완전히 자유롭지 못했다. 접종하고도 독감에 걸려 꽤 심하게 앓았던 씁쓰레한 경험이 더러 있다. 세상에 모든 유형의 변종에 대해 완벽한 백신은 없기에 그런 것으로 알고 있다. 우리에게 천역(天疫)처럼 행패를 부리던 코로나19도 짧은 기간에 변종이 줄줄이 등장했다. 그에 따라서 새로운 백신을 접종하라고 권고를 할 때마다 충실히 응했더니 모두 다섯 차례를 맞았다. 그런데도 집요한 태클(tackle)에 무참하게 쓰러져 백기를 든 패잔병이 되었다. 물론 아내 역시 나와 같은 상황이니 유구무언일 따름이다.

어느 경로를 통해 감염되었는지 정확하지 않은 미궁이다. 내가 그동안 다녔던 곳은 세 군데로 좁혀질 수 있다. 첫째는 아내가 요즘 거의 매일 방사선 치료를 받기 때문에 수행 비서로 동행하여 환자 대기실에 가서 앉았다가 치료가 끝나면 되돌아오기를 반복했었다. 둘째로 지난 금요일(6월 2일) 오후 오래전 예약했던 치과에 가서 임플란트를 위해 치근(齒根)을 심는 시술을 받았다. 그때 마취를 하는 과정을 포함해서 1시간 남짓 진료대 위에서 머물렀다. 셋째로 토요일(3일)엔 부산의 어떤 동인지 출판기념회에서 축사를 하는 한편 글밭지기들과 담소를 나누고 점심 식사를 마친 후에 곧바로 돌아와 휴식을 취했다. 한편 출판기념회 자리에서는 거의 마스크를 착용하고 있었다. 이들 세 곳이 내가 바깥나들이를 했던 전부이다.

곰곰이 짚어보니 최초의 증상 발현은 일요일(4일)이었다. 오전에 약간의 감기 기운에 잔기침에 났다. 약국이 문을 닫아 먹다가 남은 감기약인 타이레놀(Tylenol)이 눈에 띄어 그를 복용하는 것으로 만사형통이라고 생각했다. 이어지는 월요일엔 다소 피곤하고 약간의 몸살 기운이 엄습해 대수롭지 않게 여기고 낮잠을 자는 것으로 너끈하다고 판단했다. 화요일은 현충일(6월 6일)로 열은 전혀 없었고 근육통에 기침이 약간 심해져 지나가는 감기로 단정하고 감기약을 복용하고 누워 쉬면서 하루를 보냈어도 차도가 없었다. 수요일(6월 7일)엔 열은 하나도 없는데 몸이 무겁고 기침이 더 심해져 아내가 병원에 방사선 치료를 받는데 동행하지 못했다. 하지만 오후엔 목이 조금 아파도 증상이 호전되어 집에서 자유롭게 이런저런 일을 했다.

목요일(6월 8일) 아내가 방사선 치료를 받는데 동행했다가 돌아왔다. 그런데 몸살 기운이 있다면서 약국에 다녀오겠다고 했다. 자신의 약 외에 내 약도 부탁했다. 사 온 약을 먹었다. 아내는 오한이 난다며 방에 들어가 누웠다. 저녁까지 차도가 없다면서 끙끙 앓는 소리를 해도 신경을 쓰지 않고 거실에서 TV를 시청했다. 밤 열 시 무렵에 손주 유진이가 내 방으로 찾아와 조용히 알려줬다. 할머니가 코로나 자가진단 키트로 테스트했는데 양성이라고 했다. 화들짝 놀라 나도 테스트하려고 키트를 찾았지만 없었다. 손주가 편의점에 뛰어가서 구입해 와서 테스트했는데 결과는 역시 마찬가지였다. 참으로 절묘한 시기에 감염되었다. 지난 3년 남짓 잘 피하다가 자유화가 시작되자마자 기다렸다는 듯이 걸리다니 어처구니가 없다. 아내에게 무척 미안했다. 뜻하지 않은 수술을 받고 힘겹게 방사선 치료를 받는 사람을 도와주지는 못할망정 밖에 가서 몹쓸 병균을 묻혀 와서 옮기는 매개체 역할을 했을지도 모른다는 자책에서 구시렁거리는 독백이다.

코로나19에 감염되어 전문 치료제를 처방받았던 경험이 있는 옛 동료인 J 박사에게 약 이름을 알고 싶다며 전화를 했었다. J 박사는 병원에 전화하여 전문 치료제인 팍스로비드(Paxlovid)를 처방해 주는지를 확인해 연락하겠다면서 전화를 끊었다. 잠시 뒤에 다시 전화를 연결하더니 C 이비인후과로 가라고 일러주었다. 병원에 도착하니 접수창구의 간호사가 조금 전에 통화하시던 분이 부부가 오실 것이라고 말씀하셨다고 해서 깜짝 놀랐다. 병원을 다녀와서 J 박사는 제자 Y 박사와 함께 우리 아파트 주차장으로 찾아와서 필요한 약품과 생필품을 강제로 떠넘기듯 안겨 주고 표표히 돌아갔다. 앞선 통화에서 목이 아프다고 했더니 품귀 현상의 모가프텐을 포함해서 격리되면 당장 먹거리가 막막하게 마련이라면서 여러 가지 국과 반찬을 잔뜩 건네줬다. 고맙고 고마운 일이지만 너무 황송해 마음은 편하지 않다.

오늘(9일) 병원에 가서 검사했더니 내외가 양성으로 나타났다. 각각 3일분 치료약과 전문 치료제인 팍스로비드 5일분(30정)을 처방받은 약 보따리를 전리품이라도 되는 듯이 끌어안고 돌아왔다. 아직은 목의 심한 통증 외에는 전체적으로는 독감보다도 훨씬 가볍게 지나가 불행 중 다행이다. 그런데 아내가 앞으로 3번 남은 방사선 치료 날짜를 변경해야 하는 데 언제로 잡힐지 몹시 걱정이다. 지난날 당국에서 시키는 대로 다섯 차례나 백신을 접종한 갸륵한 정성을 굽어살펴 커다란 변고 없이 조용히 지나가기를 간절히 빌고 또 빈다. 아울러 자율적인 닷새 동안의 자가 격리를 위해 나의 둥지(아파트) 속으로 침잠했다*.

* 코로나19 감염 후유증 : 일반 감기보다도 훨씬 가볍게 지나갔다. 그럼에도 나는 후각(嗅覺)과 미각(味覺)이 완전히 마비되는 후유증을 아직도 앓고 있다. 감염 확진된 지 만 2년이 가까워지는 지금(2025년 8월 1일)까지도 미각과 후각이 완전한 정상으로 돌아오지 않아 결국 롱 코비드(long COVID)를 앓고 있는 셈이다.

2023년 6월 9일 금요일

Ⅲ.

되로 주고 말로 돌려받다

차례를 모시고 심란한 마음에

차례를 모시고 뒤숭숭한 마음을 달래려고 산에 다녀오며 중대한 결심을 했다. 정성을 다해 모셨을지라도 마음은 무척 무거웠다. 아침 식사를 마친 뒤에 서둘러 집을 나선 시각이 사정(巳正)*이었다. 오가는 길은 평소에 비할 수 없을 만큼 한적해 주위에 신경 쓰지 않고 사념에 몰입할 수 있어 금상첨화였다. 젊은 시절엔 제사에 대해서 아무런 문제가 없었다. 그런데 한 해 두 해 세월이 흐르면서 빈발하는 잡다한 문제를 마냥 외면할 계제가 아니었다. 이에 따른 문제로 고민을 거듭해오다가 이제는 더 미루며 미적거릴 수 없는 구석으로 몰려 옹색한 처지가 되었다.

외아들이라 매년 맞는 부모님의 기제사(忌祭祀)를 비롯해 추석과 설날의 차례 준비는 몽땅 아내 혼자 감당해야 할 몫이다. 장을 봐와 제수를 장만할 깜냥이 되면 아내와 역할 분담이라도 하련만 마음뿐이다. 그쪽에는 맹탕이고 슬기롭게 대처할 주변머리가 못된다. 여태까지 살면서 제사 때 아내가 하는 대로 따랐을 따름이었다. 아무런 도움도 되지 않는 철저한 방관자이자 영원한 구경꾼일 따름이었다.

재작년(2020년) 정이월에 걸쳐서 입·퇴원을 반복하며 19일 동안 입원을 하면서 아내가 담낭(쓸개) 절제 수술을 받았다. 그 무렵 설을 맞았다. 도저히 제수를 장만할 건강상태가 아니었음에도 나는 아무것도 할 수 없는 무능력자였다. 대응 방안이 없어 달랑 떡국 한 그릇 차례상에 올려놓는 불경죄를 저질렀던 전과가 있다. 그때 이런 정황이 재발 된다면 과연 어떻게 대처해야 할 것인가에 대해 고민하는 척했었다. 그러다가 뚜렷한 결론 없이 어물쩍 넘긴 채 오늘에 이르렀다.

젊은 날엔 구태여 제삿날을 들먹이지 않아도 때가 되면 아내가 알아서 장을 봐 오고 제수를 장만했다. 만들어 놓은 제수를 제상에 '홍동백서(紅東白西), 조율시이(棗栗柿梨), 어동육서(魚東肉西), 좌포우혜(左脯右醯), ……' 따위를 따져가며 진설하고 제사를 모시면 끝으로 아무것도 걱정거리가 없었다.

해를 거듭할수록 아내의 건강이 염려된다. 겨우 고희의 중반 고개를 넘고 있는데 멀리 걷지도 못하고 무거운 짐을 손에 들고 옮기지도 못한다. 가까운 동네 병원을 간다든지 마트에 갈 때도 승용차에 의지하는 딱한 형편이다. 그렇다고 운동을 등한시하는 처지도 아니다. 어느덧 매주 너 댓 차례씩 수영을 한 지 30년을 훌쩍 넘었다. 그런 대처와 아내의 건강은 정비례하지 않았다. 매주 대 여섯 차례씩 등산하는 나와 건강을 반반씩 나눠 가졌으면 좋겠다는 바람을 가져보지만 부질없는 연민이다.

올해 들어 아내가 제사 준비를 위해 장을 봐 오고 제수를 장만하는 걸 옆에서 건네다 보며 많은 생각을 거듭했다. 힘이 부쳐도 자기의 몫을 포기하지 않으려는 마음이 가상할 따름이다. 그런 심사를 에둘러 나타내는 말이다. "물가가 너무 비싸서 제사 방법을 바꿔야지!"라며 엉뚱하게 물가를 탓하며 자기의 본심을 에둘러 드러내는 게 더더욱 안쓰러웠다. 게다가 어쩌다 보니 어머니 제사, 추석, 아버지 제사 등이 불과 두 달 사이에 줄줄이 이어져 있어 더욱 힘들게 만들고 있어도 어쩔 도리가 없다. 이번 추석엔 아내에게 웬 눈병이 발생해 엎친 데 덮친 격으로 더욱 심란하게 했다.

두 아들이 있어도 앞으로 제사를 모실 형편이 아니다. 아내가 나이 들어가면서 제사 모시는 게 힘겨워 비틀거리는 걸 여자 형제들 즉 아내에겐 시누이들이 꿰뚫고 있었다. 그런 이유를 앞세워 아내와 한 편이 되어 나를 세뇌시키려 집요하게 파고들었다. "제사 방법을 확 바꾸자고" 말이다. 이런저런 기회가 닿을 때마다 직·간접적으로 종용했다. 그럼에도 묵묵부답으로 대응하자 급기야는 아내를 앞세워 관철시키려 줄기차게 밀어붙이기도 했다. 철옹성 같은 내 옹고집을 움직이지 못했었다. 처음엔 과감하게 내쳤지만, 세월이 지날수록 어렵고 힘들어 쩔쩔매는 아내의 모습을 마냥 외면하는 게 능사가 아니라는 판단에 이르렀다. 마음이 흔들리기 시작하면서 고집을 과감하게 접고 변화를 택하는 게 세월에 순응하는 길이라는 생각이 들었다.

등산길을 오가는 3시간 동안 곰곰이 곱씹어봤다. 선뜻 내키지는 않을지라도 아내의 짐을 덜어주고 합리적인 대응이 절실하다는 맥락에서 단안을 내리는 게 옳다는 판단을 했다. 전래(傳來)의 관습을 따르고 조상을 받들어 모시는 것도 중요하지만 현실적인 형편을 도외시할 수 없다. 경천동지할 혁명적인 개혁 쪽으로 생각을 굳혔다. 어쩌면 인륜 도덕이나 예법에 정면으로 반하는 우매한 결정일 수도 있다. 그럴지라도 다음 설부터 차례는 최근 성균관에서 권장하는 차례상 표준안에 준하여 모시기로 작정했다. 아울러 양친의 기제사는 아버지 제삿날에 어머니 제사도 합쳐서 함께 모시는 쪽으로 가닥을 잡았다. 더 이상 미루지 말고 과감하게 결단을 내려야겠다고 단단히 벼르며 집으로 돌아왔다. 집에 들어서서 아내와 마주 앉아 심각한 표정으로 중대 선언(?)을 했다. "내년부터 제사 방법을 확 바꾸자."고.

내 양친은 고향 땅 선영의 가족묘지 유택에 합장한 채 영면에 드셨다. 그런 때문에 함께 나들이하기에 무척 편하실 것이다. 얼마 후 다가오는 아버지 제사(음력 9월 11일)를 모시면서 내년부터 제사 방법을 바꿀 것이라고 고해드릴 예정이다. "내년부터는 아버지 제삿날 두 분이 함께 손잡고 마산으로 쉬엄쉬엄 오시라고." 사뢸 참이다. 전통적인 인륜 도덕이나 예법에 반할지 모르지만 불가피한 현실을 참작하여 혜량해 주실 것이라는 믿음에서…….

* 사정(巳正) : 사시(巳時)의 한 가운데. 오전 열 시를 이른다.

수필과비평, 2022년 11월호(통권 253호), 2022년 11월 1일
(2022년 9월 10일 일요일(추석날))

내 길을 걸으며

정년 훨씬 이전에 퇴임 후를 예상했던 일은 썩 잘한 판단이었다. 그 무렵 계획했던 대표적인 두 가지이다. 먼저 지천명(知天命) 중반 무렵인 2000년 조금 전의 일이었다. 극도로 나빠진 건강을 위해 매주 대여섯 차례 왕복 10km 정도의 임도(林道)를 걷다가 몇 년 후부터는 10~12km의 동네 뒷산을 오르내리는 등산을 시작하여 20여 년이 지난 지금까지 현재 진행형이다. 다음으로 그 시기에 수필을 써 보겠다는 생각에서 다양한 수필론 책을 손에 닿는 대로 구해 탐독하는가 하면 꼼꼼하게 정리하며 습작을 거듭했었다. 그즈음 국내에서 유통되는 수필론 책은 대충일지라도 깡그리 섭렵했다. 이들 둘을 중심으로 걸었던 자신을 돌아본다.

수필 책과 몇 해 동안 씨름을 하는 한편 습작에 몰두 해오면서 기왕이면 공식적으로 인정을 받으며 글을 쓴다면 금상첨화라는 생각이 들었다. 관심을 가지고 살폈더니 신춘문예나 전문지의 신인상을 통해 등단하는 두 가지 방법이 있었는데 후자의 방법을 택했다. 내세울 바 없는 졸작일지라도 다듬어 채우고 더하는 정성을 보태서 응모했더니 갸륵하게 여겼던지, 야멸치게 내치지 않고 손을 잡아 이끌어 주었다(2003). 그다음 해(2004) 또 다른 문예지에 응모했는데 역시 너그럽게 품어주었다. 이 같은 형식 절차를 거쳐 언필칭 수필가인체 처신하면서 글을 쓸 필요 충족조건을 갖췄다.

최첨단 분야인 컴퓨터공학을 공부하고 대학에 자리 잡았었다. 전인미답의 신생 학문의 여명기로서 한글 교재가 거의 없던 시절이라서 풋내기들에게도 전공 서적을 집필할 기회가 무한정 열려있었다. 그 같은 천재일우의 기회를 놓치지 않고 이런저런 교재 30여 권을 집필해 출간했었다. 그중에 상당수의 책은 생각보다 널리 사랑을 받는 기쁨도 한껏 누렸었다. 컴퓨터 관련 서적은 문학과 성격이 천양지차일지라도 수필의 소재를 택해 얼개를 엮어 뼈대를 만들고 글로 풀어내는데, 조금은 도움이 되었다.

전문적으로 글을 쓰겠다고 생각하기 훨씬 이전의 일이었다. 우연한 기회에 지역의 D 신문사(현재 폐간됨)에서 의뢰가 들어와 '동남춘추(東南春秋)' 난에 너덧 차례 기명으로 글을 썼던 것(1991)을 필두로 K 신문의 '촉석루(矗石樓)' 난에 네 차례 기명으로 글을 게재하기도 했다(1999). 그 후 같은 K 신문의 객원 논설위원에 천거되어 월 1회씩 기명 칼럼을 16차례쯤 게재했었다(2001~2002). 등단 이후엔 역시 K 신문에 작가칼럼을 몇 차례 게재하기도 했다(2015). 이들은 수필과는 거리가 먼 내용이다. 그럴지라도 글을 쓰는 감각이나 토대가 되는 바탕 지식을 튼튼하게 다지는 기초적인 훈련이 되었으리라.

정년퇴임 이후 집에 머무는 시간 대부분은 책을 읽거나 글을 쓰는데 할애하고 있다. 따라서 상당한 시간 컴퓨터 앞에 쭈그리고 앉아 있게 마련이다. 자칫하면 무위도식에다가 나태함이 더해질까 두려워 가능한 한 매년 책을 한 권씩 펴낼 심산으로 스스로 채찍질하고 있다. 그런 결과일 게다. 나 자신과의 약속을 지키기 위해 일터에서 물러난 뒤에 꾸준히 수필집을 펴내고 있다. 한편 내년(2023)에 출간할 책의 원고는 이미 출판사에 넘겨 작업 중이다. 원래 고개를 앞으로 구부리는 습성이 있는 데다가 현재까지도 매일 여러 시간에 걸쳐 컴퓨터 모니터(monitor)를 넘겨다보는 때문이리라. 거북이 목 현상이 날로 심해져 흉한 꼴이 아닌지 모르겠다. 툭하면 아내가 내뱉는 잔소리이다. "걸어 다닐 때 허리 펴고 목 꼿꼿하게 세우고 다니라."고.

등산길은 동네 뒷산으로 마산만을 옆에 끼고 청량산(淸凉山)을 오가는 노정이다. 왕복 12km 남짓한 야트막한 산의 정상(323m)을 오르내리는데 3시간 정도 소요되며 매주 5~6회 반복해온 지 벌써 20년을 넘었다. 시작 무렵엔 건강 운운했지만, 지금은 때가 되면 밥을 먹듯이 되풀이되는 일상의 한 부분일 따름이다. 어쩌다 며칠 거르려면 왠지 아쉽고 서운해져서 버릇처럼 다시 찾아갈 뿐 거기에 구차한 이유를 끌어다 붙이려 안달하지 않는다. 오가는 시간은 계절이나 날씨에 맞춰 유연하게 조정한다. 여름철엔 더위를 피할 요량에서 인정(寅正 : 새벽 4시)에 집을 나서는 경우가 많다.

다른 계절엔 주로 오전 아니면 해거름의 적당한 시간에 나서는 것을 원칙으로 하고 있다.

등산길은 시작부터 여태까지 줄기차게 나 홀로 오가는 쪽을 고집한다. 그 이유는 내가 다른 사람에게 방해가 되거나 반대로 다른 사람이 내게 그런 존재가 될 가능성을 없애기 위해서이다. 산을 걷는 시간만큼은 철저히 혼자만의 상념에서 벗어나지 않고 싶다는 생각 때문이다. 이런 까닭에 등산길에서 만났던 그 누구도 이름을 확인하거나 전화번호를 교환했던 경우가 없다. 한편 하산길에서 누군가와 소주 한 잔이라도 한다면 그날은 완전히 밑지는 오그랑장사라는 노파심에서 절대로 지갑을 지참하지 않는다.

주위에 동료들이나 친구들을 생각한다. 일터에서 물러난 이후 특별히 맘을 붙이고 몰입할 일이 없는 경우 하루하루 지내는 세월이 지겨워 몸살을 앓거나 건강이 눈에 띄게 악화되어 고심하는 경우가 적지 않다. 그런 이들에 비해 퇴직한 뒤에 글을 쓰면서 정기적으로 산행을 계속해 온 게 어쩌면 크나큰 축복이고 행운이다. 꾸준한 등산을 통하여 육체적인 건강을 여퉈왔다. 한편 집에 머물 때는 책을 읽거나 인터넷을 통해 자료를 찾아 글을 씀으로써 정신적인 건강을 지킬 수 있음에 감사하고 행복하며 흐뭇할 따름이다.

글을 쓴 결과를 양으로 따지는 것은 무척 위험한 발상이다. 글을 쓰는데 몇 년에 걸쳐서 단 한 편을 쓸지라도 불후의 명작이라면 매년 수십 또는 수백 편의 작품보다 의미가 있을 뿐 아니라 바람직하다. 그렇다고 아무나 그리될 수 없다. 타고난 문학적 자질이나 능력이 턱없이 부족한 때문에 많은 독자의 관심을 끌 정도의 글을 쓸 깜냥의 재목이 아니다. 이런 연유에서 올해인 임인년(壬寅年)에는 우수마발(牛溲馬勃) 같은 글일지라도 좀 더 몰두한다면 과연 몇 편의 작품이나 쓸 수 있는지 시험해 보기로 했다. 오늘이 금년의 263번째 날인데 마음 단단히 다지고 쓴 수필로써 이 글은 103번째이다. 글의 질과 무관하게 고희(古稀)의 끝자락을 향해 달려가는 지금 얼마나 하나의 목표에 집중할 수 있는지에 대한 테스트는 오늘도 지속되는 현재 진행형이다.

2022년 9월 19일 월요일

세월을 이길 장사는 없는 걸까

아내와 함께 대상포진(Herpes zoster) 예방접종을 했다. 그동안 여러 경로를 통해 필요하다는 얘기를 귀에 딱지가 앉을 정도로 들어왔으나 차일피일하다가 여태껏 미뤄왔던 해묵은 숙제를 깔끔하게 마무리 한 기분이다. 어린 시절 겪었던 트라우마(trauma) 때문인지 어떤 종류의 백신이라도 피하려 들거나 구차한 사유를 들먹여 가며 늦췄던 적은 단 한 차례도 없었다. 그런데도 아직 접종하지 않았음은 스스로 생각해도 믿기지 않는다.

어제 아내가 오랫동안 취미활동(볼링)을 함께 해온 친구들과 모임을 마치고 돌아와 내일 당장 병원에 가서 대상포진 백신을 접종하자며 몇 차례나 다짐을 받으려 들었다. 뜬금없이 그런 주장을 하는 게 이상해 물었다. 우연히 화제로 등장했는데 10여 명이 모인 자리에서 접종하지 않은 사람은 자기 하나밖에 없었다고 했다. 한결같이 "왜? 아직 접종하지 않았느냐며 당장 내일 접종하라."며 강권하더란다.

언젠가 예순의 중반의 막내 여동생이 대상포진으로 고생을 했다며 서둘러 접종을 하라며 충고하더라는 얘기를 아내를 통해 들었었다. 그리고 며칠 전에 넷째 여동생이 대상포진으로 엄청나게 고생을 했었다면서 서둘라고 신신당부하더라는 얘기를 듣고도 무덤덤하게 지나쳤다. 게다가 어제 모임에는 병원장 사모님 몇이 있었는데 한결같이 자기 남편들을 들먹이며 강조하더라는 얘기를 전해 듣고 곰곰이 생각한 끝에 단안을 내리고 실행에 옮겼다.

이제까지 접종했던 백신은 어떤 것이 있을까. 오늘 대상포진을 맞았고, 코로나19에 대해서는 4차에 걸쳐 접종했다. 한편 독감 백신이 보급되면서부터 지금까지 매년 거르지 않고 있다. 이들 외에는 지난 80년대 초반 무렵의 폐렴과 오래전인 초등(국민)학교 시절에 접종했던 BCG와 천연두가 전부이다. 그러나 여기에 이번 가을에 맞아야 할 독감을 위시해서 앞으로 어떤 것을 얼마나 더 많이 맞아야 할지 모른다. 이처럼 끝을 알 수 없이 접종을 지속해야 하는 현대를 사는 게 과연 행복한 것인지 단언하기 어렵다. 하기야 오늘날 어린이들이 접종해야 하는 수많은 종류에 비하면 공연한 투정으로 조족지혈에 지나지 않을지도 모른다. 이런 관념 때문일까. 지금까지 당국에서 권장하는 경우 떨떠름하게 여겨 걸렀던 적이 한 번도 없는 겁쟁이다.

쉰의 초반 무렵이었다. 직장 건강검진 과정에서 흡연으로 폐기종 위험이 있다는 의사의 진단에 따라 즉각 금연했을 뿐 아니라 건강에 해롭다는 것은 따져보지 않고 멀리해 왔다. 그렇게 최선을 다했음에도 벼락 치듯이 가벼운 뇌졸중 증상이 두 번(2016년과 2018년)이나 스쳐 지나가면서 병원의 지시를 철저히 따르고 있다. 이 때문에 가뭄에 콩 나듯이 이따금 마시던 술과도 단호하게 결별했다. 그렇게 알아서 대처해 왔음에도 불구하고 자그마한 체구 여기저기에서 건강의 이상 징후가 나타남은 왜일까.

건강이 좋지 않아 동네 뒷산을 오르내리는 운동을 시작했다. 왕복 3시간 안팎이 소요되는 10~12km 길을 매주 5~6회씩 걷기 시작한 지 어느덧 스무 해를 훌쩍 넘겼다. 그동안 오르내렸던 거리를 누적한다면 과연 전체적으로 몇 킬로미터(km)나 될까. 만일 천지신명이 있다면 꾸준히 쏟았던 정성이 갸륵하고, 가상해서 건강한 삶을 허락해 주련만 야속하게도 현실은 그렇지 않다.

유전적인 요인인지 이제까지 이(齒)에 네 차례나 큰 탈이 났었다. 첫 번째는 사십 대의 중반에 어금니 3개에 충치가 생겨 금으로 덧씌우는 치료를 받고 딱딱한 음식을 씹을 때마다 조심해 왔었다. 두 번째는 오십 대 고개를 넘을 무렵에 멀쩡한 앞니 하나가 빠졌다. 당시에는 임플란트(implant)가 보급되지 않아 브릿지(bridge) 시술로 문제를 해결했다. 세 번째는 예순 중반에는 또다시 4개가 빠져 임플란트를 시술했다. 네 번째인 이번에는 지난봄부터 브릿지 시술한 이의 치근(齒根)이 마구 흔들리는 것(세 개)과 그동안 빠진 이를 합쳐서 모두 여덟 개를 임플란트로 해야 한다. 여기에 소요될 상당한 비용도 신경 쓰인다. 설상가상일까. 불편해 죽을 지경인데 예약 환자가 넘쳐나서 가까스로 다음 달(10월) 하순으로 시술 날짜가 잡혀 더더욱 심란하다. 상황이 악화되어 음식물을 제대로 씹을 수 없어 우물거리다가 목구멍으로 넘기면서 가까스로 버텨내고 있다. 현재 나의 치아 문제는 문자 그대로 종합병동 꼴이다.

도도히 흐르는 세월에 대책 없이 둑이 터지며 급류에 휩쓸려 대책 없이 떠내려가는 묘한 기분이다. 이런 상황에서 험한 꼴을 덜 보이고 싶다는 마음에서 훗날 이승의 삶을 접어야 하는 순간 최소한의 품위를 지키려는 결기의 단면이다. 지난봄에 부부가 사전연명의료의향서를 등록해 참혹한 사태에 대비해 두었다. 의식하지 않으려 기를 써도 육체적으로는 점점 왜소해지고 정신적으로는 메말라가며 초췌하고 구부정해지는 내 모습이 싫어서 외면하고픈 순간이 많아진다. 진정 세월과 나이를 초월해 생의 마지막까지 청청하면서 어린 시절의 총기를 그대로 지닐 걸출한 묘책은 없는 걸까. 세월이 흐를수록 전신에서 불쑥불쑥 나타나는 불협화음이 싫다. 이를 자연의 이치라고 받아들이는 처신이 하늘의 뜻에 순응하는 첩경일까.

2022년 9월 21일 수요일

가을걷이 전인데

아직 추수 전인데 곳간이 그득하게 채워진 기분이다. 마음이 넉넉해졌기 때문일까. 지난 목요일(음력 9월 11일) 선친의 기제사 전후로 먹거리가 넘쳐난다. 세 여동생이 이것저것 바리바리 보내와 무엇을 먼저 먹어야 할지 갈팡질팡하고 있다. 매년 부모님 기제사 무렵을 비롯해 수시로 다양한 선물을 보내온다. 동생들이라고 해도 둘은 일흔을 넘겼고 막내가 예순의 후반의 할머니이다. 외아들인 오빠 내외가 제사를 모시는 게 신경 쓰이는지 매년 때가 되면 되풀이되고 있다.

가족이나 형제들에게 베푸는 데 무척 서툴 뿐 아니라 인색한 편이다. 물질뿐 아니라 말부조 또한 별반 다르지 않다. 하지만 두 누님이나 세 여동생은 나에 비해 사뭇 다르다. 평소에 베풀 줄 모르는 나를 탓하거나 흠을 입에 올리지 않을뿐더러 기회가 닿을 때마다 뭔가를 베풀려고 하는 마음 씀씀이가 무척 고맙기도 하고 때로는 부담스럽다. 한결같이 살뜰한 띠앗머리 즉 동기간들이 있어 얼마나 고맙고 든든한지 모른다. 타고난 투미한 성격 때문인지 빚을 지고 사는 처지임에도 안부 전화마저도 제대로 챙기지 못하는 나 자신이 한심하기 짝이 없다.

건강을 이유로 매일 아침 식사 메뉴가 삶은 고구마와 계란 각각 1개와 우유 한 잔으로 바꾼 지 여러 해 지났다. 이런 사정을 매구처럼 꿰뚫고 있던 막내 여동생이 평소 생업에 종사하다가 주말을 이용해 농사지은 햇고구마 두 박스를 보내줘 열심히 먹어도 최소한 연말까지 너끈하게 버틸 것 같다. 최근에는 생고구마가 암 예방을 비롯해 건강에 여러 가지로 유익하다는 조언에 따라 매일 한 개 정도를 믹서(mixer)에 갈아서 아내와 함께 한 잔씩 마시기에 매우 요긴한 먹거리 중의 하나이다.

내외가 도토리묵과 손 두부를 무척 즐긴다. 이런 기호를 꿰고 있는 셋째 여동생이 직접 쑨 도토리묵과 손 두부를 비롯해 햇밤과 채소 따위를 엄청 많이 보내왔다. 우선 도토리묵은 너무 많이 보내와 절반은 아내가 주위 지인들에게 나눠 주었다. 그러고도 며칠 동안 오찬과 만찬을 도토리묵과 두부로 한껏 즐겼다. 함께 보내온 고춧가루는 내년 이맘때까지 먹을 정도여서 냉장고 냉동실에 고이 모셔놓았다. 셋째 여동생의 도토리묵을 쑤는 재주는 누구도 따라갈 수 없는 발군의 경지이다. 여기저기에서 수없이 도토리묵을 먹어봤어도 그녀의 솜씨에 견줄만한 경우를 봤던 적이 없다. 이는 결코 '팔은 안으로 굽게 마련이라.'는 비불외곡(臂不外曲)의 관점이 아닌 객관적이고 냉정한 시각이다.

셋째 여동생이 보내준 것이 바닥날 지음 즈음 넷째 여동생이 택배를 보내왔다. 반가운 마음에 짐 꾸러미를 서둘러 뜯어보니(unboxing) 도토리묵 한 상자와 밤 두 팩(pack)이 들어있었다. 등산 중에 지천으로 널려있는 도토리를 발견하고 도토리묵을 좋아하는 오빠 내외가 생각나서 주워다가 직접 묵을 쑤어서 한 상자를 보냈단다. 양이 너무 많아서 아직도 절반은 남아있어 오늘 점심도 도토리묵을 먹을 참이다. 실제로 오빠 부부라고 해도 자기들에게 베푸는 것도 없음에도 지극 정성을 담은 고마운 선물에 유구무언일 따름이다. 동생들이 뭔가를 보내올 때마다 빚을 지는 기분인데도 그런 마음을 전할 방법이 마땅찮다.

두 여동생이 보내온 밤 얘기다. 둘은 각각 등산길에 나섰다가 주워왔다는 얘기였다. 한데, 올해는 밤 풍년인지 얼마 전 허물없는 이웃이 왕방울만 한 밤을 한 말(斗) 정도 선물로 주셔서 열심히 먹었어도 아직 한 번 정도 삶아 먹을 양이 남아있다. 여기에다가 이번에 두 여동생이 또 보내와 냉장고 한쪽에 그득하게 쟁여져 있다.

넷째 여동생이 보내온 밤은 두 개의 비닐 팩에 나뉘어있었다. 무심코 하나로 합친 뒤에 아내가 시누이인 여동생과 통화를 하더니 그중에 하나는 찐 밤이고 다른 하나는 날밤(생밤)이라고 얘기하더란다. 깜짝 놀라 펼쳐 봐도 어느 것이 날밤이고 어느 게 찐 밤인지 구별되지 않았다. 달리 묘수가 떠오르지 않아 할 수 없이 아내와 마주 앉아 찐 밤을 골라 껍질을 까기 시작했다. 이틀에 걸쳐 껍질을 열심히 까도 날밤은 한 톨도 나오지 않았다. 내년이면 일흔에 이르는 처지로 치매에 걸린 것도 아닌데 무엇인가 착각했던 게 분명하다. 미안해할까 봐 동생에게 그 사실을 얘기하지 않았다. 그렇게 껍질을 까서 보관해 둔 밤이 아직도 냉동실에 가득한데 언제 다 먹을지 모르겠다. 하여튼 여동생의 착각으로 밤을 까는데 이틀에 걸쳐 매달려 보는 진기한 경험을 했다.

지금 우리 집의 가을은 만석꾼 부자가 부럽지 않을 만큼 풍요롭다. 물질적으로 고구마에 도토리묵을 위시해서 밤과 다양한 채소가 냉장고에 가득함을 이르는 얘기가 아니다. 여기에는 피가 섞이지 않은 올케와 여러 시누이 사이의 깊은 신뢰와 도도한 정이 흐르기 때문에 각별한 의미를 부여할 수 있으리라. 위로는 여든아홉의 큰누님에서 예순여섯의 막내까지 다섯 자매가 올케인 아내와 갈등이나 탈 없이 서로를 아끼며 예쁘게 살아가는 모습을 지켜보는 맘은 마냥 흐뭇하다. 저승에서 지켜보실 양친의 미간에도 웃음이 번질까.

마산문학, 제46집, 마산문인협회, 2022년 12월 17일
(2022년 10월 10일 월요일)

거짓말과 만우절

'사실이 아닌 것을 사실처럼 꾸며서 하는 말'이 거짓말이다. 이의 유사어로서 망설(妄舌)·위언(僞言)·허설(虛說)·허언(虛言)·허사(虛辭)·망언(妄言)·사언(詐言) 따위가 통용되고 있다. 한편 거짓말의 갈래는 크게 두 가지로 나뉠 수 있다. 우선 전혀 터무니없는 거짓말을 뜻하는 새빨간 거짓말로서 상대에게 크게 피해를 주거나 인격적인 모욕이 따르는 경우이다. 다른 하나는 남에게 해가 되지 않는 거짓말로서 선한 거짓말이라고 일컫는 하얀 거짓말이다. 어떤 연유에서 입에 올리더라도 거짓말은 권장할 바가 아니다. 동서고금을 막론하고 때로는 선의의 거짓말을 너그럽게 받아주며 허용하는 날이 있었다. 우리는 예로부터 첫눈을 서설(瑞雪)이라고 해서 상서로운 것으로 여겨왔다. 그 옛날 우리나라를 비롯해서 중국에서는 첫눈이 내리는 날엔 가벼운 거짓말을 해도 서로가 너그럽게 받아들이는 습속이 있었으며 서양에서는 만우절(萬愚節)이 그런 날이었다.

중국에서는 만우절을 우인절(愚人節)이라고 한다. 여기서 위런(愚人)은 어리석은 사람을 뜻하며 만우절은 어리석은 사람의 날이라는 뜻이다. 그들은 만우절에는 특히 수족관에 장난 전화를 많이 한다는데 그 이유는 물고기를 뜻하는 물고기 위(魚)와 어리석다는 뜻의 위(愚)의 발음이 같다는데 유래한다는 귀띔이다. 또한, 아이들은 먹거리를 가지고 장난을 많이 한단다. 예를 들면 과자에 치약, 샐러드 속에 칵테일, 오리 구이 속에 아이스크림을 넣는 따위가 그 예란다. 한편 만우절에 속아 넘어가는 사람을 4월의 바보 즉 쓰위에샤과(四月傻瓜 : 사월사과)라고 놀리는 풍습이 있다는 전언이다.

우리나라에서도 서양의 만우절과 엇비슷한 날이 있었다. 고려 시대부터 서설(瑞雪) 즉 첫눈이 내리는 날에 첫눈을 용기에 담아 봉해서 지인에게 보내는데 그를 받은 사람은 반드시 보낸 사람에게 한턱내야 하는 풍습이 있었단다. 하지만 그것을 눈치채고 심부름 온 사람을 잡으면 반대로 보낸 사람이 한턱을 내는 게 관습이 있었다. 이 같은 풍습은 조선 시대까지 오롯이 전해졌다. 그렇다면 왜 첫눈 내리는 날이었을까. 농경사회였던 시절 첫눈이 듬뿍 내리면 두껍게 쌓인 눈이 가을에 파종한 연한 밀과 보리의 싹을 덮는 이불과 같은 역할을 한다. 그 눈이 동해(凍害)를 방지하기 때문에 이듬해 특히 여름의 보리 풍년이 듦은 물론이고 벼농사로 대표되는 가을 추수도 마찬가지라고 믿어왔다.

이런 풍습은 조선왕조실록에도 기록되어 있다. 세종이 즉위한 첫해 기록에 이런 내용이 보인다. 세종에게 왕위를 양위했던 상왕인 태종(이방원)이 첫눈이 내리던 날 첫눈을 용기에 담아 봉해서 아랫사람을 시켜 형인 노상왕(정조)에게 약이(藥餌)라고 둘러대며 전하라고 심부름을 보냈다. 정조가 그 사실을 알아채고 심부름꾼을 잡으려 했으나 미꾸라지처럼 도망가서 실패하고 동생인 태종에게 크게 한턱을 베풀었다는 기록이 보인다. 이런 풍습은 민간에서도 그대로 전해졌다.

서양에서 4월 1일의 만우절에 대한 유래이다. 그 옛날 서양에서는 새해가 1월 1일이 아닌 3월 25일로서 매년 그날이 오면 축제가 열리고 서로 선물을 주고받았다. 그러던 중에 프랑스 왕 샤를 9세(Charles Ⅸ : 1550~1574)가 1564년에 새해를 3월 25일에서 4월 1일로 바꿨다. 그럼에도 전래의 관습에 길든 백성들은 왕명을 따르지 않고 전통적으로 전해오던 3월 25일에 설맞이를 했다. 그 대신 4월 1일 눈속임 정도 우스꽝스럽게 설을 맞는 것처럼 흉내를 내는 정도였다. 여기서 만우절의 풍습이 생겨났다. 어찌 되었든 이날을 만우절(All Fools' Day)이라고 하며 속아 넘어간 사람을 4월의 바보(April fool)라고 놀렸다. 한편, 보통 만우절을 사월 바보의 날(April Fools' Day)이라고도 한다.

여태까지 만우절을 맞아 누군가의 거짓말에 속아 낭패스러운 경험을 겪었던 적이 없다. 그런데 군을 제대로 몰라 겁이 없던 일등병 시절 부대를 발칵 뒤집어 놨던 어처구니없는 실수를 했었다. 거의 60년 전으로 아주 오래된 옛 얘기다. 만우절 날이었다. 별 뜻도 없이 만우절이라는 이유에서 많은 사람을 놀려줄 요량에서 오늘은 부대장께서 늦게 출근한다고 부관에게 전화했다. 그 말을 곧이곧대로 믿은 부관이 곧바로 모든 참모에게 영감님이 늦게 출근한다며 편히 쉬라고 선심을 썼던가 보다.

정상으로 출근하던 영감님이 위병소를 지나 집무실 앞에 도착하는 데 얼씬거리는 사람이 없는 초유의 사태가 발생해 난리가 났더란다. 그날 참모장이 전화로 불같이 화를 내며 얼마나 지독하게 치도곤을 하던지 얼이 빠질 정도로 경을 쳤다. 저녁 무렵 퇴근했던 영감님 태도에 무척 감명을 받았다. 엄청 화를 내리라고 예상했는데 정반대였다. “한 일병이 아직 뭘 잘 몰라 큰 실수를 했다!”며 조용하고 나직이 한마디 하시던 모습이 어찌도 크고 높아 보이던지! 지금 돌이켜 생각해도 등골이 오싹하고 식은땀이 절로난다.

2022년 10월 23일 일요일

되로 주고 말로 돌려받다*

어제 대전에 사는 큰 사촌이 쌀 두 포대와 들깨 대두(大斗) 한 말 정도를 보내왔다. 다른 분야의 일을 해온 고희 중반으로 농사를 짓는 농사꾼이 아니다. 게다가 농사를 지을 전답이 없는 것으로 아는데 하늘에서 떨어진 걸까. 화들짝 놀라 전화했더니 올해 시험적으로 농사를 지어 봤다는 얘기였다. 하지만 수지타산 문제로 내년부터는 짓지 않을 계획이란다. 서로가 멀리 떨어져 살면서 무심했던가. 그동안 대전 변두리 어딘가에 노년의 소일거리로 논밭을 마련했던가 보다. 궁금하지만 꼬치꼬치 따져 묻는 것도 결례라는 생각에서 애써 농사지은 귀한 것으로 간주하고 편히 지낼 참이다.

선친(先親)은 삼 형제이셨다. 이분들의 아들은 모두 넷이기 때문에 내게 남자 사촌은 셋이 있다. 백부 슬하에 하나를 위시해서 숙부 슬하에 둘이 있다. 그 사촌 중에 이번에 쌀을 보낸 것은 숙부의 장남이다. 그 옛날 다자녀를 두었다는 사실에 비춰 생각할 때 선친 3형제 슬하에 아들들을 모두 합해서 기껏 4명은 어쩐지 적다는 생각을 지울 수 없다. 그럼에도 급속하게 산업화가 이루어지면서 각자의 생업이 달라지면서 산지사방으로 흩어져 터(址)를 잡고 삶을 꾸렸다. 그 때문에 나는 마산, 백부의 아들인 사촌은 파주, 숙부 슬하 둘은 대전에 둥지를 틀어 자주 만나지 못한다. 이따금 전화로 서로의 안부를 묻고 전하는 게 고작이다.

지난 늦여름 어머니 기제사 날(음력 7월 24일로 양력 8월 21일)이어서 대전의 사촌에게 전화를 넣었다. 그날 우리 일가들이 모여 조상의 묘역에 벌초하기로 정해져 어머니 제사와 겹치는 불상사가 생겼다. 외아들이라서 내가 제사를 모시지 않으면 대신할 사람이 없어 부득이 벌초에 불참할 수밖에 방법이 없음을 알려달라고 사촌에게 전화했다. 그런데 통화 중에 예기치 못한 청천벽력 같은 답이 돌아왔다. "사실은 저도 벌초에 참여할 수가 없어요."라는 대답이었다. 자초지종의 얘기를 들어보니 폐암 진단을 받고 서울 아산병원에 가서 수술 후에 입원했다가 어제(8월 20일) 퇴원한 까닭에 나들이할 계제가 아니라는 얘기였다.

수술 전에 알려주지 않아 무척 서운했다. 걱정할까 봐 알리지 않았다는 얘기였다. 게다가 폐암이라는 특수한 병에 신종 코로나바이러스 감염증(코로나19) 위험이 가중되어 부모 형제도 만나면 안 된다는 병원의 엄명에 아무도 만날 수 없었다는 얘기였다. 당장 병문안을 가겠다고 길길이 뛰었더니 자기 부부 사이도 실내에서 마스크를 착용하고 있을 뿐 아니라 함께 어울려 생활하지 않고 각각 다른 방을 쓰고 있단다. 현실적인 문제를 들어 강하게 사양해 달리 묘책이 없어 수시로 통화해 상태를 확인하는 외에는 다른 길이 원천적으로 차단되어 있다.

아마도 지난 9월 초였던 것 같다. 가까이 지내는 지인들과 만남에서 이구동성으로 생고구마를 먹는 게 폐암에 좋다고 했다. 그중에 한의사를 비롯한 몇몇은 여러 해째 생고구마를 매일 한 개씩 먹고 있다는 얘기였다. 따지고 보면 크게 돈이 필요하지 않음은 물론이고 먹어서 손해 볼 게 하나도 없어 보였다. 그래서 폐암 수술을 한 사촌에게 추천하여 현재 생고구마를 매일 의무 방어전 치르듯 상식하고 있단다. 물론 그날 이후 우리 부부도 매일 생고구마를 먹고 있는데 효과는 잘 모르겠다. 하지만 부작용은 전혀 없기에 앞으로도 지속해서 먹을 요량이다.

어쩌다 보니 남자 사촌 중에 제일 연장자이다. 처지에 걸맞게 사촌들에게 넉넉하게 베풀고 안부를 챙겨야 하는데 그릇이 작아 내 역할을 제대로 못 한 채 겉돌고 있다. 이런 심적 부담을 조금이라도 덜고 싶은 욕심에 작은 마음을 담아 몇 푼 보냈었다. 퇴원 후 회복 과정에서 입에 맞거나 식성에 내키는 것을 먹으며 용기를 냈으면 좋겠다는 뜻에서 말이다. 그게 부담을 주었던 걸까.

아주 작은 내 마음을 전했는데 어안이 벙벙하다. 나는 이처럼 귀한 땀과 정성이 깃든 선물을 사촌들에게 보낸 적이 전혀 없기에 더욱 감동적이다. 이런 경우를 '되(升)로 주고 말(斗)로 되돌려 받는다.'는 말이 딱 들어맞지 싶다. 하기야 따지고 보면 어디 이번뿐이겠는가. 그동안 하나를 베풀면 열로 돌려주려는 사촌들에게 체면이 서지 않아 껄껄 웃는 것으로 얼렁뚱땅 겸연쩍음을 대신했던 경우들이 숱하다. 이런 맥락에서 연장자로서 사람 노릇을 제대로 못 하는데 언제나 내 몫을 어연번듯하게 할 수 있을까. 내일모레면 산수(傘壽)에 이를 터이지만 도저히 다다를 수 없는 요원한 욕심일 뿐이라는 생각에서 허허롭기 짝이 없다. 앞으로 최소한 일 년 가까이 먹을 쌀은 사촌의 땀방울이 밴 결실이라는 사실을 곱씹으며 고마움을 되새겨 기억할 것이다. 한없이 고마울지라도 과연 선물 받을 자격이 있는지 모르겠다. 생물학적 나이만 많을 뿐 도리를 못 하는 터수에 염치가 없어 내뱉는 독백이다.

* 되(升) : 되(升)는 척관법(尺貫法)에서 부피를 측정하던 도량형의 단위로 1.8039리터(liter)의 부피이다. 그리고 그 부피를 측정하는 상자 모양의 도구 이름이기도 하며 이는 됫박(됫바가지의 준말)으로도 불린다. '되에 담은 곡식의 윗부분을 평평하게 고르는 방망이'가 있었는데 이를 평미레 또는 양개(量槩)라고 했다. 과거 부피의 단위는 작(勺) 〈 홉(合) 〈 되(升) 〈 말(斗)로 구분되어 10배씩 증가하였다.

* 말(斗) : 곡식·액체·가루 따위의 분량을 되는 데 쓰는 그릇. 열 되가 들어가게 나무나 쇠붙이로 원기둥 모양으로 만들었다. 다시 말하면 말(斗)은 곡식·액체·가루 따위의 부피를 잴 때 쓴다. 한 말은 한 되(升)의 열 배로 약 18리터에 해당한다.

지난 1963년 5월 31일 실시된 계량법(計量法) 제11조에 의해 척관법을 사용하지 못하도록 규정하여 현재는 공식적으로 사용되지 않는다. 그러나 사적으로는 쓰이는 경우가 드물지 않다.

2022년 11월 22일 수요일

귀신에 홀렸던가

어제(11월 19일) 어떤 출판기념회에 참석하여서 축사하고 오늘 돌아왔다. 하지만 귀신에게 홀렸던 것처럼 떨떠름하고 께름칙하다. 대략 2주일 전쯤이었다. 서울의 출판사 L 사장이 다음다음 주 토요일(19일) OO도에서 K 작가(시와 소설 그리고 수필 등 3개 부문에 걸쳐 공식적으로 등단함)의 출판기념회에 참석할 예정인데 가능하면 그 자리에서 뵈었으면 좋겠다는 얘기였다. 아무리 엄벙덤벙 살아왔을지라도 초대받지도 않은 잔치에 참석하는 주제넘은 행동이 내키지 않아 극구 사양했다. 전화를 받던 L 사장의 얘기는 이러했다. K 작가가 축사를 부탁하고 싶은데 어려워 말을 못 해 자기가 대신 전한다는 얘기였다. 전화를 받고 한 시간쯤 지났을까. K 작가가 전화로 당일 축사를 부탁드린다고 했다. 그러면서 오랜만에 회포를 푸는 자리를 갖고 싶다고 했다. 묵묵히 얘기를 듣다가 지나치게 고사하는 것도 결례라는 생각에서 알았으며 행사 날 보자는 얘기로 수락 의사를 분명하게 했다.

L 사장은 회사 홍보 영상 제작을 위해 OO도 해변 풍광을 촬영하려고 하루 전(18일)에 도착했다며 나에게 가능한 한 일찍 오셨으면 좋겠다는 연락이었다. 그에 응하기 위해 어제(19일) 아침 9시쯤 집 옆의 터미널(마산 남부 터미널)에서 버스를 타고 OO도 고현에 대충 11시 무렵에 도착했다. 마산에서 버스 요금은 12,300원이었다. 고현에 도착하니 L 사장이 영락없는 촬영감독 차림으로 마중 나와 있었다. 오후(3시)에 개최되는 출판기념회 참석을 쉽게 하려고 행사장인 OO 소노캄(sono calm : OO시 일운면 OO대로 2660) 앞 해변의 덱 로드(deck road)를 따라가며 촬영할 것이라면서 택시를 타고 그곳으로 갔다. 이런 우연도 있을까. 마산에서 고현까지 버스 요금처럼 고현에서 소노캄까지 택시비도 정확히 12,300원이었다.

소노캄 해변의 덱 로드는 호리병처럼 발달한 항구의 해안선을 따라 둥근 모양으로 이리저리 지형에 맞춰 설치되었는데 8~9km 정도로 장시간 소요될 것 같았다. 그 일부를 걸으며 출판사 홍보용 영상을 촬영했다. 달리 모델이 없어 꿩 대신 닭이라고 모델 노릇을 하면서 덱 로드와 해변을 거닐며 소꿉장난 같은 촬영을 이어나갔다.

덱 로드를 벗어나 파도가 출렁이는 바위너설에서 촬영 놀이를 계속하고 있을 때였다. 지나가던 두 여인의 눈에 머리가 허연 사람과 초로의 남자가 물장난하며 무언가를 촬영하는 모습이 신기하게 투영되었던가 보다. 높은 덱 로드 난간을 잡고 무엇을 하느냐고 물었다. 개인적인 영상을 촬영하는 중이라고 했다. 그랬더니 둘이서 뭔가를 속삭이다가 다짜고짜 물었다. "내게 직업이 교수 아니냐고?". 뜨끔해서 나를 아느냐고 물었다. "모른다."는 대답이었다. 그런데 "왜 교수냐고 물었는지 다시 물었다." 둘이서 뭔가 말을 주고받는데 멀리 떨어져 들리지 않았다. 한 여인이 얘기했다. 옆에 계신 분이 싱가포르(singapore)에서 여행 왔는데 "아무래도 교수 같이 보인다며 물어보라 했다는"얘기였다. 하도 괴이해서 어떤 점에서 교수로 보이느냐고 물어봐 달라고 했더니 그런 느낌이라고 하더라는 얘기였다. 가슴속 깊은 곳에 꽁꽁 감춰둔 무엇인가를 들킨 것 같기도 하고 신기한 그런 상상을 했던 싱가포르 여인이 신들린 명도(明圖) 같다는 엉뚱한 생각을 했다.

오후 3시 소노 캄의 East 동(棟) 1층 연회실에서 출판기념회가 개최되었다. 시간에 맞춰 행사장에 도착했다. K 작가는 원래 신체적 장애가 있지만, 의자에 앉은 채로 내게 손을 내밀며 고개를 까딱할 뿐이었다. 친구도 아니고 20살쯤 위인 데다가 자기가 초청한 사람인데 앉은 자리에서 궁둥이도 떼지 않는 행동거지가 내심 무척 괘씸하고 서운했다. 언짢은 마음을 애써 숨기고 자리에 앉았는데도 찾아와 예의를 표하는 시늉도 하지 않았다. 행사가 진행되며 차례가 되어 축사를 마쳤다. 이런저런 내용의 행사가 2시간 남짓 이어졌다. 아무런 안내도 없고 파하는 자리에 머물기 편치 않아 밖으로 나오려는데 K 작가가 L 사장 손에 무엇인가를 쥐어줬다. 나중에 알고 보니 소노 캄(옛 대명 콘도) 숙박 티켓(East동 2106호)이었다. 그게 전부였다.

L 사장에게 식당을 알려주고 그곳에 가서 저녁 식사를 해결하라는 것으로 이해했었다. 그것은 크나큰 착각이었다. 특별한 조치가 없어서 L 사장과 2km쯤 해변을 걷다가 그곳의 명물인 멸치 쌈밥집에 찾아들어 저녁을 해결했다. 밥값을 계산하려는데 한사코 우겨 L 사장이 했다. 하도 어이가 없어서 L 사장에게 넌지시 물어봤다. "저녁이나 내일 아침 식사 문제를 어떻게 하라는 얘기 못 들었느냐?"고. 자신이 바쁘면 누군가에게 우리 식사 문제 해결토록 안내할 수 있었을 터인데. 외지에서 손님 그것도 자기보다 연장자들을 초청해 놓고 식사 한 끼도 대접하지 않는 매너는 어느 나라 법도인지 무척 서운했다. 세상에 이런 강아지 매너보다도 못한 경우는 없다. 또한, 이런 박대를 하면서 회포를 풀겠다고 이죽거렸던 걸까.

당장 집으로 돌아오고 싶을 만큼 자존심이 상했다. 하지만 그게 불가능한 늦은 시간이라서 부글부글 끓어올라도 꾹꾹 참고 견뎌야 했다. 심란해 새벽 2시까지 앉아 있다가 잠자리에 들었다. 덩그러니 침대에 누워 몇 시간 고상고상하다가* 거의 뜬 눈으로 새벽을 맞았다. L 사장의 기상을 기다렸다가 체크아웃하고 택시를 타고 고현으로 왔다. 큰길로 나와 택시를 타려는 순간 K 작가가 L 사장에게 전화했다. "소노 캄에 도착했는데 이미 떠나셨다."고.

잔뜩 뒤틀린 L 사장이 시큰둥하게 전화를 받다가 이내 끊어버렸다. 내게는 아직도 전화 한 통 없다. 잔치마당에 멀리 사는 외지 사람을 불러 놓고 밥 한 끼 대접도 없는 예법은 어느 행성의 법도일까. 고현 버스 터미널 부근에서 늦은 아침으로 국밥 한 그릇씩 먹고 곧바로 버스표를 구매했다. 마산을 오는 표는 2시간 정도 뒤엣 것(낮 12시 6분)뿐이었고, L 사장의 서울행 버스표는 4시간 정도 후의 것(오후 2시 10분)을 겨우 구했다. 예로부터 화불단행(禍不單行)이라 이르더니 버스 승차권 구하기도 수월치 않아 더욱 짜증이 났다.

여태까지 꽤 다양한 경험을 했다. 이번처럼 먼 동네로 초청받아 갔던 자리에서 밥 한 끼 얻어먹지 못하는 홀대 속에 스스로 밥을 사 먹으며 버스나 택시를 타고 이틀이라는 아까운 시간을 낭비했던 적이 없다. 정말 살다 살다 별 봉변을 다 당했다. 아무리 생각해도 귀신에게 홀렸던 게 아닐까 싶어 악몽에서 빨리 깨어나고 싶다. 게다가 나보다 어른이나 친구에게 당한 게 아니라 20살 가까이 연하로서 명색이 문인에게 무시 받은 까닭에 마음이 더더욱 편치 않다. 하지만 오늘 아침 동녘에 해가 바다 위로 솟구치는 장관을 21층 베란다에서 투영되는 비경은 경이로울 정도로 아름다웠지만 즐길 마음이 아니었다. 훗날 개인적으로 꼭 다시 찾아 덱 로드를 천천히 걸으며 해변의 아름다움과 일출과 일몰의 장관에 흠뻑 젖어볼 생각이다.

* 고상고상하다 : 잠이 오지 않아 누운 채로 뒤척거리며 애를 쓰다.

2022년 11월 20일 일요일

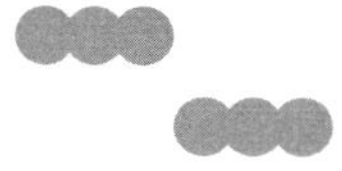

자리끼

지독한 감기의 뒤끝인 때문인지 요즘 수면 중에 목이 말라 물을 찾는 경우가 잦아졌다. 신종 코로나바이러스 감염증(코로나19)을 염려해 모더나 2가 백신(5차 접종)을 비롯해 독감 백신까지도 접종했다. 그리했음에도 지독한 감기에 걸려 3주 이상 시달리는 고통 때문일까. 버거운 감기와 밀고 당기다가 지쳐 잠들면 입을 헤벌리고 곯아떨어지는지 오경(五更)* 무렵 잠에서 깼을 때 갈증이 심해 물을 찾는 경우가 부쩍 많아져 여간 성가신 게 아니다. 마땅한 대응책이 없어 악순환이 되풀이되고 있다. 비몽사몽의 상태에서 보리차를 마시다가 지난 시절 어머니께서 할아버지 방에 매일 저녁마다 꼬박꼬박 자리끼를 준비해 놓던 생각이 문득 떠올랐다.

자리끼는 '밤에 마시려고 잠자리의 머리맡에 준비해 두는 물'을 뜻한다. 순우리말로서 잠자리의 준말인 '자리'와 끼니를 의미하는 '끼'의 합성어인 때문에 잠자리에서 먹는 끼니라는 의미가 된다. 그 옛날 우리의 주택 구조는 부엌과 방이 분리된 별도의 공간에 배치되었던 관계로 잠결에 물을 먹으러 가기가 쉽지 않았다. 그런 주택 구조에다가 냉난방 시설이 턱없이 열악했을 뿐 아니라 잠옷을 제대로 갖추지 않은 채로 잠들었다가 물을 찾게 되는 경우가 많았다. 이에 비해 오늘날은 주택 구조 개선으로 잠자리에서 일어나 몇 걸음만 옮겨도 물을 마실 수 있고 아울러 냉난방 시설의 현대화가 급속이 추진되면서 자리끼 문화가 거의 사라졌다.

우리는 하루에 얼추 1리터가량의 수분을 섭취하게 마련이다. 하지만 그 이상 마셔도 목이 마르다면 질병이 의심된다는 전문의들의 조언이다. 예를 들면 자주 목이 마르거나 한꺼번에 필요 이상의 물을 먹는 것을 비롯해서 충분한 수분을 섭취해도 갈증이 계속되면서 침이 나오지 않고 입이 바짝바짝 마를 경우는 질병일 가능성이 크단다. 갈증을 유발하는 주요 질병으로 탈수, 발열, 당뇨병, 폐경 따위가 원인일 가능성이 높다는 귀띔이다. 그런가 하면 자가 면역 질환으로 눈물샘과 침샘에 이상이 발생해도 그런 증상이 나타나기도 한다는 얘기다.

수면하는 동안 체내의 수분이 몸 밖으로 발산하게 마련인 관계로 밤중에 물을 마시는 게 크게 해롭지 않을 터이다. 물론 자리끼는 생활이나 문화적 이유에서 시작되었다. 이런 연유에서 신라의 원효대사가 당나라로 유학을 가던 도중에 동굴에서 잠을 자다가 칠흑 같은 밤중에 타는 목마름을 달래기 위해 머리맡을 더듬거려 손에 닿았던 물을 마셨다. 다음 날 아침에 일어나 보니 그 물이 해골에 고여 있던 빗물임을 확인하고 깨달음을 얻었다던 얘기 역시 자리끼를 마시는 습성의 또다른 형태가 아니었을까.

옛날에 흔했던 자리끼에 어떤 의미가 담겼을까. 거기에는 공경과 배려의 마음이 담겼다. 보편적으로 자리끼는 '어른을 공경하는 마음으로 잠자리의 머리맡에 준비해 둔다.'는 전언이다. 노인들은 젊은이보다 체내 수분이 많이 빠져나가게 마련이다. 이런 때문에 자리끼는 잠자리에서 갈증 해소와 구강 건조증 예방이라는 측면의 배려가 전제된 산물이라고 한다. 그렇다면 자리끼가 노인들에게만 필요했던 걸까. 전문가들에 따르면 사람의 기관지는 건조함과 상극이란다. 그러므로 젊은이들일지라도 비염을 앓거나 기관지가 약한 경우에 자리끼를 준비해 방에 놔두면 효과적이라는 지적이다. 이런 맥락에서 생각할 때 수면 중간에 일어나 자리끼를 찾음은 결코 나이가 들었기 때문이라는 생각은 버려도 좋겠다. 아울러 자리끼는 방안에 가습효과까지 한단다.

지난날 우리의 주택 구조에서 방과 부엌은 별도의 분리된 공간에 배치했었다. 그런 때문에 엄동설한의 칠흑같이 어두운 밤중에 전기시설이 되지 않은 상태에서 물을 먹기 위해 옷을 챙겨 입고 부엌으로 간다는 게 쉽지 않았던 터라서 자리끼 문화가 자연스럽게 발달했으리라. 한편 냄새가 진동하게 마련인 변소(화장실)를 집안에서 가장 외진 곳에 배치했다. 그런 이유에서 엄동설한이나 비가 추적추적 내리는 밤에 변소에 찾아가는 번거로움을 줄이는 방법이 필요했다. 이에 부응하기 위해서 밤이면 방안에 요강*을 들여놓는 습관이 뿌리내렸을 것이다. 그렇게 옛 생활의 한 단면으로 자리 잡았던 자리끼와 요강 문화가 현대화된 주택이 보급되며 부엌과 변소를 집안으로 불러들이면서 자연스럽게 사라졌다. 세상이 급변하는데 대부분 사찰의 해우소(解憂所)는 지금도 눈에 잘 띄지 않고 외져 으스스한 구석에 버티고 있는 그 모습이 여전해서 찾을 때마다 낯설고 당혹스러웠다.

* 오경(五更) : 하룻밤을 초경(初更)에서 오경(五更)까지 다섯으로 나눈 시각을 아울러 이르는 말이다. 다시 말하면 하룻밤을 다섯 시기로 나누어 저녁 7~9시를 1경(一更), 9~11시를 2경(二更), 11~1시를 3경(三更), 1~3시를 4경(四更), 3~5시를 5경(五更) 이라고 한다.

* 요강(尿–) : 요강(尿–)은 일반적으로 방에 두고 오줌을 눌 수 있게 만든 그릇을 가리킨다. 야호(夜壺)·음기(飮氣)·설기(褻器)·수병(溲甁)이라고도 했다. 특히 궁중에서는 '지'라고 호칭했으며 그밖에 방언으로 '오강'이 있다.

2023년 1월 18일 수요일

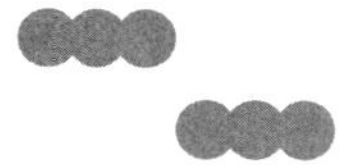

앞뒤 꽉 막힌 자린고비

과연 내가 진정한 자린고비(玼吝考妣)*일까? 마흔여덟 해째 삶을 동행하며 고희의 중반을 넘긴 아내에게 벽창호 같은 옹고집의 영감탱이로 자리매김했나 보다. 평소 불요불급한 소비나 지출에 대해 콩켸팥켸 따졌어도 터무니없이 허튼소리를 내뱉던 좁쌀영감은 결단코 아니었다. 그럼에도 좀생이로 인식되어 쉬 마음을 열고 대화하기 어려울 만큼 기피 대상의 존재였던 게 아닐까. 어찌 되었든 심한 충격을 받았다.

며칠 전의 일이었다. 계묘년(癸卯年) 첫 달의 카드 사용 명세서가 우편함에 꽂혀 있었다. 무심코 개봉하여 대충 훑어보니 여느 달보다 백만 원 남짓 더 청구되었다. 그렇다고 시시콜콜 명세서를 훑어보고 싶지 않았다. 식탁 위에 던져두었다가 땅거미가 내려앉을 무렵에 귀가한 아내에게 물었다. 대수롭지 않다는 듯 스스럼없이 대답했다. "휴대폰 등을 넣고 다닐 손가방 하나 구입하는 과정에서 가지고 있던 현금이 부족해 일부를 카드로 결제했기 때문에 자기가 채워 넣겠다."고. 순간 둔기로 뒤통수를 한 대 얻어맞는 기분이었다.

의외의 대답에 어리둥절한 채 한동안 말을 잇지 못하다가 가까스로 마음을 진정시키고 되물었다. 평소 외출할 때 핸드폰이나 간단한 소지품을 넣고 다니던 손가방의 끈이 닳고 닳아 끊어져 폐기하고 불편해서 작은 가방을 하나 구매하는 과정에서 발생한 것이라는 얘기였다. 그런 사실을 아예 눈치채지 못했던 나는 누구일까? 이런 상황에도 아무런 낌새도 인지하지 못했던 내가 지아비 자격이 있는 걸까? 어떤 경우라도 문제가 발생하면 전후 사정을 밝히고 해결 방안을 모색했으면 좋았으련만 아내는 내 생각과 상당한 괴리가 있었다. 그 이면에는 소통이 순조롭지 않을 가능성과 시시비비를 꼬치꼬치 따질 개연성 때문에 자기의 비자금을 헐어 해결하는 쪽으로 생각했던 모양이다.

단언컨대 부부의 연을 맺은 이후 아내를 무시하거나 함부로 대했던 적이 결코 없다. 대수롭지 않은 손가방 하나 사는 것조차도 남편에게 편하게 얘기를 못 하는 아내의 심정을 헤아려봤다. 살림을 거덜 내거나 집을 팔아먹을 사안이 아닌 사소한 결정도 맘대로 못하게 분위기를 조성했다는 자책감에서 변명의 여지가 없다. 마땅한 말이 떠오르지 않아 "어떤 짝퉁(?) 가방인지 구경 한 번 해보자."고 너스레를 떨며 분위기를 바꾸려고 애를 썼다. 새쭉해진 아내가 말했다. 자기는 "절대로 짝퉁은 구매하지 않는다."는 날 선 답이 돌아왔다. 이리저리 회유해 문제의 가방을 두 눈으로 확인할 수 있었다. 그 순간 그런 분위기를 만들었던 것을 반성하며 자괴감에 빠지기도 했다. 고희 중반을 넘긴 여인네가 '그런 자유마저 유보당하고 사는 게 맞는 걸까.'라는 관점에서 나 자신에게 자문자답하며 반성하지 않을 수 없었다.

입때까지 가정을 꾸려오면서 불필요한 소비나 지출은 철저히 막아야 한다는 생각이었다. 불요불급한 낭비는 최대한 아끼는 대신에 꼭 필요한 경우에 처하면 쩨쩨하게 벌벌 떨거나 좀팽이 같은 처신을 하는 등신이 되지 말자는 뜻에서 그리 대응했다. 하지만 가정이나 가족을 위한 필수적인 지출이나 병 치료 따위에는 아끼려고 아등바등하거나 회피하려고 뭉그적거렸던 적이 단 한 번도 없었다. 이런 마음을 이심전심으로 공유한다고 믿었는데 부부 사이에 간극이 매우 컸던 모양이다. 그런 까닭에 필요한 손가방 하나 구입하는데 자존심이 상할 위험이 있다고 판단하여 쌈짓돈으로 해결하려고 작정했을 게다.

생각할수록 미안하고 안쓰럽다. 어떻게 아내의 응어리진 마음을 풀어줄 수 있을까 고민을 거듭했다. 그렇게 며칠 끙끙대다가 아내에게 말했다. "아무리 생각해도 그 손가방 짝퉁 같으니 다시 한번 구경하자."고. "자기는 어떠한 경우라도 짝퉁은 사지 않는다."는 말을 되풀이하며 자존심을 지키려 했다. 자존심이 상했는지 안방에 들어가 들고 나오더니 "자! 잘 봐! 이게 짝퉁인가?"라며 코밑에 디밀었다. 한 발 뒤로 물러서는 척하며 확인하는 시늉을 하면서 말했다. "짝퉁 사는데 고생했으니 대금 지급은 내가 하겠다."고 선언

했다.

대신 대금을 지급해주겠다는 얘기에 아내의 만면에 웃음꽃이 활짝 피어났다. 그러면서 손가방을 구입하는데 시나브로 여퉈 꽁꽁 숨겨 두었던 쌈지를 풀어헤친다고 생각하니 속이 쓰렸는데 오래 묵은 체증이 일거에 말끔하게 씻겨 내려간 것처럼 시원해 날 것 같다고. '별것도 아닌데 저리도 좋을까!'라고 생각하다가 어이가 없어 쓴웃음이 절로 났다*. 설 연휴가 끝나고 출근하는 첫날인 오늘(1월 25일) 카드 대금이 은행 통장에서 인출되는 날이다. 아침 일찍 서둘러 입금하고 돌아왔다. 한편 올해 내 첫 번째 바람은 아내의 건강이다.

* 자린고비(玼吝考妣) : 여기서 자린(玼吝)은 '절인'이라는 말의 음(音)만 따서 한자로 표기한 것이고, 고비(考妣)는 제사를 지낼 때 지방((紙榜)에 쓰는 말로서 타계하신 부모를 지칭한다는 전언이다. 원래 지방은 한 번 제사를 모시면 곧바로 태워 없애는 게 원칙이다. 그러나 지방 한 장이라도 아낄 요량으로 태우지 않고 기름에 절여 두었다가 끝없이 되풀이해서 쓰는 지독한 구두쇠를 지칭하는 개념에서 생겨났다.

* 그런 사연이 담긴 손가방의 끈 연결 부위가 약해 끊어져 2024년 말부터 쓰지 못하고 있다. 한데, 생산 회사가 폐사되어 애프터서비스가 불가능하다며 애통해 하지만 어쩔 도리가 없어 옷 방 한쪽에 방치되어 있 있다. 아내의 말처럼 짝퉁은 아니었는데 영세업체의 제품이었던 것 같다.

수필과비평, 2023년 4월호(통권 제258호), 2023년 4월 1일
(2023년 1월 25일 수요일)

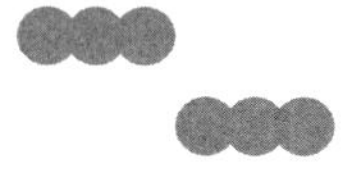

한 세대의 막을 내리다

향년 94세를 일기로 숙모님이 별세하셨다(2023년 2월 11일). 숙모님을 마지막으로 내 선친 3형제 내외분이 모두 저승길을 찾아 떠나셨기에 우리 가계(家系)를 중심으로 생각할 때 한 세대의 막을 내렸다. 일제 강점기에 태어나 해방과 독립을 위시해서 민족상잔의 6·25 전쟁과 군부독재 등의 어두운 질곡의 세상을 맨몸으로 견뎌내며 지긋지긋한 가난과 모진 세월을 살다 가신 서러운 세대이기도 했다.

숙부와 숙모가 어떤 계기로 부부의 연을 맺었는지 들은 바가 없어 잘 모른다. 하지만 당시 풍습으로 미루어 짐작할 때 누군가 매파가 있었을 것으로 추측된다. 짧은 인연 때문이었을까? 숙부는 숙모를 이승에 남겨 둔 채 40년 전쯤 지천명의 초반에 삶의 끈을 놓고 표표히 저승으로 떠나셨다. 한편 두 분의 슬하에는 현재 2남 2녀와 5명의 손주와 증손 몇이 있다.

숙모와 특별한 인연 얘기다. 나는 어린 시절 몹시도 허약했기 때문인지 늦게까지 어머니 젖을 먹었다고 한다. 한데, 어머니 젖이 모자라서 껄떡대며 허덕일 때면 사촌 동생이 먹어야 할 숙모의 젖을 나눠 먹으며 자랐다고 어머니가 말씀해 주셨다. 숙모 살아생전에 이따금 그 사실을 물으면 빙그레 웃으며 "자네가 내 젖을 먹었지!"라고 짧게 대답하시곤 이내 말을 아끼셨다. 그 이면에는 두 가지 이유가 있다고 유추된다. 먼저 함께 젖을 먹었던 당신의 큰아들이 어린 시절 몹쓸 병마를 앓다가 이승을 등졌던 아픈 기억을 떠올리고 싶지 않았음 때문으로 여겨진다. 또 다른 이유는 당연한 도리를 했던 까닭에 내세울 바가 아니라는 겸양과 넓은 마음에서 그리 대응했을 것으로 유추된다.

각별한 사랑을 받았음에도 불구하고 운명하시던 날 곧바로 달려갈 처지가 못 되어 무척 난감했지만 별다른 묘책이 없었다. 어쩔 도리가 없어 운명 당일은 몇 달 전에 약속된 글밭지기들의 중요 행사에 반드시 참석해야할 입장이었다. 약속된 행사에 참여하고 이튿날 서둘러 장례식장으로 향했다. 단 하루라도 사촌들과 함께 밤을 밝히며 빈소를 지키는 게 도리이다. 하지만 그럴 체력이나 건강 상태가 아니라서 가까운 곳에 사는 여동생 집에서 잠을 자고 일어나 선영의 장지로 달려가서 묘지 조성작업을 참견했다.

음력으로 계묘년 정월 스무사흘(양력 2월 13일) 삼일장으로 화장을 해서 가족 공동묘역에 숙부와 합장을 했다. 오래전 별세하셨던 숙부의 묘는 따로 있었다. 그런데 상주인 사촌 동생들의 뜻에 따라 숙부의 묘를 파묘해 유골을 수습하여 숙모와 합장을 단행했다. 살아생전의 인연이 저승에서도 이어지는 것일까. 숙부 내외는 바로 위의 형인 나의 부모님과 오랫동안 아래윗집에서 살았다. 그런데 저승의 유택도 손만 뻗어도 맞닿을 바로 옆 자리이다. 장례를 모시고 했던 말이다. "아무리 형제일지라도 살아생전에 담 하나를 사이에 둔 아래윗집에 살았는데, 저승의 유택도 옆에 나란히 자리 잡으셨다."고.

음력으로 정월이기에 아직은 겨울의 뒤끝이라서 매섭게 마련이다. 그런데 신기하게도 장례를 모시는 날 봄날을 방불케 하는 온화한 날씨가 큰 부조를 했다. 푸근한 날씨 덕에 추위에 떨거나 심리적으로 움츠러들지 않고 느긋한 마음으로 장례를 모실 수 있어 천만다행이었다. 겨울인 데다가 제사상에 올릴 제수를 비롯한 장례식에 참석한 사람들이 먹을 음식을 장만할 사람이 마땅치 않아 외주 업체에 뷔페(buffet)로 맡겨 간편했다.

나의 가계는 청주 한문(韓門)의 공안공(恭安公) 할아버지 자손으로 증조부(曾祖父)는 31세손으로 존함은 성(聖) 자, 수(洙) 자(字)였다. 그리고 32세손의 조부(祖父)의 존함은 상(相) 자, 목(穆) 자를 쓰셨다. 아울러 33세손인 선친은 3형제로 백부(伯父)는 유(維) 자, 희(熙) 자를 쓰셨고, 선친(先親)은 균(均) 자, 희(熙) 자를 쓰셨다. 한편 숙부(叔父)는 성(成) 자, 희(熙) 자를 쓰셨다. 한편 34세손으로 남자 4촌 형제는 지금 4명이 생존해 있다. 백부에게는 석규(錫奎), 선친에게는 나(족보에는 '판규(判奎)'로 올라있고, 호적 이름은 '판암(判岩)'), 숙부에게는 승규(勝奎)와 상규(相奎)가 생존해 있다.

어느결에 세월이 훌쩍 흘러간 걸까? 장지에 모인 일가 중에 우리의 윗대인 33세손은 하나도 없었다. 장례를 모시고 귀가하기 위해 고속도로를 달릴 때 손주 유진이가 오늘 자리를 함께했던 어른 중에 할아버지가 제일 나이가 많은 것 같다고 해서 곰곰이 헤아려봤더니 과연 내가 제일 연장자가 틀림없었다. 장지에 참석한 청소년이 전혀 없는 상황에서 올해 고등학교에 진학할 예정인 손주 유진(36世孫)이가 삽이나 괭이를 들고 분주하게 여기저기를 오가던 모습이 도드라지게 눈에 띄었던가 보다.

대부분 나와 같은 34세손(할아버지)들이 청소년이 삽이나 괭이를 들고 설치는 게 신기했던지 "누구의 손자냐?"고 묻는 경우가 많더란다. 그럴 때마다 "할아버지 성함이 '판' 자(字) '암'자"라고 대답하면 그러냐고 하면서 슬며시 용돈을 주머니에 찔러 넣어 주더란다. 장례를 모시고 이래저래 심란한 마음인데 손주 유진이는 잘 모르는 어른들(할아버지 혹은 아저씨)에게 받은 용돈을 정리하면서 신명이 나는지 용돈을 받던 순간을 떠올리면서 무용담처럼 주저리 주저리 늘어놓기 바빴다. 같은 상황을 겪으면서도 어른과 아이들의 세계는 이리도 판이함이 과연 정상일까.

2023년 2월 13일 월요일

어버이에 대한 때늦은 후회

얼마나 많은 사람이 어버이가 유명을 달리한 뒤에 때늦은 후회를 할까? 누구보다 가까운 존숭(尊崇)의 대상이 어버이이다. 천륜으로 맺어진 부모와 자식이라는 무한한 신뢰 관계가 되레 독이 되어 낳고 길러준 고마움을 잊은 채 데면데면하게 지내는 경우가 많았던가. 예로부터 지금까지 뭇사람들이 어버이가 세상을 뜨신 뒤에 애달파 후회하며 뼈저리게 후회를 했다. 하기야 오늘날 매년 신록이 무르익는 오월의 어버이날엔 "나 실 제 괴로움 다 잊으시고 기를 제 밤낮으로 애쓰는 마음……"이라는 어버이 은혜를 불러드리기도 한다. 그렇게 감사한 마음을 표한다 해도 하늘같이 높고 바다같이 깊고 넓은 호천망극(昊天罔極)*의 은혜에 어찌 온전히 갚음이 되랴.

"있을 때 잘해!"라는 말이 있다. 이는 크게 두 가지로 해석할 수 있다. 첫째로 어떤 재화(財貨)나 힘(권력)을 지니고 있을 때 그렇지 못한 이들에게 적절하게 베풀라는 의미이다. 둘째로 대인 관계에서 상대방이 생존해 있을 때 살뜰하게 대하라는 뜻이다. 여기서 후자(後者)에 대한 처신을 탁월하게 행동하면 인격자 혹은 효자 따위로 칭송을 받게 될 터이다. 이런데도 팍팍하고 지난한 삶에 쫓긴다는 핑계로 가장 존숭하는 부모도 살아생전에 제대로 모시거나 보살피지 못하는 경우가 허다하다. 힘겨운 현실에 얽매여 휘청대며 지동지서(之東之西)하다가 어느 순간 부모를 생각할 수 있을 지경에 이르면 그분들은 이미 이승을 떠난 뒤이기 때문이다. 그런 이유에서 뼈저린 슬픔에 잠겨 애끊는 심정으로 후회를 하던 예는 어제오늘의 일이 아니다. 그런 몇몇 예이다.

그 옛날 중국의 전한(前漢) 시절 한영(韓嬰)이 《시경(詩經)》의 해설서로 편찬해낸 《한시외전(韓詩外傳)》 9권에 나오는 내용으로 주(周)나라 고어(皐魚)에 대한 얘기이다. 이는 살아생전에 효도를 제대로 못한 채 부모를 여윈 자식의 애달픈 심정을 간결하게 나타낸 시로서 어버이가 살아 계실 때 효도를 다 하라는 교훈이 담겼다.

> / 나무는 고요하려고 하나 바람이 그치지 않고(樹欲爭而風不止 : 수욕쟁이풍부지) / 자식은 봉양하려고 하나 부모가 기다려 주지 않는다(子欲養而親不待 : 자욕양이친부대) / 한 번 흘러가면 쫓아갈 수 없는 것이 세월이요(往而不可追者年也 : 왕이불가추자연야) / 가시면 다시 뵐 수 없는 게 부모님이시다(去而不見者親也 : 거이불견자친야) /

이숙량(李淑樑 : 1519~1592)은 '어버이가 살아 계실 때는 부모 고마운 줄 모르더니 여읜 뒤에 소중함을 제대로 깨우쳤는데 뒤늦게 터득한 마음을 어디 쓸고!'라며 한탄하면서 애통해하고 있다.

/ 부모님 계실 제는 부모인 줄을 모르더니 / 부모님 여읜 후에 부모인 줄 아노라 / 이제 사 이 마음 가지고 어디다가 베푸느뇨 /

송강(松江) 정철(鄭澈 : 1536~1593)의 〈훈민가(訓民歌)〉 중에 4번째인 〈자효(子孝)〉에서 이렇게 이르고 있다. 이는 평소 어버이가 살아 계실 때는 효의 중요성을 제대로 깨우치지 못했다가 돌아가신 뒤에 후회해도 아무런 소용이 없다. 그러므로 보통 때 효를 다하도록 노력하라는 권효(勸孝)의 뜻을 담고 있다.

/ 어버이 살아 계실 때 섬길 일 다 하여라 / 지난 뒤에 애달프다 한들 어찌 하리오 / 평생에 다시 못할 일이 이뿐인가 하노라 /

김상용(金尙容 : 1561~1637)은 어버이와 자식은 하늘 아래 가장 가까운 사이로 부모가 없었으면 내가 태어날 수 없는 법이라고 일갈했다. 여기에 추가해서 날짐승인 까마귀도 반포(反哺)하는데 하물며 사람으로서 부모에게 효도를 정성껏 하라고 조곤조곤 타이르고 있다.

/ 어버이 자식 사이 하늘이 만든 가장 가까운 사이라 / 부모가 아니면 이 몸이 있을소냐 / 까마귀도 반포를 하니 부모를 효도 하여라 /

한편 노계(蘆溪) 박인로(朴仁老 : 1561~1642)가 한음(漢陰) 이덕형(李德馨) 집에서 감 대접을 받고 나서 중국의 회귤고사(懷橘古事)*를 떠올리며 지었다는 사친가(思親歌)인 〈조홍시가(早紅柹歌)〉가 있다. 이 시는 저승으로 떠난 어버이를 그리워하는 애틋한 심정을 간결하지만 절절한 흉금을 있는 그대로 털어놓은 시이다.

/ 반중 조홍감이 고와도 보이나다 / 유자(柚子)이 아니라도 푸엄즉 하다마는 / 픔어가 반길 이 없어 글로 설워 하나이다 /

또한, 조선 후기의 가객(歌客) 박효관(朴孝寬 : 1781~1880)은 시조 〈교훈가(敎訓歌)〉에서 이렇게 한탄하고 있다. 까마귀가 검다고 흉을 보지만 반포보은(反哺報恩)을 하는 저 새(鳥)만도 못한 이들이 있다는 사실이 서글프다고 분개하고 있다. 그는 전래되는 얘기를 참이라고 믿었던 때문에 이런 시를 지었으리라. 그 옛날 까마귀가 다 성장하면 늙은 어미에게 먹이를 물어다 먹이는 새라고 알고 있었다. 이런 이유에서 까마귀를 반포조(反哺鳥) 또는 자오(慈烏)나 효조(孝鳥)라고 호칭하기도 했다.

/ 뉘라서 까마귀를 검고 흉하다 탓했는지 / 반포보은(反哺報恩)이 그 아니 아름다운가 / 사람이 저 새만 못함을 못내 슬퍼하노라 /

육 남매 중에 외아들로 누님이나 여동생들 보다 온갖 혜택을 독차지하고 자랐다. 학업을 마치고 일터에 둥지를 틀고 일가를 이루

려다 보니 어느새 훌쩍 세월에 흘렀다. 정신을 차리고 사친(思親) 할 수 있을 정도로 다소의 여유가 생겨 돌아봤을 때는 이미 이승을 떠나시고도 한참 지난 뒤였다. 유명을 달리한 뒤에 곧바로 선산 자락에 조성된 씨족의 공동묘역에 유택을 마련해 영면에 드셨다. 그런데 한 해에 한 차례 찾아뵙기도 어려워 쩔쩔매는 처지에 낯간지럽게 때늦은 후회 운운할 자격이 있는지 진지하게 성찰해 봐야겠다.

* 호천망극(昊天罔極) : 어버이의 은혜가 넓고 큰 하늘과 같이 다함이 없음을 이르는 말. 주로 부모의 제사에서 축문(祝文)에 쓰는 말이다.

* 회귤고사(懷橘古事) 혹은 육적회귤(陸績懷橘) : 중국 후한(後漢) 말의 관리였던 육적(陸績)의 어린 시절 일화에서 비롯되었다. 그가 6살 때 원술(袁術)의 집에 갔었는데 먹으라며 귀한 귤을 내주었다. 육적은 그중 3개를 먹지 않고 슬며시 품속에 숨겼다. 나중에 집으로 돌아가기 위해 인사를 하던 중에 숨겼던 귤이 굴러떨어졌다. 이때 원술이 왜 모두 먹지 않고 일부를 품속에 넣었느냐고 물었다. 이에 육적이 어머니께 가져다드리려고 그랬다는 대답을 했다. 이 말을 들은 원술은 크게 감동했다. 이로 인해서 육적의 효심이 널리 알려지면서 뭇사람들 입에 회자된 고사성어이다.

2023년 3월 26일 일요일

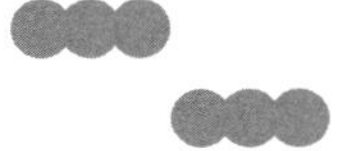

정화수와 치성

정화수(井華水)에 대한 회상이다. 또 다른 이름으로 정수(井水)라고도 하며 '이른 새벽에 길어온 맑고 정갈한 우물물'을 뜻한다. 이는 가족들의 평안을 기원하며 정성을 들이거나 약을 달이는데 쓰였다. 일부에서는 정안수 또는 정한수라고도 호칭하나 이들은 비표준어이다. 6·25 전쟁 발발 이후 초등학교 시절 얘기다. 어머니가 이른 새벽이나 깜깜한 밤에 등불을 밝힌 채 부뚜막이나 장독대 위에 물 한 사발 떠놓고 두 손을 모아 무언가를 열심히 비손하거나 치성을 드리는 모습을 이따금 봤었다. 아마도 그 대상은 천지신명이 망라되었을 법하다. 왜냐하면, 특정 종교 신자가 아니었다는 이유에서이다. 철부지 시절 그런 비손 모습이 무척 낯설어 멀찍이 숨어서 몰래 지켜보곤 했었다. 하지만 사발에 가득 채운 물이 첫 새벽에 길어온 정화수라는 사실을 까마득하게 몰랐다.

그 옛날 물을 여러 가지로 구분하여 호칭했던가 보다. '첫 새벽 일찍 길어온 물'을 정화수라고 호칭하는데, '음력 정월에 처음으로 내린 빗물'을 춘우수(春雨水)*, '가을철에 이슬을 받은 물'을 추로수(秋露水)* 라고 했다. 또한 '물을 휘저어 거품이 생긴 물'을 감란수(甘爛水)*·백로수(百勞水)·월굴수(月窟水)라고 호칭했다. 아울러 '황토로 된 땅을 석 자쯤 팠을 경우 그 속에 고이는 맑은 물'을 지장수(地漿水)*, '물살이 빠르지 않게 순하게 흐르는 물'을 순류수(順流水)*, '빠르게 흐르는 여울물'을 급류수(急流水)* 등으로 부르며 각각 별도의 용처가 정해져 있었다.

조선 시대 얘기이다. 왕실에서 '맑고 정갈한 물로서 제사를 모시거나 치성을 드릴 때 떠 놓는 물'인 명수(明水)를 대신해 정화수를 사용할 경우 궁내에 있는 우물에서, 사옹원(司饔院) 관리들이 길었다, 한편 임금이 약을 드실 경우도 내의원(內醫院)에서 정화수를 준비해 두었다가 마시도록 했다는 기록이 보인다.

《동의보감(東醫寶鑑)》〈양수편 수부 논수품(湯液篇 水部 論手品〉〈정화수(井華水)〉에서는 이렇게 이르고 있다. 이른 새벽에 기른 우물물로서 물 중에서 제일로 친다. 이의 성질은 설수(雪水)처럼 평(平)하고 맛이 달다. 또한, 독이 없어 치성을 드리거나 약을 달이는데 적합하다. 특히 정기(精氣)가 몰려있어서 보음약(補陰藥)을 넣고 달여 장수케 하는 환약을 만들 때 사용했다. 이는 구취(口臭) 제거나 눈병 따위의 치료에 효험이 있다는 귀띔을 하고 있다.

생명과 음용수는 필수 불가결한 관계였던 까닭에 자연스럽게 물이 경외 대상으로 여겨져 신앙의 대상 또는 매체로 자리 잡았을 법하다. 이런 물 중에서 '첫새벽에 길어온 맑고 정갈한 물'인 정화수를 깨끗한 사발에 떠놓고 가족의 건강이나 화목을 비롯해 소망을 신령에게 빌 때 혹은 신령에게 바치는 제수(祭需)나 공물(供物)이라는 의미가 된다.

하필이면 왜 물을 떠 놓고 장독대나 부뚜막에서 소원을 빌거나 치성을 드렸을까. 옛날엔 같은 집안이라도 완전히 개방된 공간은 주로 남성의 공간이 대부분이었던 까닭에 여성의 공간은 상대적으로 제한되어 있었다. 그런 때문에 암묵적으로 용인되었던 여성의 공간인 부엌의 부뚜막이나 장독대에 정화수를 떠놓고 드러나지 않게 조용히 빌었던 것이 아닐까. 한편 신앙대상은 고목이나 바위 같은 자연신이 아니면 성주신(成造神), 조왕신(竈王神), 삼신(三神), 풍신(風神), 측신(廁神), 대감신(大監神 혹은 장군신(將軍神)), 우마신(牛馬神), 지신(地神), 우물신(龍神), 칠성신(七星神), 업신(業神), 철륭신(장독대신), 조상신(祖上神), 군웅(群雄 혹은 軍雄), 문신(門神), 마마(媽媽 혹은 손님), 수비(隨陪), 제석신(帝釋神) 등과 같은 가택신(家宅神)이다.

다양한 물 중에서 왜 우물물이었을까. 여러 기록에 따르면 고대에도 우물이 있었다. 우물은 신화적 상징인 생명력과 풍요의 기능을 발휘하며 미래를 예지하는 성스러운 곳으로 여겨왔다. 성스러운 곳에서 샘솟는 정갈한 물을 신에게 소원을 빌 때 공물로 올리는 관습은 자연스럽게 굳어지지 않았을까. 우물에 대한 신화적 상징성을 나타낸 예이다. 《삼국사기(三國史記)》에 따르면 신라의 시조인 혁거세 때 용(龍)이 알영정(閼英井)에 나타나 오른쪽 옆에 여자아이를 낳았는데, 그 아이가 자라며 총명하여 훗날 왕비로 삼았다는 얘기다. 또한, 백제의 시조였던 온조왕 시절 왕궁의 우물 물이 넘쳤다. 이는 국운이 욱일승천할 상서로운 징조라고 풀이했다. 결국, 우물은 신령한 곳으로 각인되었던 때문에 정화수로 자리 잡음은 자연스러웠다.

지난날 어머니는 어떤 때 정화수 앞에서 두 손 모아 비손하거나 치성을 드렸을까. 살아생전에 한 번도 왜 그렇게 빌거나 치성을 드렸는지 물어본 적이 없다. 왜냐하면 초등학교를 졸업한 이후 지금까지 배움과 삶을 꾸리기 위해서 부모님 곁을 떠나 타지를 전전했던 관계로 물어볼 기회를 영영 잃어버렸다. 돌이켜 생각하니 가족의 화목과 행운을 비롯해 우환을 비롯해서 어려움이 발생했거나 당신의 전부였던 우리 육남매의 건강이나 안위에 관계되는 것이면 무엇이든지 가리지 않고 죄다 비손했을 법하다. 어머니가 정화수 떠놓고 기원하거나 드렸던 치성이 시나브로 쌓인 덕에 현재 위로는 여든아홉의 큰 누님을 비롯해 예순 여섯인 막내 여동생까지 모두가 큰 탈 없이 잘 살고 있다고 믿는다.

오늘날 정화수는 거의 사라져 그 원형을 찾아보기 어렵다. 여러 가지 제사나 민간신앙에서 올리는 제수나 공물이 다양해져 점점 설 자리를 잃었기 때문으로 유추된다. 한편 정화수는 부정의 요소가 내재되어 있다고 여겨지는 대상을 깨끗이 씻어내는 정화력

(淨化力)을 나타내는 주술물(呪術物) 구실도 너끈하게 했다는 얘기다. 특정 종교의식이기에 세세한 내막은 잘 모르지만, 천주교에서 영세(領洗) 즉 성세성사(聖洗聖事)를 비롯해 기독교의 세례(洗禮)나 불교에서 관정(灌頂) 의식(儀式) 역시 정화수와 같은 관점에서 행해지는 게 아닐까. 이런저런 생각을 하면서도 가족의 안위나 힘든 문제에 직면하면 종교 신자가 아님에도 하느님·부처님·예수님·공자님·맹자님·천지신명 등을 있는 대로 들먹이며 도와달라고 중얼거리기 일쑤이다. 그런 내가 과연 정화수를 떠놓고 빌며 전통신앙을 숭배하던 내 어머니보다 깨친 게 맞는 걸까.

* 춘우수(春雨水) : 양기가 녹아있음으로 불임부부가 마신 후 부부관계를 맺으면 임신을 하게 되고, 정력이 약한 남자가 마시면 정력이 좋아진다고 한다.

* 추로수(秋露水) : 당뇨병이나 여러 가지 피부병을 치료하는데, 효과가 있다. 이 중에서 풀잎 위에 맺힌 이슬은 병을 치료하는 효과가 뛰어나고, 측백나무 잎 위에 맺힌 이슬은 눈을 맑게 하며, 꽃잎에 맺힌 이슬은 얼굴을 예쁘게 한다.

* 감란수(甘爛水) : 곽란(癨亂)을 치료하는데 여기에 약을 넣어서 달여 먹으면 대단히 좋다고 한다(治癨亂 入藥煎用 甚妙(本草)).

* 지장수(地漿水) : 해독하는 효과가 있어 독버섯이나 여러 가지 중독 증상을 해독하는데, 사용한다.

* 순류수(順流水) : 순순히 아래로 좇아 흐르니 하초·허리·무릎의 병증을 치료하고, 대소변을 나오게 하는 데 쓴다.

* 급류수(急流水) : 아래로 빨리 흐르는 성질이 있기 때문에 대소변을 잘 보게 하는 약이나 종아리(足脛) 아래에 생긴 풍증을 치료하는 약을 달이는 데 쓴다.

2022년 12월 3일 토요일

Ⅳ.

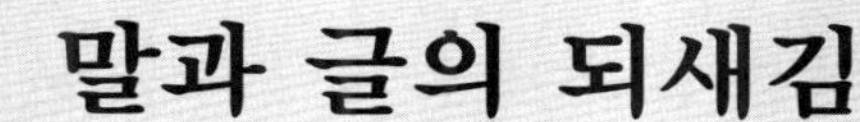

말과 글의 되새김

중복과 말복 사이

열흘 남짓 지나면 임인년(壬寅年)의 말복(末伏)이고 그로부터 나흘 뒤엔 입추(立秋)이다. 장마가 끝났는지 남북으로 오락가락 하던 비구름도 어디론가 사라졌다. 그 때문일까? 오늘은 오전부터 30℃를 훌쩍 넘어서더니 오후 2시인 지금 34℃이다. 그야말로 불볕더위로 찜통 같다. 손가락 하나 까딱하지 않고 앉아 있어도 땀방울이 송골송골 솟아오르며 조금만 움직여도 기분 나쁠 정도로 속옷이 젖는다. 더위와 지루하게 밀고 당기면서 샤워를 해봐도 그 때뿐이다. 이런 대응은 언 발에 오줌 누기인 동족방뇨(凍足放尿)에 지나지 않는다. 갈증을 달랠 길 없어 이열치열의 대증요법이라는 맥락에서 컴퓨터 앞에 쭈그리고 앉아 자판을 두드리며 더위와 첨예하게 맞서며 버티고 있다.

어제저녁 일기예보에서 "내일은 무척 덥다."고 했다. 오늘 낮 등산은 일찌감치 포기한 채 깜깜한 새벽에 다녀오기로 작정하고 지난밤 자초(子初 : 오후 11시)쯤에 잠자리에 들었었다. 다행히 눈을 뜨니 인정(寅正 : 새벽 4시)이었다. 준비해 두었던 등산복을 챙겨 입은 뒤에 손전등을 챙겨 집을 나서려다가 손주 유진이의 방을 살짝 열어봤다. 침대에서 자야 할 녀석이 눈에 띄지 않았다. 에어컨을 켜고 있던 제 아비 방에 자고 있겠지 생각하고 집을 나섰다. 아파트 정문 경비실 아저씨가 의자에 앉은 채 꾸벅꾸벅 졸고 있어 사람이 밖으로 나가는 것을 눈치채지 못했다.

집을 나서 20분 안팎의 시간이 지날 무렵이었다. 임도(林道) 한쪽에 늘어선 운동기구 앞에 이르러 팔운동을 하려던 순간 전화벨이 요란하게 울렸다. 손주 유진이었다. 잠이 오지 않아 대피실(화재 시 대패 장소로 만들어져 냉난방이 되지 않아 무척 시원함)에 있다가 나와 안방에 살짝 들여다보니 할아버지가 계시지 않더란다. 새벽에 등산한다는 사실을 알고 있어 전화해봤다는 얘기였다. 녀석은 제 방에서 자다가도 이따금 안방으로 파고들어 나와 제 할머니 중간에 비집고 끼어들어 잠드는 버릇이 있다. 더우면 안방에 가서 에어컨을 켜놓고 할머니 옆에 자라고 이르고 나서 통화를 끝냈다.

요즘 즐겨 찾는 창량산 정상의 청량정(淸凉亭) 주위는 산토끼 한 마리의 새로운 주거지가 되었다. 분명히 산토끼인데 누군가 집에서 기르다가 문제가 생겨 그곳에 데리고 와서 풀어놓은 게 분명하다. 야성을 완전히 잃은 관계로 사람이 다가가면 도망가는 대신에 되레 졸래졸래 따라 다닌다. 아마도 어린 산토끼 새끼를 집에서 기르는 과정에서 때가 되면 먹이를 주던 행동에 길들여 진 것 같다. 삵을 비롯한 고양잇과 동물이나 매나 솔개 같은 맹금류가 그 근처에 서식한다면 목숨을 지탱할 수 없는 상황이다. 어쩌면 바람 앞에 등불인 풍전등화(風前燈火)의 처지로서 위태위태해도 방법이 없다. 이는 반려견으로 애지중지 보살피다가 돌발 변수가 생겨 유기견으로 버려진 것과 흡사하다. 벌써 열흘 이상 지났기 때문에 자주 등산하는 사람들이 먹이(고양이 사료 같은 모양)나 각종 과일 조각을 비롯해 여러 가지 풀이나 칡덩굴을 뜯어다 준다. 그런데 신기하게도 인공으로 만든 동물 먹이나 각종 과일엔 도통 흥미를 보이지 않는다. 그에 비하여 씀바귀나 칡덩굴은 사람 코앞에서도 망설임 없이 엄청 맛있게 많이 먹는다.

그저께는 석양 무렵에, 어제는 오전에 연한 칡덩굴을 뜯어다가 주었더니 내가 움직이는 대로 따라 다니며 놀랄 만큼 잘 먹었다. 그러다가 손을 내밀어 봤더니 손가락을 질근질근 깨물면서 장난스러운 행동을 하며 완전히 경계심을 풀기도 했다. 오늘도 첫 새벽 사위가 깜깜한 시각일지라도 토끼에게 줄 요량으로 칡밭에서 연한 줄기와 잎을 뜯어가려고 작정했다. 손전등으로 길을 밝히며 깜깜한 등산로를 따라 오르다가 중간에 한전의 송전 철탑 밑에 이르러서 칡덩굴로 뒤덮인 곳에 다가갔다. 한 손으로는 손전등을 비추며 다른 한 손으로는 연한 칡잎을 뜯는 데 꽤 시간이 걸렸다. 부리나케 발길을 재촉해 어슴푸레 밝아올 무렵 정상에 도착해 아무리 두리번거려도 토끼가 눈에 띄지 않았다. 매일 꼭두새벽에 정상에 도착하는 지인에게 물었더니 사흘째나 아침엔 나타나지 않았다는 얘기였다. 하지만 그저께 오후와 어제 오전에 칡덩굴을 코앞에 대

렁했을 때 나타나 맛있게 먹었다. 오늘도 늦게 나타나려니 생각하고 칡 순과 잎을 토끼가 늘 다니는 길목에 가지런히 내려놓고 돌아왔다. 별일 없이 다시 나타나 맛있게 먹기를 바라면서.

집에 돌아왔다. 손주 유진이가 안방에 에어컨을 켜놓고 제 할머니와 늘어지게 자고 있었다. 어린아이가 밤새 더위에 시달린 게 안쓰러워 정오가 지날 때까지 푹 재우고 나서 깨웠다. 나도 등산의 피로가 심해 중간에 1시간 남짓 유진이 옆으로 가서 새우잠을 잤다. 안방 문을 열면 곧바로 거실과 이어지는 복도이다. 안방에 에어컨을 켜놓았지만, 거실은 그렇지 않기 때문에 방문 하나를 사이에 두고 한쪽(안방)은 북극이고 다른 한쪽(거실)은 거대한 한증막이다. 그런 거실에서 땀을 찔찔 흘리며 곤혹스러워하는 꼴이 안쓰러워 보였던가. 아내가 그리 더우면 안방에 들어와 땀을 좀 식히란다. 원래 더워 땀을 흘릴지라도 선풍기나 에어컨 바람을 선호하는 편이 아니다. 이런 묘한 심리적 거부감이 그들을 내치려는 원인이기에 더위와 겨뤄 보고픈 오기가 발동했다. 그렇게 컴퓨터 자판 앞에 쭈그리고 앉아 흐르는 땀을 씻어내는 지금 시각이 가장 덥다는 오후 3시 무렵이다. 극심한 더위는 짜증이 날 뿐 아니라 싫고 가까이하고 싶지 않은 껄끄러운 불청객으로 하루라도 빨리 제 갈 길 찾아 떠났으면 좋겠다.

2022년 8월 4일 목요일

고정관념 깨기

고정관념(stereotype) 얘기다. 확고한 의식이나 관념으로 뇌리에 각인된 때문인지 다소의 문제나 오류가 내포되어 있을지라도 쉬 바꾸거나 포기하지 않으려는 묘한 심리가 작용한다. 익숙해지고 길들여지면서 새로운 것에 대한 두려움 때문에 배척하려는 심리적 거부감이 부지불식간에 내치려는 걸까. 앞서 학습해 습관처럼 굳어진 사실이 객관적으로 부족하고 크고 작은 문제를 포함하고 있음을 인지하면서도 고정관념의 틀에 갇혀 새로운 사실을 수용하지 못하는 모순이 일상에서 비일비재하다.

1980년대 초까지 대학에서 매년 졸업생들에게 수여하는 학위기(學位記)를 붓으로 썼다. 일반적인 상장처럼 기본적인 내용은 인쇄하고 빈자리에 학위 대상자 성명을 정성스레 한자(漢字)로 기입하고 생년월일을 비롯해 여타의 자질구레한 사항을 빈틈없이 기재한 다음에 총장의 직인을 날인했다. 그 일은 직원 2명이 숙식을 함께 하며 며칠씩 고생해야 겨우 마칠 정도로 번잡했다. 대학에 첫

발을 내디디면서 대학의 전산화 업무를 전담하는 전자계산소 책임을 맡으면서 자연스럽게 교무처 업무를 시시콜콜 파악했다.

교무처에서 다른 업무는 대부분 제안대로 즉각 전산화를 추진하자면서 앞장섰다. 그런데 유독 매년 졸업생에게 수여하는 학위기만은 기존 방식대로 붓으로 써야 한다는 고집을 꺾지 않았다. 그 이유이다. 첫째로 동명이인이 있어 성명은 반드시 한자로 써야 한다. 그런데 컴퓨터로 그것이 불가능하기 때문이란다. 그 당시 컴퓨터에서는 기본적으로 상용한자 1500자 정도만 지원해 모든 성명을 한자로 출력할 수 없었다. 둘째로 학위기에는 반드시 붉은색 인주로 총장 직인을 날인해야 하는데 그 당시 컴퓨터에서는 흑백 인쇄만 가능하기에 수용할 수 없다는 입장을 고수했다.

시종일관 학위기를 컴퓨터로 인쇄하자는 주장을 계속했다. 첫째로 학위기에 기재하는 성명은 한글로 표기하는 대신 옛날과 달리 주민등록번호를 병기(併記)하면 아무런 문제가 없다는 논리를 폈다. 누구도 주민등록번호가 같은 사람은 없다는 이유에서 그렇게 주장했었다. 둘째로 학위기 하단에 총장의 직인은 컴퓨터로 인쇄한 뒤에 이전과 같이 사람이 일일이 날인하면 해결된다. 그리고 몇 해 뒤엔 컴퓨터에서 컬러 인쇄가 가능할 것이기 때문에 전향적으로 판단하자는 제의를 거듭했다. 한편 기회가 주어질 때마다 컴퓨터로 인쇄하면 불과 몇 십 분이면 간단히 끝낼 수 있다는 부연 설명을 하면서 당위성을 강조했다. 그렇게 학위기 표기 내용을 적당히 조정해도 되는지 문교부에 질의했다. 당국에서는 원칙과 큰 틀만 규정하고 있기에 개별 대학에서 융통성 있게 조정하는 것은 자유라는 회신이었다.

서너 해에 걸쳐서 밀고 당기며 입씨름을 하다가 드디어 어느 해부터인가 학부의 학위기를 컴퓨터로 인쇄하기 시작했다. 지독한 고집불통의 교무처 실무 책임자가 무심결에 내뱉은 말이다. "어! 직원 2명이 여러 날 호텔 방에서 낑낑대야 겨우 해결되던 작업을 금세 마쳤네! 역시 컴퓨터가 좋구나!"라고. 그때 느낀 생각이다. 대학이라면 시대의 흐름에 능동적으로 대처하여 변화에 적극적으로 대처할 것이라는 예상과 달리 의사결정 과정이 굼뜨고, 좌고우면하며 타성에서 벗어나지 못해 고루하고 진부하다는 생각을 했었다.

지난 86년 모스크바(moskva, moscow) 시내에 있는 호텔 식당에서 구운 토마토를 처음 봤다. 그 이전에는 토마토란 통째로 손에 쥐고 입으로 베어 먹거나 얇게 썰어 설탕을 뿌려 먹는 정도로 이해하고 있었다. 모스크바 중심가에 자리 잡은 유명한 코스모스(cosmos) 호텔 고급식당 식탁에 빵과 함께 오븐에 구워 겉이 꺼멓게 탄 토마토를 두 개씩 담은 접시가 각 개인 앞에 놓여 있었다. 너무도 의아해 현지 관리들이 어떻게 하는지 조심스레 살폈다. 그들은 익숙하게 껍질을 벗겨내고 빵에 발라 먹었다. 일종의 잼이나 꿀 대용품으로 그 나라에서는 보편화된 문화라는 귀띔이었다.

토마토에 대해 생전 처음으로 겪는 문화적 충격이었다. 궁금한 채 귀국하여 식품영양학을 전공한 후배에게 넌지시 물었더니 상상을 초월한 대답에 무척 놀랐다. 그 요지는 이랬다. "토마토를 날것으로 먹으면 영양소의 90%는 그대로 몸 밖으로 배출된다. 그러나 익혀서 먹을 경우는 반대로 영양소의 90% 정도를 우리 몸이 흡수된다."는 얘기였다. 결국, 토마토를 제대로 먹는 법을 모른 채 살다가 모스크바에서 제대로 한 수 배운 셈이었다. 이때 느낀 점이다. 상식이라는 어설픈 지식이 사람을 얼마나 초라하게 만드는 지에 대해서 곱씹어 보기도 했었다. 그렇게 제대로 배운 이후 지금까지도 토마토를 익혀 먹었던 적이 단 한 차례도 없다. 결국, 섣부른 구습(舊習)에 갇혀 대책 없이 옛 방식에 얽매여 옴짝달싹도 못 하는 모양새의 어처구니없는 꼴이 아닐까.

평생 컴퓨터를 공부했고 대학의 컴퓨터공학과에 적을 두었었다. 그런데 스마트폰이 대부분 컴퓨터의 기능을 하는 지금도 2G 폰(phone)을 쓰고 있다*. 아직도 전화기는 통화를 하고 문자 메시지를 주고받으면 충분하다고 믿는 사람이다. 그 이외의 기능은 집에 나뒹구는 컴퓨터로 충분하다는 판단에서 그리 대응한다. 물론 조금은 불편한 점도 있다. 각종 재난 발생 문자가 날아오지 않고, 카톡(kakao talk)이 안 되며, 인터넷 뱅킹 불가능하고, 그림이나 사진을 보내주면 깨져서 볼 수 없으며, 각종 앱(app store)을 까는데 제한이 많다는 따위의 불편은 감수한다. 이 또한 급변하는 세상이 두려워 구각을 뒤집어쓴 채 스스로 지켜내려 발버둥 치는 등신 같은 좀팽이의 허튼짓에 지나지 않으리라.

'세 살 버릇 여든까지 간다.'고 했던가. 고의든 우연히든 한 번 몸에 배거나 익숙해진 관념을 비롯한 습관은 여간해서 바꾸는 게 매우 어려운가 보다. 위에서 얘기했던 단순 명료한 경우도 순리대로 변한다는 게 결코 쉽지 않음을 반증하고 있다. 이런 까닭에 삶에서 이해관계가 씨줄과 날줄로 촘촘하게 얽히고설킨 복잡한 경우에 고정관념을 과감하게 깨고 새로운 변화의 물결에 선제적으로 대처하는 것은 중생이 해탈의 경지를 터득하는 것과 다를 바 없이 매우 어려운 화두와 같은 문제가 아닐까.

* 2G폰을 사용하다가 2025년 5월 중순 무렵 수명이 다 되었는지 고장이 나서 통째로 폐기할 수박에 다른 방법이 없었다. 그런데 그 속에 저장되어있던 각종 사진과 전화번호가 몽땅 사라져 회복할 방법이 어디에도 없었다.

2022년 8월 12일 금요일

어려서 배우지 않으면

손주 유진이가 점점 공부에 담을 쌓으려고 한다. 그렇다고 다른 쪽에 빠져 밖으로 나대거나 허튼짓을 하는 것은 아니다. 생각도 정상이고 행동도 반듯한데 공부에 취미를 붙이지 못하고 배돌며 방황하고 있다. 그렇다고 지능이 또래들에 비해 낮은 것도 아닐 뿐 아니라 환경 또한 별로 빠지는 구석이 없어 불가사의하다. 사춘기라는 아리랑 고개를 넘는 과정에서 나타날 수 있는 일시적인 현상일지도 모른다. 그래도 이해하기 어렵다. 무언가 심적으로 방황하는 듯한 손주를 예의 주시하며 일생 동안 책을 가까이하며 살았던 사람으로서 만감이 교차한다.

공부라는 측면에서 제 아비와 나는 완전히 의견이 상반된다. 지난 학창시절과 젊은 시절 중·고생들의 과외를 많이 하면서 얻은 결론이다. 공부는 약간의 무리가 따르더라도 꾸준히 집중하도록 분위기를 조성해야 한다는 확신을 갖게 되었고 지금도 일관된 생각이다. 내 주장과는 다르게 유진이 아비는 철저하게 자유방임주의를 주창한다. 그렇게 무한정 풀어놓은 채 아무런 대응책이 없어 교육의 포기 혹은 방기나 다름없다. 도저히 간극을 좁힐 방법이 없어 유진이가 초등학교 3학년 때부터 옆으로 물러나 지켜볼 뿐 절대로 간섭하거나 끼어들지 않고 있다. 그렇게 자유방임한 세월이 자그마치 만 6년이다. 어린아이에게는 매우 중요할 뿐만 아니라 기나긴 시간이다. 그동안 책상 앞에 조신하게 앉아 책을 읽거나 진득하게 예습 또는 복습을 하는 꼴을 봤던 적이 없다. 가랑비에 옷 젖듯이 공부와 점점 멀어짐은 당연한 현상이다.

다소 공부에 관심이 덜하더라도 대신 뭔가에 열중하여 자기계발을 한다면 문제는 다르다. 현실은 그렇지 않다. 하는 일이 없다 보니 기껏해야 휴대폰에 푹 빠졌다. 밤낮으로 휴대폰을 들여다보며 낄낄거린다. 어쩌다가 손주가 자는 방을 새벽 2시경에 들어갔던 적이 있다. 깜깜한 침대에 누워 휴대폰을 보고 있어 무척 놀랐던 적이 몇 차례 있다. 그럴 때면 조용히 불러 앉히고 조곤조곤 조언했다. "휴대폰에 열중하는 만큼 공부해서 친구들에게 너도 공부할 수 있다는 사실을 인식시켜주는 동시에 스스로 긍지와 자신감을 가져 보라."고 말이다.

주위의 지인이나 친구들을 위시해서 대학에서 연을 맺었던 젊은이들이 학창시절 학업에 최선을 다하지 않았을 경우 대부분이 어떤 삶을 꾸리고 있는지 똑똑히 목도(目睹)하고 있다. 그런 맥락에서 걱정하지 않을 수 없다. 오늘날 몹시 어렵고 힘든 세월일지라도 학창 시절에 충실했던 경우는 거의 양지 녘에서 우리 사회의 주류 자리를 꿰차고 유복한 삶을 영위한다. 이들에 대비되던 경우는 안타깝게도 대부분 남이 꺼리는 분야에서 일하며 고달픈 삶을 이어가는 게 부정할 수 없는 사실이다.

삶의 원칙에는 예나 지금이나 조금도 다를 바 없었나 보다. 젊은 이들은 질색하며 손사래를 칠 터이지만 옛 선인들이 이르던 말씀이 불현듯 떠올랐다. 《명심보감(明心寶鑑)》의 〈입교편(立教篇)〉에 나오며 웬만한 경우라면 귀에 못이 박힐 정도로 읊조렸을 법한 내용이다.

"/ 어려서 배우지 않으면(幼而不學 : 유이불학) 늙어서 아는 바가 없고(老無所知 : 노무소지), / 봄에 밭을 갈지 않으면(春若不耕 : 춘약불경) / 가을에 거둘(바랄) 것이 없으며(秋無所望 : 추무소망) / 새벽에 일어나지 않으면(寅若不起 : 인약불기) / 그날 할 일이 없느니라(日無所辨 : 일무소변). /"

이는 일찍이 공자가 설파하기도 했다. 즉 공자가 〈삼계도(三計圖)〉에서 이르기를(孔子三計圖云 : 공자삼계도운) 아래와 같이 일갈하며 바로 연이어 앞에서 얘기한 《명심보감》의 글귀를 그대로 적시하고 있다.

"/ 일생의 계획은 어릴 때 있고(一生之計 在於幼 : 일생지계 재어유) / 일 년의 계획은 봄에 있으며(一年之計 在於春 : 일년지계 재어춘) / 하루의 계획은 새벽에 있다(一日之計 在於寅

: 일일지계 재어인) /"

손주의 방황을 눈여겨보면서 《장자(莊子)》의 〈추수편(秋水篇)〉에서 나오는 '가는 붓 대롱으로 하늘을 본다.'는 관견(管見)이라는 말이 문득 떠올랐다. 붓 대롱을 통해 보는 세상은 좁기만 할 터이다. 아직 어린아이가 바라보는 세상은 극히 일부로 편협하고 현실을 곡해해 왜곡된 내용을 진실로 착각할 개연성이 다분하다. 그런 아이에게 세상은 무변광대(無邊廣大)하고 배움이란 시작은 있어도 끝이 없어 일생을 두고 도전해야 할 명제임을 바로 인식시켜 바른길로 이끌 수 있을까. 그렇다고 이것만이 좋다는 편견을 고집한다든가 저것만이 귀하다는 아집에 싸여 강제로 이끌려는 집착에 얽매여 강요할 생각은 추호도 없다.

나무를 심고 가꾸는 일을 업으로 하는 독림가(篤林家)들도 공자의 얘기를 패러디(Parody)시킨 말을 주문(呪文)처럼 이르고 있다.

" / 하루의 계획은 새벽에 하고(一日之計在於晨 : 일일지계재어신) / 일 년의 계획은 봄에 하며(一年之計在於春 : 일년지계재어춘) / 평생의 계획은 나무 심는데 있다(平生之計在於樹 : 평생지계재어수) /".

이 얼마나 정곡을 꿰뚫는 간파인가. 아울러 이 또한 어린 손주에게 한 치도 어긋남이 없이 원용할 가치가 있는 내용이다. 선현들이 이렇게 일렀다.

" / 얻었다 한들 원래 있었던 것이요(得之本有 : 득지본유) /
잃었다 한들 원래 없었던 것이다(失之本無 : 실지본무) /"

이런 취지에서 작은 하나하나에 일희일비하지 않고 큰 틀에서 손주가 바른길을 가도록 묵묵히 손을 잡아주고 싶다. 하지만 뾰족한 묘책이 떠오르지 않아 막막하고 답답해 가슴앓이를 거듭하고 있다. 이런 터수에 일생 동안 책과 함께했던 내가 과연 젊은이들의 학문 연마에 올바른 길라잡이를 했었는지 엄청 헷갈린다. 손주 하나도 제대로 이끌지 못하는 주제에 지난날 젊은 지성들의 교육을 맡았었다는 사실에 마음이 더더욱 편편치 않다*.

* 그런 손주가 2025년 3월 현재 고등학교 3학년이다. 고등학교 입학해 1, 2, 3학년 동안 줄곧 자기 반의 반장으로서 정상적인 활동을 하고 있으며 공부는 여전히 보통 수준이다.

2022년 8월 23일 화요일

목화를 되새김

경남 산청(山淸)의 목면시배유지(木綿始培遺址)*를 다녀왔다. 어릴 적에 목화 농사를 재배하던 과정을 넘겨다 봐왔다. 기성 제품이 없던 시절에 대가족의 의복과 솜이불 문제 해결을 위해 불가피한 대응이었다. 그 때문에 자연스럽게 농사를 지어 거둬들인 목화의 씨를 빼고 활로 타서 솜을 만들거나 물레로 실을 뽑아 베를 짜는 과정을 지켜봤던 터라서 눈에 익었다. 하지만 뇌리에 하찮은 존재로 각인 되었을 뿐 애착을 갖거나 가까워질 계기가 없어 점점 가물가물해지고 있었다. 이런 시점에서 목화를 다시 돌아보는 절호의 기회가 주어졌으니 축복이다.

목화씨를 파종하기 전에 반드시 물이나 오줌을 뿌려 축축해진 재(灰)에 며칠 묻어 두었다. 이상해 물어봤더니 그리해야 싹이 잘 튼다고 했다. 당시는 몰랐으나 오늘날 학자들은 그를 증명해줬다. 목화씨를 곧바로 파종하면 씨껍질을 둘러 사고 있는 단단한 지방 성분 때문에 발아(發芽)되지 않는다. 씨앗을 축축하게 젖은 재에 묻어 두는 것은 지방 성분을 녹여내는 과정이라는 설명이다. 이는 결코 과학적인 증명의 결과가 아니다. 그 옛날 농민들은 누군가가 가르쳐주지 않아도 구전(口傳)되거나 장구한 세월에 걸쳐 축적된 경험을 바탕으로 자연적인 제약을 슬기롭게 극복해 나갔던 단면을 보여주는 명징한 징표이다.

목화는 면화·목면·양화(涼花)·초화(草花) 등으로 불린다. 여러 품종이 있으나 해도면(G. barbadense)·육지면(G. hirsutum)·인도면(G. arboreum)· 아시아면(G. herbaceum : 한국·이란·중국·일본) 등을 열거할 수 있다. 산청군의 목면시배유지'라는 리플렛(Leaflet)에 따르면 목화의 생장 과정은 이렇다. "파종해 발아한 뒤 2주 지나면 떡잎이 3~4개 나오고, 4주가 되면 가지가 생기며, 10주가 되면 개화가 시작되고, 18주가 되면 다래가 생기며, 23주가 되면 솜이 터진다"고 한다.

사전에서 정의하는 면화의 종합이다. '아욱과의 한해살이 또는 목본성(木本性) 작물로서 원줄기의 높이가 60~150cm 정도이며 잔털이 있고 곧게 자라면서 분지(分枝)가 된다. 잎은 어긋나고 가을에 흰색 혹은 누런색*의 오판화(五瓣花)*가 잎겨드랑이에서 핀다. 열매는 삭과(蒴果)*를 맺으며 씨는 검고 겉껍질 세포가 흰색의 털 모양 섬유로 변한다. 솜털을 모아 솜을 만들고 씨에서 기름을 짜 면실유(棉實油)라고 하여 식용유 혹은 샐러드유로 이용되며 참치 통조림(2000년대 초중반까지)을 채웠던 기름'이다.

목화가 들어오기 이전에 우리 조상들의 옷감은 기껏해야 삼베나 모시를 비롯해 갈포* 혹은 모피였다. 제대로 가공되지 않았을지라도 동물 가죽 즉 모피는 좀 나은 편이었지만 삼베나 모시로 만든 옷을 겹겹으로 입어도 엄동설한에 동사(凍死)하는 경우가 줄줄이 이어졌을 것이라는 예단은 어렵지 않다. 햇볕이나 겨우 가리던 움막이나 다름없던 집에서 여름용 삼베나 모시옷으로 겨울을 견뎌내며 기근(飢饉)에 허덕이다가 동사 혹은 아사(餓死)하는 경우가 오죽이나 많았을까. 이런 열악한 상황에서 온 백성이 차별 없이 겨울을 따뜻하게 보낼 목화를 보급해 준 문익점 선생이야말로 구세주나 다름없다. 따라서 오늘날에 비유한다면 메시아이며 구원자의 역할을 했다.

대략 오전 11시쯤 목면시배유지에 도착해 현지에 거주하며 시인이자 해설사인 L 님의 해박한 해설을 한 시간 이상 들으며 공부했다. 기념관 쪽을 향한 대문을 들어서니 정면 너른 잔디밭 좌우에 선생을 기리기 위해 판박이 같은 비(碑) 두 개가 쌍둥이처럼 서 있었다. 비문의 내용만 달랐다. 좌측이 삼우당 유허비(三憂堂 遺墟碑)이고 우측이 면화시배사적비(綿花始培事蹟碑)였다. 길을 따라 왼쪽으로 다가가니 기념관이었다. 목화 파종에서 베를 짜는 과정까지의 모형 자료를 비롯해 우리 옷의 발달 과정과 일종의 노동요(勞動謠)인 물레노래나 베틀 노래를 채집해 전시하고 있었다.

해설사의 안내가 끝나고 전시관 왼쪽의 목화밭을 지나 가장 안쪽에 이르니 고려 우왕(禑王)이 문익점 선생을 기리기 위해 고향 동네에 내렸다는 '孝子里'(효자리)라고 세로로 새긴 효자비 위에 세운 효자비각(孝子碑閣), 조선 시대 세종대왕이 국화를 들여온 문익점 선생의 공덕을 높이 평가하여 부민후(富民后)에 봉했다. 이를 기리기 위해 나라에서 7칸(間)의 집을 지어 부민각(富民閣)이라 했다. 이 부민각과 효자비각이 사이좋게 이웃에 자리하고 있었다.

아무리 생각해도 문익점 선생은 엄청난 선구자이거나 바보다. 왜냐하면, 중국 원(元)나라 사신(書狀官 : 서장관)으로 가서 신변 위험을 무릅쓰고 붓 대롱에 목화씨를 숨겨 들여왔기 때문에 보통 사람이라면 이렇게 하지 않았을까. 남모르게 자기 밭에 가꿔 거둬들여 시장에 내다 팔거나 물물 교환을 해 떼돈을 벌어들이든지 아니면 씨앗 장사로 대박을 터뜨려 발에 흙을 묻히지 않고 살려고 획책을 했으리라. 아니면 요즘 종묘회사처럼 로열티(loyalty)를 받아 하루아침에 거부가 될 수도 있었으리라. 그럼에도 아무 조건 없이 만백성 모두가 재배해 따스한 옷을 만들어 입거나 이불을 만들어 따스하게 잠을 잘 수 있는 천지개벽의 길을 활짝 열어주었다. 그런 마음 씀씀이가 어느 임금보다도 크고 넓어 역사상 가장 위대한 업적을 남긴 선구자요 열린 사상가라는 생각이 들었다.

나는 음치·박치·몸치라서 노래와 담을 쌓고 산다. 그런데도 이상하게도 목화하면 미국의 흑인 민요 가수인 하디 레드베터(Huddie Ledbetter)가 미국 남부 목화밭의 힘들었던 추억을 그리워하는 노래로서 다음과 같이 시작되는 목화밭(cotton fields)이

먼저 떠오른다.

"/ 우리가 조그만 갓 난 아이였던 무렵 / 엄마가 요람에 넣고 달래 주었지요....../"

그런가 하면 우리나라 가수 중에 '하사와 병장'이 부른 목화밭으로 자연스럽게 떠오름은 어디에 연유하는지 당최 헷갈린다.

"/ 우리가 처음 만난 곳도 목화밭이라네 / 우리가 서로 사랑한 곳도 목화밭이라네 / 밤하늘에 별을 보며 사랑을 약속하던 너....../"

우리의 생활문화를 확 바꿨을 목화이다. 그렇다고 사랑을 속삭이거나 서정의 대상은 아니었다. 목화에 얽히고설킨 사연은 한과 시름이 압도적이다. 미국의 남부 목화밭에서 일하던 흑인 노예를 비롯해 그 옛날 우리의 젊은 여인네들이 그랬다. 가난과 모진 시집살이를 숙명처럼 받아들여야 했던 봉건시대에 얼마나 많은 젊은 며느리들이 좌절했을까. 물레 앞에 앉아서 서러움과 한을 속으로 삭이면서 실을 뽑고, 긴긴 시간 베틀 위에 앉아 한 올 한 올 베를 짜며 필설로 형용키 어려운 괴로움을 곱씹었으리라. 그런 고뇌와 고된 노동의 아픔을 풀어냈기에 수심가(愁心歌)를 빼닮은 가락이 오늘날 구전되는 물레노래이고 베틀 노래일 게다. 한이 겹겹이 응축된 가락에서 무수한 할머니와 어머니들이 토해내는 절절한 하소연의 환청이 들리는 것만 같다.

* 목면시배유지(木綿始培遺址) : 국가사적 제108호로서 '경남 산청군 단성면 목화로 887'에 자리하고 있다.

* 목화꽃 : 초기에 흰색을 띠다가 시간이 지남에 따라 분홍색으로 변한다. 낙화(落花) 직전에는 붉은빛이 많이 감도는 분홍색 꽃이 된다.

* 오판화(五瓣花) : 꽃잎이 다섯 장인 꽃으로서 무궁화·복숭아가 그 예이다.

* 삭과(蒴果) : 익으면 과피(果皮)가 말라 쪼개지면서 씨를 퍼뜨리는, 여러 개의 씨방으로 된 열매. 심피(心皮)의 등이나 심피 사이가 터져서 씨가 나오는데, 세로로 벌어지는 것에 나팔꽃, 가로로 벌어지는 것에 쇠비름, 구멍을 벌리는 것에 양귀비 따위가 있다.

* 갈포(葛布) : 칡 섬유로 짠 베로서 서민의 옷감이나 양반들의 상복(喪服)을 만듦

현대작가, 제14호, 2022년 12월 14일
(2022년 9월 5일 월요일)

죽림쉼터에서 말부조

어제 창녕 남지에 있는 개비리길의 죽림쉼터에서 같은 길을 걷고 있는 도반들에게 말부조를 조금했다. 여남은의 글밭지기들과 함께 나선 여정으로 초가을 정취를 온몸으로 느끼며 무더운 여름내 지친 심신의 치유(healing)를 위해 나선 나들이였다. 어렵사리 마련된 자리에 의미를 부여하고 싶다며 말부조를 해줬으면 좋겠다는 청을 내치기 어려워 받아들였지만, 무척 어려운 화두였다. 오늘 찾은 개비리길은 창녕군 남지의 신전리 영아지마을에서 용산리까지 낙동강가의 가파른 절벽 비탈을 따라 생긴 위험한 초로(樵路)*를 방불케 하며 6.4km 정도로서 걷는데 대충 2시간 반 정도 소요된다는 안내였다.

창녕 땅을 가로지르며 유유히 흐르는 낙동강이 산자락을 옆에 낀 경우가 많기 때문일까. 창녕에는 이방면 덤말리 개비리길, 등림 개비리길, 유어면 이이목 개비리길, 남지 개비리길, 부곡면 임해진 개비리길 등 자그마치 5개의 개비리길이 있다는 귀띔이다. 이들 중에 하나와 오늘 조우했다.

남지 개비리길은 낙동강과 남강이 합수(合水)되는 두 물 머리인 용산 마을에서 시작된다. 낙동강 변의 가파른 비탈 벼랑을 따라 구불구불 이어지는데, 여기에 담긴 전설이다. 아주 오랜 옛날 영아지 마을에 살던 황 씨 노인이 기르던 누렁이가 새끼 11마리를 출산했다. 그중에 한 마리가 조그마한 조리쟁이*였다. 이들 강아지 중에 건강한 10마리는 장에 내다 팔고 조리쟁이는 집에 남겨 둔 채 돌봤다. 그러던 중에 고개 너머로 시집간 딸이 친정에 와서 자기가 기르겠다면서 데려갔다. 딸이 데려간 뒤 며칠이 지난 어느 날 어미인 누렁이가 험한 고개와 비탈길을 넘어와서 조리쟁이에게 젖을 먹이고 있어 무척 놀랐다. 그 후에도 눈비가 내리거나 덥고 추운 날씨를 가리지 않고 매일 찾아가 젖을 먹여 사람들을 감동시켰다. 하도 신기하여 사람들은 누렁이가 어떤 경로로 찾아오는지 뒤를 몰래 밟아 봤더니 낙동강 변을 따라 길게 뻗은 비탈의 벼랑으로 오갔다는 사실을 알게 되었다. 이를 확인한 뒤 사람들은 높은 고개를 넘어가는 대신에 누렁이(개)가 다녔던 벼랑(비리)으로 다님으로써 개비리라는 길 이름이 탄생했다는 전설이다.

그런가 하면 개비리에서 개는 물가 즉 갯가인 '개(浦)'이고, 비리는 '벼랑'을 뜻한다는 견해도 있다. 어느 전설이 옳고 그른지에 대한 판단은 내 역량 밖의 일이다. 한편 개비리길의 인근은 임진왜란 때 곽재우 장군이 이끌던 의병들이 육지에서 첫 승리를 거둔 기음강(岐音江) 전투가 벌어졌던 전장이란다. 게다가 6.25 전쟁 때 최후의 방어선으로 아픈 상흔이 새겨진 한 많은 역사의 현장이기도 하다.

신전리 영아지마을에서 출발해 대략 30분 정도 강변의 가파른 비탈의 벼랑길을 터덜터덜 걷다 보니 죽림쉼터에 다다랐다. 하늘을 향해 쭉쭉 치솟은 대숲에 말문이 막혔다. 청청한 기상을 내뿜으며 곧은 절개를 자랑하듯 촘촘히 들어서 밝은 대낮인데도 어둠침침한 그늘이 드리워져 갑자기 다른 행성에 불시착한 기분이었다. 정신을 가다듬고 한 바퀴 둘러보니 현재의 죽림쉼터는 여양진씨(驪陽陳氏)들의 묘사(墓祀) 재실(齋室)인 회락재(回樂齋) 앞의 묘전지(墓田地)였다는 안내판이 보였다.

일제 강점기 이전에 남지에서 의령이나 합천으로 가는 유일한 길이었다. 그런데 일제 강점기에 우회하는 신작로가 개설되면서 개비리길의 존재 가치를 잃었다. 그 후 최근에 4대강 사업이 추진되며 주변의 개발과 함께 개비리길이 세상에 널리 알려지면서 2015년 대숲이 죽림쉼터로 새롭게 조성되었다.

죽림쉼터 한쪽에 수령 100년이 넘는 팽나무 연리목이 눈길을 끌었다. 당나라 시인 백거이는 현종과 양귀비의 사랑을 노래한 장한가(長恨歌)에서 이렇게 읊조렸다.

> " / 하늘에 나면 비익조가 되고(在天願作比翼鳥 : 재천원작비익조) / 땅에서는 연리지가 되리라(在地願爲連理枝 : 재지원위연리지) /"

여기서 비익(比翼)과 연리(連理)는 남녀가 떨어질 수 없는 결합의 형상을 뜻한다. 이 연리지에 연인이나 부부가 사랑을 빌면 성취되고, 자녀의 효심을 깊게 해준다고 믿어 상서롭게 여겨왔다. 두 그루의 나무가 맞닿아 세월이 지나며 하나의 몸체로 변하는 현상이 연리(連理)이다. 다른 나무줄기가 하나로 합쳐짐을 연리목(連理木), 다른 나뭇가지가 하나로 이어지면 연리지(連理枝), 땅속의 나무뿌리가 서로 연결되면 연리근(連理根)이다. 이 연리는 같은 종류의 나무끼리만 발생하며, 종류가 다른 나무 사이에는 발생하지 않는다.

죽림을 천천히 둘러보고 강가 쪽에 지은 팔각정에 돗자리를 펴고 둘러앉아 김밥으로 점심을 해결하며 이런저런 얘기를 나눈 뒤 말부조를 했다. 글을 쓰는데 역발상은 자기만의 고유한 색깔과 목소리를 담을 참된 기회가 될 수 있다는 취지의 얘기를 했다. 하늘에 옅은 구름이 덮혀 가을 햇살의 부담이 없었다. 하지만 무척 아쉬웠다. 죽림쉼터에서 출발지로 되돌아 나와 다음 목적지로 옮겨야 했던 일정 때문에 6.4km의 길 전체를 걸어보지 못했기 때문이다. 중도에 되돌아온 아쉬움을 채우기 위해 머지않아 다시 찾을 참이다.

* 초로(樵路) : 나무꾼들이 나무하러 다녀서 생긴 좁은 산길.

* 조리쟁이 : '못생기고 작아 볼품이 없다'를 뜻하는 토박이말 즉 방언이란다. 아마도 무녀리처럼 작고 못생긴 새끼를 이르는 말로 여겨진다.

2022년 9월 26일 월요일

뇌물 이야기

뇌물 얘기다. 사전에 따르면 '어떤 직위에 있는 사람을 매수하여 사사로운 일에 이용하기 위하여 넌지시 건네는 부정한 돈이나 물건'으로 정의하고 있다. 예로부터 뇌물을 경계하라고 수없이 경고하고 있지만 끈질긴 독버섯처럼 음습한 뒷구멍(back door)으로 아주 은밀하게 주고받는 게 보편적인 거래 형태이다. 이는 사회 정의나 도덕률을 비웃는가 하면 끈질긴 생명력을 자랑하며 아직도 암암리에 부정한 거래를 획책하고 있다. 떳떳하지 않은 속성 때문인지 때로는 선물의 탈을 쓰고 때로는 떡값 또는 조건 없는 돈이라는 그럴듯하게 왜곡 포장되는 경우가 비일비재하다.

뇌물은 인류의 역사와 함께 해왔다. 실제로 오늘날뿐 아니라 그 옛날에도 성행했다. 오래 전 중국에서 그럴듯한 말로 포장되었던 기발한 이름의 예이다. 주는 쪽이나 받는 이 모두 떳떳하지 못함을 알기 때문에 미명(美名)을 붙여 관행처럼 주고받았던 게 아닐까. 당시에 뇌물의 이름을 다음처럼 미화시켜 놓고 노골적으로 건넸던 것 같다.

" / 추운 겨울 따스하게 보내라'는 뜻으로 그럴듯하게 포장하여 탄경(炭敬) / '무더운 여름 시원하게 지내시라'는 뜻을 빙자하여 빙경(氷敬) / '명절 잘 보내시라'는 대외 명분을 앞세워 절경(節敬) / '고위 공무원의 임지가 바뀌었을 때 이사 잘 가시라'는 핑계를 둘러대고 별경(別敬) /"

이런 영향 때문이었을까. 해방 이후 지난 60년대 초까지도 유력 공무원들이 다른 지역으로 전근할 때 지역 유지들이 십시일반으로 돈을 거둬 전별금(餞別金)이라는 명목으로 사실상의 뇌물을 전달하기도 했었다. 요즘 그런 경우가 전혀 없으니 세월 따라 많이 정화된 게 분명하다.

일생을 벼슬길에 나섰거나 권력을 쥐어본 적이 없던 때문일 게다. 여태까지 뇌물의 유혹 때문에 큰 고민을 거듭하거나 마음이 흔들렸던 적이 없으니 이를 다행이라고 해야 할까. 그렇지 않으면 별 볼 일 없는 삶을 깊이 반성하는 게 격에 어울릴까. 하지만 작을지라도 시험대에 올랐던 적이 몇 차례 있었음을 뒤늦게 고백하련다.

먼저 선거에 얽힌 일화이다. 지난 80년대 이야기다. 그때까지도 암암리에 고무신 혹은 막걸리로 상징되던 타락한 선거가 자행되었었다. 그런 사회적 분위기 때문인지 국회의원 선거에서 지역구마다 '○○억이면 떨어지고(낙선이고) ○○억이면 당선'이라는 말이 공공연하게 떠돌던 시절이었다. 그 시절 아파트 1층에 살았는데 어느 날인가 귀가했는데 베란다에 치약과 비누 세트와 유력 정치인 명함이 있었다. 그다음 날인가는 거의 흡사한 선물이 다른 후보 명함과 함께 있었다. 며칠 기다렸다가 해당 선거사무실로 전화해 그 물품 찾아가라고 해도 쇠귀에 경 읽기로 묵묵부답이었다. 화가 나서 항의 서한과 함께 우편으로 반송했음에도 어찌 된 일인지 이렇다 할 반응이 없어 거기에서 멈추고 말았다. 이는 지금도 기억에서 지워지지 않는 씁쓸한 기억이다.

언젠가 공공기관의 대단위 프로젝트 제안서의 평가위원으로 참여했던 적이 있었다. 어느 날 집에 들어서니 선물 꾸러미 하나가 현관 구석에 동그마니 놓여 있었다. 괴이해서 물었더니 아내의 대답은 이러했다. “보낸 사람이 분명치 않아 내가 귀가해 확인할 때까지” 밀쳐 둔 것이라는 얘기였다. 자세히 살폈다. 보낸 이는 명확하지 않고 보낸 곳은 유명 백화점이었다. 밤이 늦어 다음날 백화점 개장시간에 맞춰 전화를 걸었다. 처음엔 보낸 이를 밝히지 않으려고 여러 핑계를 댔다. 이 상품을 즉시 반송하겠다고 강경하게 나갔더니 보낸 이의 연락처를 알려주었다.

전화가 이어져 확인하는 과정에서 공공기관 프로젝트 입찰에 참여한 회사의 간부로서 이전에 다른 인연으로 몇 차례 얼굴을 맞대며 수인사를 나눴던 사람이었다. 직설적으로 내게 보낸 상품을 회수해 가지 않으면 보관했다가 심사 당일 여러 심사위원과 해당 기관 책임자 앞에서 공개하겠다고 으름장을 놨다. 그렇게 방방 뛰었더니 슬그머니 꼬리를 내려 아무런 탈 없이 마무리되었다.

그 선물 꾸러미 속에 무엇이 들어있었는지 지금까지도 궁금하다. 왜냐하면, 보낸 이가 나를 몇 푼어치 인간으로 평가했을까. 기왕이면 헐값보다는 비싸고 좋은 게 들어있었으면 좋았을 터인데. 그만큼 높게 평가했다는 증좌일 수도 있기 때문이다.

씁쓸한 또 하나 경험의 회상이다. 또 다른 공공기관 시스템 구축 프로젝트 제안서 심사위원에 참여했을 때의 일이다. 1차 심사를 마치고 2차 심사에 들어가기 며칠 전에 골프채 한 세트가 배달되었다. 이번에도 보낸 이는 표기되어 있지 않고 골프채 판매상 전화번호만 있었다. 뭔가 떳떳하지 못한 사연이 있는 게 틀림없었다. 주위에서 골프의 '골'자도 모르는 숙맥에게 골프채를 보낼 지인이 없었다. 보낸 곳에 전화로 강력히 항의하는 법석을 피운 끝에 보낸 곳이 공공기관 시스템 구축 제안에 참여한 업체임을 알아냈다. 당장 반송 조치하지 않으면 신고하겠다고 야단을 쳤더니 번개같이 회수해서 해프닝으로 마무리했다. 그런데 신기한 것은 엉뚱한 짓을 했던 쪽들은 심사위원들의 평가에서 모두 탈락했던 것으로 기억되는데 그런 결과는 사필귀정이 아니었을까.

골프채에 얽힌 일화 하나이다. 지난 80년대 초 미국에 갔을 때의 일이었다. 로스앤젤레스(LA)에 거주하던 손아래 동서가 공항까지 골프채 한 세트를 싣고 와 가져가서 골프를 배우라고 했다. 소용이 닿지 않는다는 결론에 이르러 결연하게 퇴자를 놓고 미련 없이 귀국한 위인이 바로 나이다. 또 다른 일화이다. 대학원에서 지도했던 제자가 언젠가 골프채 한 세트를 보내왔었다. 소용없다며 단호하게 돌려보낸 적도 있다. 믿기지 않을지라도 나는 여태까지 골프장 정문 안쪽으로 발을 내디뎠던 적이 전혀 없는 문외한이다.

앞에서 언급했던 백화점의 선물 꾸러미나 골프채 세트를 보냈던 이들에게 공통으로 했던 얘기이다. 뇌물을 주려면 소인배처럼 좀스럽게 하지 말고 내 일생을 먹고 살 만큼 준다면 눈 질끈 감고 받아들이는 동시에 당신들의 원하는 이상의 보답을 해줄 각오가 되어있다. 따라서 그런 수준이 아니면 사람 우습게 얕보는 결례를 범하지 말라고 엄포를 놓기도 했었다.

아무리 대중없이 엄벙덤벙 삶을 꾸렸을지라도 '매화는 일생을 춥게 살아도 향을 팔지 않는다.'는 매일생한불매향(梅一生寒不賣香)이 무슨 뜻인지 어렴풋이 꿰뚫고 처신해왔다. 그럼에도 불구하고 아직도 아리송해 헷갈리기 때문에 갈팡질팡하는 경우가 더러 있다. 제자들이 쥐어주는 선물 티켓(ticket)을 위시해서 대접하는 식사는 앞뒤 재지 않고 덥석덥석 받아들이다가도 그런 마음을 떨쳐내기 어렵다. 이런 보편적인 정리(情理) 앞에서 선물과 뇌물의 경계를 과연 천칭(天秤) 저울처럼 정확히 가름할 수 있을까.

2022년 11월 15일 화요일

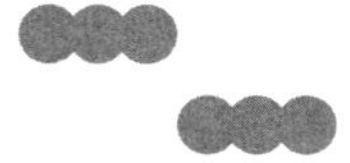

말과 글의 되새김

새삼스럽게 말과 글을 생각한다. 본디 같은 뿌리이지만 생각이나 느낌을 혀(舌)를 통해 소리로 나타내면 말(言)이 되고, 손끝을 통해 글자로 풀어내면 글(文)이다. 이들은 부리는 이의 인품을 있는 그대로 드러내는 투명한 거울로서 천(千)의 얼굴 다양한 모습을 드러내기 때문에 세상을 바꾸는 단초가 되거나 씻을 수 없는 재앙이나 화를 불러오는 단초가 되기도 한다.

말과 글은 화자(話者)나 필자(筆者)의 생각이나 철학이 곧이곧대로 투영하는 도구이기 때문에 곧바로 그들의 품위를 가늠하는 잣대가 되기도 한다. 예로부터 현재에 이르기까지 그들 때문에 설화(舌禍)·필화(筆禍)를 겪으며 고초를 당하다가 역사의 뒤안길로 소리 없이 사라졌던 사람들이 부지기수이다. 옛날에는 이들로 인한 다툼으로 화가 미칠 위기에 직면하면 사실무근이라고 딱 잡아떼거나 글의 맥락이 왜곡되었다고 둘러대며 발뺌하기 일쑤였다. 이에 비해 오늘날 각종 디지털 매체에 표정은 물론이고 숨소리를 비롯해 글의 경우 토씨 하나까지 원문(原文) 그대로 녹화되어 궁색하게 변명을 하는 비루한 꼬락서니가 되레 측은하고 인격이나 됨됨이까지 바로 보이지 않는다.

사람이 어렵고 힘든 세월엔 언행을 매우 조심하기 때문에 별문제가 없다. 그렇지만 그릇의 크기에 비해 과도하게 이루거나 하찮은 권력이라도 손에 쥐면 말과 글은 거칠어져 정제되지 않은 채 마구 쏟아내게 마련이다. 그런 경우를 상정해서 《맹자(孟子)》의 〈진심장구(盡心章句)〉를 통해 다음과 같이 경고했던가 보다.

"/ 궁하다고 의를 저버리지 말고(窮不失義 : 궁불실의) / 뜻을 이뤘다고 도를 벗어나지 말라(達不離道 : 달불이도) /"

또한, 그 옛날 중국의 당나라가 망하고 송나라가 통일할 때까지 흥망 했던 열 개의 나라 중에 다섯 왕조(後唐·後梁·後周·後晉·後漢) 여덟 성씨(姓氏) 열한 명의 군주(五朝八姓十一君 : 오조팔성십일군)를 모셨던 정승인 풍도(馮道)는 이런 〈설시(舌詩)〉를 남기면서 경고했다. 그런데 아이러니하게도 조선 시대 폭군 연산이 만들었던 〈신언패(愼言牌)*〉에 이 시구(詩句)가 들어가 있다. 한편 이 같은 말의 주요성 때문에 불교에서는 이르는 신구의(身口意) 3업(三業) 중에서 구업(口業)이 가장 큰 업이라고 일깨웠는가 보다.

/ 입은 재앙을 불러들이는 문이요(口是禍之門 : 구시화지문)
/ 혀는 몸을 자르는 칼이니(舌是斬身刀 : 설시참신도) / 입을

닫고 혀를 깊이 감추면(閉口深藏舌 : 폐구심장설) / 어디에 머물던 일신이 평안하리라(安身處處牢 : 안신처처뢰) /

말과 글은 별 차이가 없어 보일지 모른다. 곰곰이 생각할 때 두드러진 차이가 엄연히 존재한다. 말이란 그때그때 생각에 따라 입으로 내뱉는 관계로 감정이 격해지거나 화가 머리끝까지 치밀 경우 생각과 다르게 튀어나올 개연성 때문에 거친 표현의 위험성이 도사리고 있다. 그래도 도를 넘거나 패륜적인 언사가 허용되지 않아 설화를 겪었던 경우가 수없이 많다. 말에 비해 문자로 풀어내는 글은 이런저런 과정을 거치면서 퇴고(推敲)를 통해 지나치거나 부적합한 내용을 걸러낼 여지가 있다. 그럼에도 다툼의 소지가 다분한 편파적인 글을 거리낌 없이 발표해 놓고 궁지에 몰리면 악의적 왜곡 혹은 편집 운운하며 군색(窘塞)하게 책임을 회피하려 기를 쓰기도 한다. 그렇게 말이나 글 갈망을 제대로 못 해 앞뒤가 맞지 않는 말을 이기죽대는 책상물림들을 보면 역겨워 구역질이 절로 난다.

엎질러진 물처럼 한번 입 밖으로 나온 말이나 공표된 글은 다시 거둬들일 수 없다. 이런 이유에서 신분의 높고 낮음, 배움의 많고 적음, 빈부의 차이를 막론하고 모두가 신중해야 한다. 왜냐하면, 무심코 내뱉은 한마디 말이나 한 줄의 글이 누군가에게는 씻을 수 없는 아픔이나 상처가 될 수 있음을 직시해야 한다. 아울러 언젠가는 그들이 부메랑이 되어 자기 자신을 꽁꽁 옭아맬 포승줄이 될 수도 있음을 간과하는 어리석음을 범하지 않아야겠다.

정치적이거나 신념적인 연유가 아니면 됨됨이나 성품이 출중한 이들이 화를 겪는 경우가 극히 드물다. 보통 사려가 깊지 못하고 충동적인 측면이 강해 세류에 휩쓸려 아부를 일삼거나 치졸한 부류들이 권력의 맛에 도취되거나 경박한 부(富) 앞에서 기고만장해 배설하듯 함부로 쏟아낼 때 설화나 필화가 발생하게 마련이다. 몇 해 전부터 정치인들이나 언필칭 학자들이 무분별하게 쏟아냈던 말과 글에서 그런 예를 하도 많이 봐 오며 면역이 생겨 웬만해서는 눈도 끔쩍하지 않을 정도로 무뎌진 신경을 치료받아야 하는 게 아닐까.

* 〈신언패(愼言牌)〉 : 조선 시대 폭군 연산이 자기를 험담하는 신하들이 많다는 것을 눈치채고 신하들에게 나무로 만든 패(牌)를 목에 걸고 다니도록 명을 내린 패이다. 이 패에 새겨진 글귀가 바로 '口是禍之門 舌是斬身刀(구시화지문 설시참신도) '인데, 이렇게 신하들 입에 재갈을 단단히 물림으로써 폭군의 면모를 유감없이 드러냈다.

* 신구의(身口意) 삼업(三業) : 불교의 핵심 사상 중에 업(業)과 윤회(輪迴)가 있다. 여기서 업은 사람이 의도를 가지고 하는 행위를 뜻한다. 그런데 행위는 몸(身)으로 나타내는 행위, 말(口)를 나타내는 행위, 정신적(意)으로 나타내는 행위 등 3 종류로 구분된다. 이를 신구의 3업이라고 한다.

월간문학, 2023년 4월호(Vol. 650), 2023년 4월 1일

(2022년 12월 21일 수요일)

계묘년은 쌍춘년

계묘년(癸卯年)은 쌍춘년(雙春年)이다. 여기서 분명히 짚어야 할 계묘년이라는 개념 자체가 십이간지(十二干支)를 바탕으로 생성되었기 때문에 음력(陰曆)을 뜻한다. 그러므로 음력으로 계묘년이 쌍춘년인 까닭에 양력과는 전혀 상관없다. 한편 쌍춘년이란 '한 해에 입춘(立春)이 두 번 들어있는 경우'를 의미하며 쌍춘절(雙春節)이라고도 칭한다.

쌍춘년이 발생하는 이유는 윤달(閏_ : 閏月)* 때문이다. 일반적으로 음력으로 한 해는 354일이다. 윤달이 드는 해에는 354일에 한 달이 추가되기 때문에 384일이 된다. 한데, 계묘년에는 2월에 윤달이 들어있다. 따라서 실질적으로 계묘년은 다음과 같다. '양력으로 2023년 1월 22일(음력 1월 1일)에 시작되어 양력으로 2024년 2월 9일(음력 12월 30일)'까지이다. 여기서 계묘년엔 입춘을 두 번 맞게 되는 이유가 발생한다. 왜냐하면, 양력으로 2023년 2월 4일(음력 1월 14일)에 첫 번째 맞는다. 이어서 양력으로 2024년 2

월 4일(음력 12월 15일)에 두 번째를 맞는다. 이를 양력의 관점에서 보면 해가 바뀌었지만(2023에서 2024년으로), 음력의 관점에서 볼 때 같은 해(계묘년)에 1월 14일과 12월 15일에 각각 입춘이기 때문에 결국은 한 해(계묘년)에 두 번을 맞는다.

전문가들에 따르면 쌍춘년은 극히 드물게 온다고 한다. 이렇게 오는 귀한 해이기 때문일까. 예로부터 중화권의 나라인 중국이나 대만을 비롯해 홍콩 등에서는 쌍춘년에 혼인하면 백년해로의 축복이 내린다는 속설에 따라 길하고 상서로운 해로 여긴다. 우리의 경우 다양한 자료를 찾아봐도 눈에 띄는 기록을 찾기 어려웠다. 하지만 예식업계에서는 이런 심리를 교묘하게 파고드는 상술로 부추겨 활성화를 꾀해 한몫 잡으려는 조짐이 여기저기에서 감지되고 있다.

원래 봄이란 소생과 약동의 계절이기에 꿈과 희망이 가득한 분위기가 혼인과 찰떡궁합을 이룬다는 맥락에서 적령기의 젊은이들을 설레게 만들기 마련일 게다. 이처럼 한 해에 봄이 두 번씩이나 들어있어 축복도 두 배가 되리라고 생각되어 더더욱 귀하고 상서롭게 여겨지리라. 하지만 개인적으로 여태까지 살아오면서 택일을 해서 이사 따위를 했거나 혼인 날짜를 잡았던 적이 없는 관계로 그다지 실감 나지 않은 속설 중의 하나일 따름이다. 그래도 여러 사람이 좋다면 구태여 시시콜콜 따지며 중뿔나게 처신해야 할 이유도 없기에 수굿하게 전해오는 통설을 그대로 받아들이고 있다.

세상이 험해진 까닭일까 아니면 가치관의 변화가 원흉일까. 옛날에는 이혼하면 큰 흠을 가진 사람 취급을 당해 가급적이면 피하려는 분위기가 강했다. 그러나 오늘날엔 잉꼬처럼 다정하던 부부가 어느 날 느닷없이 남남으로 갈라서는가 하면 오랫동안 가정을 잘 꾸려오던 노년층의 황혼 이혼도 놀랄 정도로 증가하고 있다. 그들 모두는 샅샅이 드러내기 민망한 사연이 있을지라도 가정 파탄에 이르는 이혼은 개인적인 입장에서 보면 씻을 수 없는 아픔으로 그 흔적은 영원히 지워지지 않을 것이다. 이런 견지에서 쌍춘년인 계묘년에 혼인하는 경우는 단 한 쌍도 파경(破鏡)*을 맞는 경우가 없었으면 좋으련만. 그렇게 보장만 된다면 이 좋은 해에 결혼하라고 사방팔방에 널리 나팔을 불 터인데.

녹록지 않은 세상을 살아가며 정신적인 위안을 받을 이런저런 속설 중의 하나가 쌍춘년이다. 이를 믿고 따르는 것은 인지상정으로 행여나 미신을 신봉한다고 핀잔을 하거나 탓할 바가 못 된다. 왜냐하면, 사사로운 잇속이나 사(詐)가 낀 경우가 아니라면 순수한 영혼의 믿음을 북돋는 실마리가 되기 때문이다. 거기에 다소의 모순이나 무리가 따르더라도 꼬치꼬치 좁쌀영감처럼 따짐은 공연한 감정 낭비라는 일깨움 때문이다. 여기에 신기한 것은 분명 음력으로 계묘년의 일인데 그런 사실은 슬그머니 뺀 채 양력으로 새해 들어서기 바쁘게 무조건 2023년이 쌍춘년인 양 호들갑을 떠드는데 어이가 없다. 다시 한번 강조하지만 2023년의 쌍춘년은 음력으로 계묘년의 얘기로 양력에는 이런 개념이 전혀 없다. 어찌 되었든지 상서로운 해에 짝을 지어 가정을 꾸리는 경우만이라도 가정 파탄

없이 해로하며 천수를 누리는 축복을 온새미로 누렸으면 좋겠다.

* 윤달(閏_ : 閏月) : 윤년에 드는 달. 달력의 계절과 실제 계절과의 차이를 조절하기 위해서 1년 중의 달 수(數)가 여느 해보다 한 달 많은 해를 이른다. 즉, 태양력에서는 4년마다 한 번 2월을 29일로 하고, 태음력에서는 19년에 일곱 번, 5년에 두 번의 비율로 한 달을 더하여 윤달을 만든다.

* 파경(破鏡) : 파경(破鏡)은 그 옛날 중국의 당(唐)나라 맹계(孟棨)가 지은 《본사시(本事詩)》 〈정감편(情感篇)〉에 처음 나오는 말로서 파경중원(破鏡重圓), 반경중원(半鏡重圓), 반경환원(半鏡還圓), 파경중합(破鏡重合), 경파(鏡破)라고도 칭한다. 지금은 남녀가 헤어지는 것을 의미하는 말로 더 많이 사용되고 있다. 아울러 헤어질 때 나누어 가진 거울을 지니고 있던 부인이 배반하자 까치로 변했다는 이야기의 경화작비(鏡化鵲飛)와 같은 의미로 쓰이고 있다.

현대작가, 제15집, 2023년 3월 6일
(2023년 1월 7일 토요일

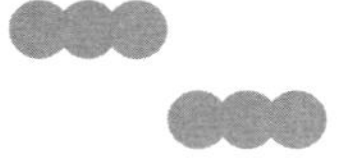

재개된 수필교실

괴질(怪疾)의 행패로 지리멸렬했던 수필 배움 교실을 재개했다. 지난날 수필 공부를 원하는 문우들이 모여 한 해 반 남짓 잘 꾸려 나갔다. 신의 시샘이었을까. 갑자기 지구촌 전체에 신종 바이러스 감염증(코로나19)이 창궐하면서 길고 긴 동면(冬眠)에 들어갈 수밖에 도리가 없었다. 그런 때문에 기회를 엿보다가 지난해 봄 기세가 한풀 꺾이는 듯해서 다시 시작했다. 하지만 예측과 달리 역병이 수그러들지 않아 또다시 개점휴업 상태에서 벗어날 묘책이 없었다. 속수무책으로 허둥대며 지켜보다가 올해(계묘년)의 정월에 이르러서 더는 미룰 수 없다는 판단에서 뜻을 함께하는 문우들이 모여 다시 출발했다.

지난 정월(1월 28일) 열 대여섯의 문우들이 창원의 대원동에 자리한 시와늪 문학관에서 첫 모임을 가졌다. 그날 모임에서 앞으로 매월 셋째 주일 토요일 오전에 2시간씩 공부하겠다는 결정을 할 순간이었다. 아무리 성인들의 배움터라고 해도 시간이 턱없이 부족하다고 판단되어 강력하게 의견을 개진했다.

" / 학업에 전념하는 학생도 아닌 어른들이 매월 2시간 공부해서 무엇을 할 수 있겠느냐면서 형식적으로 명맥을 유지하느니 차라리 과감하게 폐쇄하고 다른 것을 배우라. /"

참여하는 연령대가 50대에서 80대까지이기 때문에 그렇게 운영하면 머릿속에 남는 게 하나도 없어 일반 친목회의 상견례 수준을 벗어날 수 없다고 판단되어 반론을 제기했다. 우여곡절을 거치고 나서 기왕에 할 공부라면 힘들더라도 매월 2회씩 열기로 의견을 모았다. 그렇게 결정하니 강의시간도 필요에 따라 탄력적으로 운영할 여지가 생겼다. 결정 이후 이번 달에 들어와 시험적으로 운영해 본 결과 별다른 무리나 부작용이 없었다.

참여하는 대부분은 이미 등단을 한 시인과 수필가를 위시하여 글에 관심을 가진 초심자들을 망라했기 때문에 연령층도 다양하고 종사해 왔던 생업 또한 다채롭다. 이런 견지에서 볼 때 다양한 세상 경험을 했던 백전노장들의 배움터이다. 산전수전을 두루 겪었던 이들을 이끌어 나가면서 강의를 한다는 것은 자칫하면 도사 앞에 요령을 흔드는 어리석음을 범할 위험성 때문에 어쩌면 본전을 건지기도 어렵다. 그런 상황인데도 재능 기부를 하는 셈 치고 내가 앞장서 강의를 하게 되었다.

참여하는 면면의 일부이다. 산수(傘壽)를 훌쩍 넘기신 E 시조시인은 여성으로 부산 다대포 집에서 새벽에 나서 여러 차례 대중교통(시내버스, 전철, 시외버스, 택시)을 바꿔 타며 3시간 이상 걸려 오전 10시에 시작되는 강의에 참석하신다. 한편 E 시조시인의 지인으로 마산에 거주하는 분이 있는데 부군이 입원 중인데도 불구하고 강의에 참석하신다. 또한, 부산 동래에 살며 이순 안팎쯤으로 어진 어머니 모습의 L 시인은 직접 운전을 하며 오가고 있다. 그런가 하면 포항에 거주는 K 시인은 여성으로서 현직에 근무하면서도 휴일인 토요일마다 이런저런 모임들을 찾는 열혈 여성이다. 아울러 인근 김해에 거주하는 S 수필가는 학원을 운영하면서도 열성이 대단하다. 나머지 참여 문우들의 대부분은 창원 인근에 거주하며 평일엔 남들과 다름없는 직업인으로 시간 내기가 어려울 터임에도 불구하고 알뜰하게 시간을 나눠 활용하는 마음이 넉넉한 멋쟁이들이다.

한가한 한량들의 노변정담(爐邊情談)이나 유한마담들의 사교모임과 격과 결을 달리하며 배움터를 찾는 발길은 진지하다. 결연한 결기를 차분하게 다지는 한편 주어진 짧은 시간 내에 최대한 효율을 제고시킬 교육이 이루어져야 각자가 요구하는 조건을 최대한 충족시킬 수 있다. 소기의 목적 달성 여부에 대한 일차적인 책임은 강의를 이끄는 내 수완과 노력에 달려 있다. 그래서 교육 수요자인 문우들에게 필요한 핵심 내용을 명확하게 교육할 수 있도록 철저한 준비는 필요 불가결한 전제조건이다. 겨우 제대로 된 수업을 겨우 두 차례 마쳤다. 모두가 너무나도 진지하고 의욕이 넘쳐나서 신바람이 나기도 했다. 그러나 한편으로는 원하는 바를 제대로 이룰 수 있도록 이끌 수 있을까 하는 의구심에 심적인 부담이 되기도 했다. 한껏 고조된 분위기를 끝까지 이어나간다면 분명 무엇인가를 이룰 것 같다는 희망적인 생각에 벌써 다음 달의 강의와 진지한 토론이 기다려진다.

대학사회의 교수를 비아냥대던 우스갯소리 중의 하나이다. 대학에 처음 발을 내디딘 풋내기 교수인 전임강사는 강의할 때 '책에 있는 것을 비롯해 자기가 아는 것에다가 세상의 모든 것을 총체적으로 망라해 가르치고', 그보다 조금 오래된 조교수는 '책에 있는 것만 가르치며', 좀 더 경력이 쌓여 능구렁이를 뺨칠 부교수는 '자기가 아는 것만 가르치고', 가장 연륜이 쌓여 이무기를 무색하게 할 교수는 '학생이 아는 것만 가르친다.'는 민망한 얘기가 풍문처럼 돌기도 했다. 경륜이 쌓일수록 교육에 적극적이고 합리적이어야 하는데 그렇지 못한 현실을 신랄하게 비꼰 삐딱한 시선의 따끔한 조롱이었다.

수필교실에 수강자로 참여하는 문우들의 진지한 의욕을 보면서 나이를 앞세워 강의를 적당히 때울 생각은 일찌감치 접었다. 그 대신 젊은이를 능가하는 열정을 바탕으로 더 큰 노력과 연구를 통해서 기대에 부응할 수 있도록 최선을 다할 것이다. 마치 대학에 갓 자리를 잡은 풋내기 교수인 전임강사의 하늘을 찌를 듯한 패기와 사명감 못지않은 전향적인 자세로 임할 요량이다. 여태까지 살아오며 깨우친 다양한 지식이 어우러져 시너지 효과(the synergy effect)를 나타낸다면 젊은 날에도 이룩할 수 없는 성과를 거둘 수 있다는 사실을 증명해 보이기 위해 진력할 것을 다짐한다.

2023년 2월 18일 토요일

돼지로 보였다가 부처로 보였다가

절대란 진정 존재할 수 없는 세상인가? 왕사(王師)로 알려진 무학대사(無學大師)가 태조 이성계에게 했던 말이다.

"/ 돼지 눈에는 돼지만 보이고(豚眼只有豚 : 돈안지유돈) / 부처 눈에는 부처만 보인다(佛眼只有佛 : 불안지유불) /"

그런데 실제로 오늘날 적지 않은 사람들의 눈에는 동일한 대상이 상황의 변화에 따라 돼지로 보이는가 하면 부처로도 보이는 모양이다. 덜떨어진 얼간이이거나 잇속에 매몰되어 쓸개 빠진 정상배(政商輩)가 아닐 경우 같은 것이라면 상황이 어떻게 바뀌던 시종일관 한 가지로만 보여야 정상일 터이다.

옛날에도 지금처럼 거짓말이 꽤 많이 횡행했던 것 같다. 어린 시절 우스갯소리로 떠돌던 말이 떠오른다. 세상에 믿을 수 없는 세 가지의 큰 거짓말이 있다고 했다. 그 첫째는 '노인이 일찍 죽어야지.'라고 말하는 것이고, 둘째는 '장사가 남지 않는다.'라는 것이며,

셋째는 '처녀가 시집가지 않겠다.'는 등의 얘기가 그들이다. 이러한 관점은, 때 묻지 않은 순박한 세상을 순정한 눈으로 간파했던 촌철살인의 풍자와 해학의 단면으로 애교 같은 친근함이 배어난다. 이에 비해서 현대는 첨단과학 문명이 만개한 세상임에도 불구하고 되레 악의적인 거짓의 조작과 유포의 폐해가 임계 수준에 이른 게 아닐까.

물질문명이 지배하는 폐해 때문일까. 사회 구석구석에서 이런저런 허위 사실이 횡행하고 있다. 허위가 가장 많이 기승을 부리는 분야를 꼽으라면 단연코 정치판이다. 최근에 이르러 정권 쟁취를 위해서 못할 말이나 행동이 없는 것 같이 비춰져 외면하고픈 때가 숱하다. 여야 모두가 처지가 뒤바뀌면 뉘랄 것 없이 태도가 하루아침에 표변하여 정반대의 주장이나 괴변을 토하는 철면피로 둔갑해 어이가 없어 정나미가 뚝 떨어진다. 게다가 툭하면 가짜뉴스, 노이즈 마케팅, 퍼 나르기, 편 가르기, 흑백논리, 벌떼 같은 펜덤(fandom) 정치의 폐해에 빠져 이전투구 하는 모양새가 목불인견이다. 나라를 위한다고 큰소리치지만 민감한 정치적 현안에 맞닥뜨리면 대의보다는 소리(小利)에 매몰되는 소인배 모습을 보이기 일쑤이다. 그런 때문일 게다. 대부분 정객은 지역 이기주의인 님비(NIMBY : Not In My Back Yard : '내 뒷마당에는 안 돼.')나 핌피(PIMFY " Please In My Front Yard : '내 앞마당에 두세요.') 현상에 대해서 뚜렷한 소신이나 줏대가 없더라고 야박하게 평한다면 크나큰 결례로서 망발일까.

험한 세파를 잘도 이겨내고 출세 가도에서 승승장구했던 대표적인 사례가 중국의 후당(後唐) 때 오조팔성십일군(五朝八姓十一君)을 모셨다던 재상(宰相) 풍도(馮道)가 아닐까. 얼마나 처세술이 능했으면 다섯 왕조에 걸쳐서 여덟 가지의 성(姓)을 가졌던 열한 명의 임금을 섬겼을까. 불가사의 한 일로 변신의 귀재이거나 천하제일의 책략가가 분명하다. 그가 남긴 처세관을 담은 시(詩)가 《전당서(全唐書)》의 〈설시편(舌詩篇)〉에 전해지고 있다. 어느 하나도 허투루 할 내용이 없는 천금 같은 내용이다. 그렇지만 어쩌면 간이나 쓸개가 없는 것처럼 처신했을 '노회한 그의 가슴속 깊이 꽁꽁 감춰두었던 속내는 과연 무엇이었을까.' 라는 의문은 영원히 풀 수 없는 화두같이 느껴짐은 왜일까.

/ 입은 재앙을 불러들이는 문이요(口是禍之門 : 구시화지문) / 혀는 몸을 자르는 칼이로다(舌是斬身刀 : 설시참신도) / 입을 닫고 혀를 깊이 감추면(閉口深藏舌 : 폐구심장설) / 가는 곳마다 몸이 평안하리라(安身處處牢 : 안신처처뢰) /

원래 말이란 사용하는 이의 인품을 가늠할 척도가 되기도 한다. 그럼에도 불구하고 상황 논리에 따라 감탄고토(甘呑苦吐) 식으로 배설물 쏟아내듯 직설적으로 마구 내뱉는 언어폭력은 정상적인 사람이 할 짓은 아니다. 아무리 상황의 지배가 불가피해도 검은 고양이(黑猫)와 흰 고양이(白猫)는 엄연히 다른 게 참이고 진실이다. 또한, 정치판에서 동일한 사안이나 문제는 여야로 처지가 뒤바뀌었다고 일조일석에 이전과 정반대로 돌변한다는 것은 괴변으로 언어도단이다. 이런 맥락에서 삼척동자도 실소를 금할 수 없는 함량 미달의 어릿광대는 모든 세인들의 적으로 몰려 퇴출이 불가피하다는 사실을 진지하게 되새긴다면 오죽이나 좋을까.

형편 무인지경의 모리배들을 향해 중국의 송나라 시절에 편찬된 《태평어람(太平御覽)*》에서 준엄하게 일깨우고 있다.

" / 병은 입으로부터 들어가고(病從口入 : 병종구입) / 화는 입으로부터 나온다(禍從口出 : 화종구출). /"

위 내용은 지금도 깊이 되새김질해 볼 가치가 충분한 금언이다. 또 하나 덧붙이고 싶은 옛말로 이름 없는 민초들이 즐겨 입에 올렸었다. "말이 고우면 비지 사러 갔다가 두부 사 온다."는 말은 아무리 곱씹어 봐도 오그랑장사를 할 위험이 어디에도 없다.

* 《태평어람(太平御覽)》 : 중국의 송(宋)나라 시절에 이방(李昉) 등이 황제의 명을 받아 펴낸 백과사전이다. 고금의 사실을 널리 옛날 책 따위에서 구하고 1,860종의 서적으로부터 발췌하여 형법(刑法), 예악(禮樂), 의식(儀式) 따위의 55개 부문으로 분류하여 기술되어 있다.

한맥문학, 2023년 5월호(통권 392호), 2023년 4월 25일
(2023년 3월 18일 토요일)

쉬며 돌아가는 지혜

서둘러 직진하는 게 첩경이며 지름길로서 최선이라고 생각해 왔었다. 돌이켜 생각하니 지난날 모든 일에 그 타령을 끝없이 되풀이했다. 과연 그런 대응이 정답이고 격에 맞는 합당한 결정이었는지 아리송하다. 세상사가 짧은 시간 내에 해결되기보다는 장구한 세월에 걸쳐 해결되는 것임에도 불구하고 급한 성격의 단거리 달리기 선수처럼 행동했던 처신이 과연 옳은 판단이었을까.

젊은 시절의 반추이다. 뭐 하나 두드러지게 이루거나 얻은 것이 없었다. 그럼에도 항상 쫓기듯 허둥대며 조급증 환자처럼 앞으로 내닫는 게 능사라고 생각하고 나댔던 민망한 모양새가 내 숨겨진 참모습이다. 먹고 사는 게 최대의 난제로 여기던 시절에 그런 자세가 최상의 대처라고 여겼다. 꽤 많은 세월이 흐른 지금 돌이켜보면 되레 독이 되어 일을 그르치는 결과를 초래하기도 했다. 그렇다면 왜 여유를 갖지 못하고 단세포 동물처럼 한쪽으로 치우쳐 그릇된 결정을 수없이 반복했을까. 개인적인 성격이 주된 이유이었으리

라. 그 시절 모두가 어려웠던 때문에 생존을 위해 모두걸기를 하던 게 보편적인 정서이었다. 따라서 다양한 대안이나 방법을 모색하기 어려웠던 사회적 분위기도 그런 쪽으로 몰고 가는 데 한 몫 단단히 했다.

여태까지 뼈저린 실패를 겪었던 적이 없다. 그렇다고 어연번듯하게 내세울 만한 성공을 거머쥐었던 적도 없다. 여기에는 타고난 꼬장꼬장한 성격이 적지 않게 영향을 미쳤을 법하다. 무슨 일이든 맞닥뜨리면 미루거나 누군가에게 떠넘기지 못하고 곧바로 직접 매듭지어야 직성이 풀리고 마음이 놓였다. 예를 들면 각종 공과금 납기일(納期日)이 월말인데도 우편으로 배달된 날 곧바로 납부해야 안심이 되었다. 또한, 우편물을 보낼 일이 발생하면 시간 여유가 있음에도 당장에 보내야 직성이 풀리는 묘한 구석이 있다. 게다가 당일 할 일은 하늘이 무너져도 마쳐야 편히 잠을 잘 수 있었던 괴팍성도 부추기고 부채질하던 요인 중의 하나이다. 모난 성격으로 가족들이 상대적으로 피곤했을 개연성을 무시할 수 없다. 눈곱만큼도 융통성이 없는 꽉 막힌 성격 때문에 크게 성공은 못 할지라도 참담한 실패나 실수를 범할 위험도 상대적으로 줄이는 역할을 했으리라. 이런 천성은 스스로 들볶아 피핍(疲乏)*하게 만드는 못된 버릇으로 자리 잡았다.

올해 고등학교에 진학한 손주가 있다. 어린 시절 즐겨 다니던 동네 뒷산 정상을 적어도 100여 차례 함께 오르내렸었다. 아마도 그때는 어려 철이 없기 때문이었을 것이다. 툭하면 등산로의 오르막이나 내리막을 가리지 않고 뜀박질하며 천방지축으로 날뛰던 경우가 비일비재했다. 위험천만한 행동이기에 그때마다 타일렀었다. "멀리 오랫동안 가려면 절대로 뛰면 안 된다."고. 하지만 쇠귀에 경 읽기 같은 잔소리에 불과하게 들렸던지 도로아미타불이었다. 너무나 어려 내 말의 참뜻을 헤아리지 못했을 게다. 지난 정초 우연히 함께 등산길에 나섰을 때 지난날과 같은 얘기를 했다. 어느새 훌쩍 성장해 말귀를 제대로 알아듣고 함부로 뛰거나 나대지 않고 다소곳이 걸었다. 거기에다가 한마디 덧붙였다. "등산길에서는 힘들고 어려울 경우에 처하면 쉬고 또 쉬면서 때로는 돌아가는 게 현명한 대응"이라고 이르며 "사람이 살아가는데도 마찬가지 이치"라고 일렀다.

이제까지 살아오면서 여유를 가지고 충분히 생각하며 돌아가는 결단을 했던 대표적인 예이다. 대학을 졸업하고 3년 동안 병역의무를 마치고 대충 1년 남짓 장래 문제에 대해 무척 많은 번민을 거듭했다. 아무리 생각해도 우중충하고 어두운 내일로 그려져 끝내 과감하게 전공을 바꾸는 대모험을 감행했다. 그렇게 택했던 새로운 학문인 컴퓨터공학을 일생의 업으로 삼아 대학에 둥지를 틀 수 있어서 무척 다행이었다. 아무리 따져 봐도 미래가 불투명할 경우 여유를 가지고 심사숙고하며 돌아가는 방법은 또 다른 차원의 세상과 조우할 수 있는 걸출한 선택지가 될 수 있다. 그런 이유에서 장래를 기약할 수 없다면 다소의 무리와 위험 부담이 따를지라도 진로를 바꾸는 문제를 진지하게 고려해 보라고 권한다.

숨 가쁜 직진과 과감한 도전만이 난제의 해법이거나 길이 아니다. 천지 분간이 어려운 절박한 현실과 맞닥뜨릴수록 냉철하게 대처하며 합리적으로 결정하기 위해 한발 비켜서서 객관적인 판단을 하는 지혜가 필요하다. 애써 여유를 갖고 생각하며 돌아가는 방법이 비겁하게 포기하거나 두 손 들고 방기하는 쪽보다 얼마나 값지고 당당한 대처인가. 절망적인 상태에 빠져 온통 칠흑 같은 어둠이 뒤덮어도 새벽이 되면 여명이 밝아오듯 반드시 탈출구는 있게 마련이다. 때문에 어떤 경우를 막론하고 해법을 찾는 슬기가 요구된다.

동네 뒷산일지라도 일주일에 대여섯 차례씩 오르내린 지 어언 스무 해를 훌쩍 넘겼다. 처음엔 무조건 빠르게 오가는 게 최고라고 여겨 속도전을 방불할 정도로 정신없이 오갔었다. 하지만 최근에 이르러 체력이 눈에 띄게 떨어지면서 깨우친 슬기이다. 젊은 날처럼 서둘러 직진을 고집하다가는 중간에 포기하는 참담함을 피하기 위해 힘들면 편히 쉴 곳을 찾아서 잠시 쉬어 가고 있다. 아울러 직진하기 힘든 가파른 비탈이나 험한 구간에서는 대체할 길을 찾아 돌아가는 유연한 대응이 최상의 적응이기도 하다. 결국, 모든 일에서 정신없이 앞으로 내달리는 것은 득보다는 실이 더 많다. 이런 이유에서 어렵고 힘들 때일수록 한 걸음 늦춰 느리게 걷거나 돌아가는 게 현명한 대처라는 사실을 최근에 이르러 어렴풋이 깨우치기 시작한 나는 언제쯤이면 도저(到底)하게* 나이 값을 할 수 있을까.

* 피핍(疲乏) : 몸이나 마음이 지치어 고달픔.

* 도저(到底)하다 : 학식이나 생각 혹은 기술 따위가 아주 깊다. 헝동이나 몸가짐이 빗나가지 않고 곧아서 훌륭하다.

시와늪, 2023년 여름호, 제60집, 2023년 7월 25일
(2023년 3월 22일 수요일)

코이의 법칙

갑자기 코이(こい)라는 물고기에 관심이 집중되고 있다. 시각장애인인 국회의원 K의 대정부 질문이 크게 클로즈업(close up)되면서 비롯된 현상이다*. 여기저기 자료를 뒤져 보니 일본어로서 크게는 잉어라는 어종을 통틀어서 표기할 때 한자 鯉(리)로 나타내는데 이 발음이 코이라는 얘기였다. 그런데 대부분은 잉어의 여러 종류 중에서 관상용으로 개량 보급된 비단잉어를 의미하는 개념으로 통용되고 있단다. 한편 가장 좁은 뜻으로 사용되는 경우는 여러 지역에서 생산되는 비단잉어 중에서도 최고의 산지로 꼽히는 '일본의 니가타(にいがた : 新潟) 현(縣)에서 부화시켜 길러낸 비단잉어'를 특정하는 개념이기도 한 모양이다.

여태까지 잉어는 성장하면 덩치가 매우 큰 물고기로 알고 있었다. 그런데 뜻밖에도 같은 치어(稚魚)라도 성장하는 환경에 따라 성어(成魚)의 크기가 완전히 다르단다. 이를 나타내는 개념이 코이의 법칙이다. 다시 말하면 코이가 사는 물이 어떤 환경이냐에 따라 몸체의 크기가 달라짐을 뜻하는 게 바로 그 법칙이란다. 오래전부터 그런 의미로 통용되어왔음에도 불구하고 칠칠치 못해 까마득하게 몰랐었다. 비단잉어는 똑같은 종류라도 서식환경에 따라 그 크기가 확연히 달라짐은 어디에 연유할까. 실제로 작은 어항 속에서는 기껏해야 5~8cm 안팎 정도로 자라는데, 수족관에서는 15cm 남짓까지, 연못에서는 25cm 가까이 성장한단다. 한편 이들을 강에 풀어놓으면 자그마치 1m를 훌쩍 넘게 쑥쑥 큰다니 놀라운 현상이 분명하다.

시각장애인으로서 대학입시에서 일반전형을 통해 S 여자대학교 피아노과에 진학했다가 미국의 W 대학으로 유학을 떠나 피아노 연주 교습법 전공으로 박사학위를 취득했다는 감동적인 스토리 주인공이었다. 학위 취득 이후 국내외를 거침없이 넘나들며 활발하게 연주 활동을 해왔다. 그러던 중에 비례대표로 발탁되어 국회에 진출해 대정부 질문 과정을 매스컴이 취재해 보도했던 사연이 공감을 얻으며 전국으로 순식간에 들불같이 퍼져나가면서 뭇사람들의 입에 회자되는 화두로 등장한 코이의 법칙이다.

우리가 하찮게 여기는 물고기인 비단잉어도 환경에 따라 상상할 수 없는 다른 모습을 띈다는 사실이 무척 신기하다. 이 같은 현상은 사람도 마찬가지로서 주어지는 환경과 마음에 품은 뜻에 따라 얼마든지 변하고 성장할 수 있음을 일깨워주는 외침이 그 법칙을 입에 올리는 본질이다. 자기의 의지나 선택과 무관하게 장애인이나 소수자가 된 그들은 서럽고 애통하다. 그들에겐 눈에 보이지 않거나 의도적인 차별로 물고기의 성장을 가로막는 어항과 수족관 같은 사회적 제약이나 독소 조항이 도처에 즐비하게 널려있을 게다. 그런 불합리를 통째로 도려내고 기울어진 운동장을 바로 잡아 사람답게 살 수 있는 길을 터달라는 호소가 K 의원이 절규하는 대정부 질문의 핵심 요지였다. 왜곡된 편견과 부조리 요인을 과감하게 척결하고 정상인과 어깨를 나란히 한 상태에서 정정당당하게 경쟁할 평등한 사회를 만들어 달라고 호소할 뿐 특혜나 특권을 터무니없이 주장하는 게 아니다.

우리가 무관심한 채 거들떠보지 않은 부분에는 기득권자들을 위한 불공정한 제도나 폐습들이 숱하게 많으리라. 이들을 당연한 것으로 누려온 우리는 무감각해져 대수롭지 않게 여길 것이다. 이런 맥락에서 소외계층이나 사회적 약자와 소수자들이 겪는 어려움과 고통을 그들의 편에 서서 살피는 시각과 가치관의 변화가 절실한 작금이 아닐까. 요즘 정치인들은 자기들에게 득이 된다면 물불을 가리지 않고 법으로 얽어매려고 으르렁 왈왈 껄떡댄다. 그렇지만 자신들이 가진 상당 부분을 내려놓아야 하거나 피해가 예상되는 일에는 여야 모두가 강 건너 불구경하듯 하며 나 몰라라 방치하려는 분위기가 지배적이다. 그들에게서 자기 몫을 선뜻 떼어내서 약자나 소수자 혹은 장애인들에게 나눠줄 참된 봉사자들이 과연 몇이나 될까. 당장 내년에 다가올 총선에서 표를 그러모을 포퓰리즘에는 진영 관계없이 벌떼같이 모여들어 입에 거품을 물고 나팔을 불어댈 것이다. 비록 소외계층에 긴요할지라도 대중적인 관심을 끌지 못해 선거에서 표심을 움직이지 못할 경우 과연 이해

득실을 초탈해 팔을 걷어붙이고 자기 일처럼 최선을 다하리라는 장담을 할 수 있을까.

남을 헐뜯거나 상대방을 할퀴고 생채기를 내는 못된 짓을 시작으로 날이 새고 저무는 황량하고 저속한 풍토가 만연되어 시궁창 같은 연못에서 고결한 연꽃 한 송이가 곱게 핀 기적일까. 조용하지만 단아하고 고매한 자태와 단호한 어조로 조곤조곤 포효하는 질문은 심산유곡을 오르다가 목이 말라 쩔쩔맬 때 바위틈에서 솟아나는 정갈한 석간수를 만나 한 모금을 들이키는 그 이상의 청량한 충격이었다.

염불에는 뜻이 없고 오로지 잿밥 즉 당리당략이나 표에만 눈이 시뻘건 함량 미달인 정상배들이 태반인 정치 현실이다. 이런 상황에서 학처럼 고고하고 드높은 주문을 제대로 소화하지 못해 공염불이 되지 않을지 파수꾼의 심정으로 지켜볼 참이다. 그럼에도 공허한 메아리가 허공을 맴도는 맹랑한 상황이 자꾸 떠오름은 어이없이 삐딱해진 시각의 지레짐작일까?

* 2023년 6월 14일 국회 본회의장에서 시각장애를 가진 김예지 국회의원이 장애인 정책을 주제로 대정부 질의를 하는 과정에서 언급한 내용의 일부이다.

문학춘하추동, 제4집, 겨울호, 2023년 12월 10일
(2023년 6월 17일 토요일)

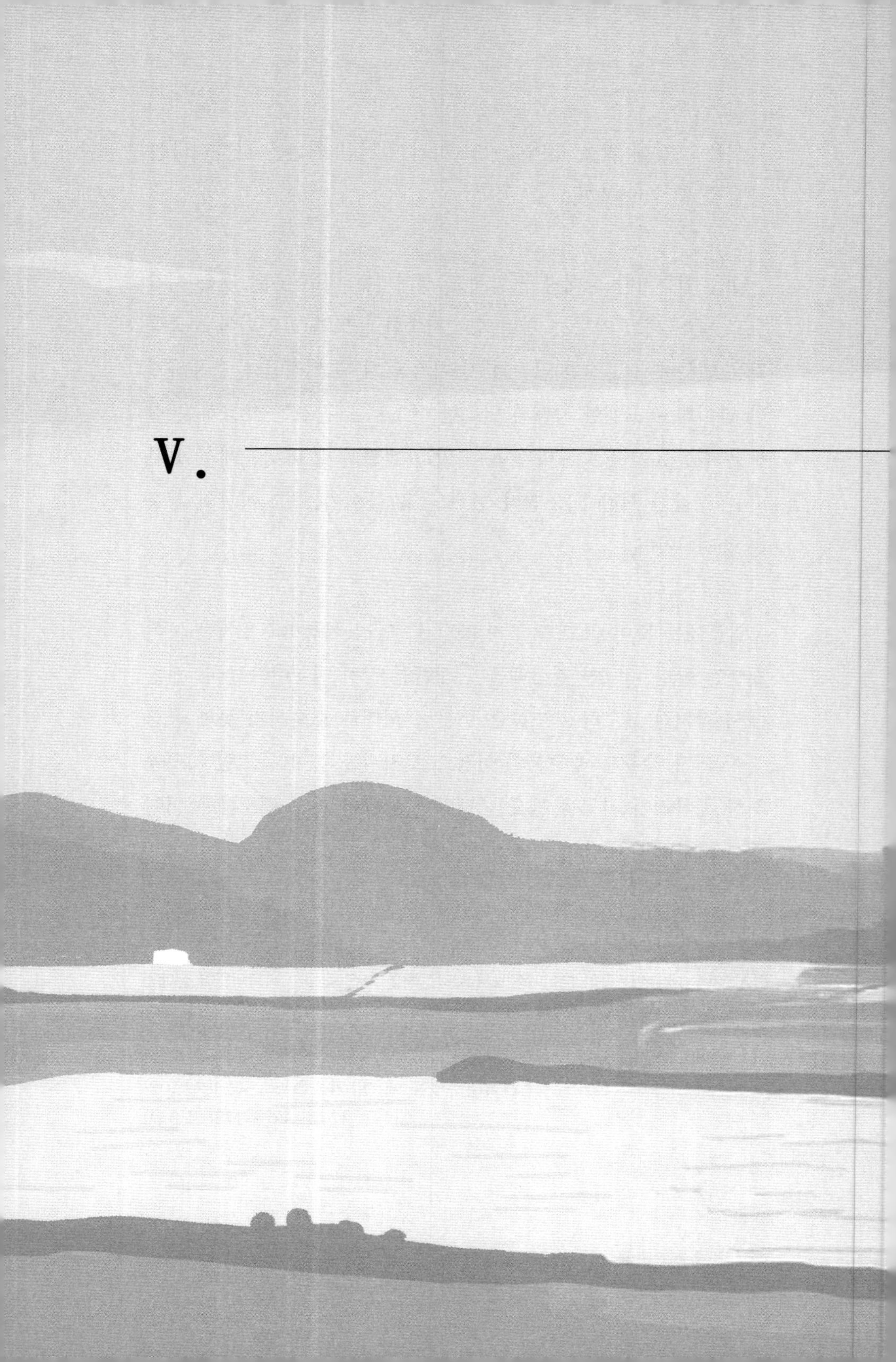

V.

배달 의뢰인 미상의 난 화분

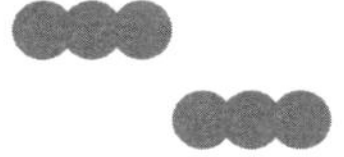

태권도 4품의 손주

지난해 섣달 손주 유진이가 국기원 공인 4품에 최종합격했다*. 실제로 지난해 가을 유단자 입단심사가 실시되었다. 하지만 전국적인 심사결과를 정리해 종합했던 까닭에 최종합격 처리는 다소 늦어졌다. 원래 유치원 재학 때부터 첫발을 내디뎠기에 만으로 8년 만에 4품에 이르렀다. 무엇보다 코흘리개 시절에 입문하여 중간에 포기하지 않고 꾸준히 매달려 일궈낸 알토란같은 결실이라는 맥락에서 축하와 응원을 하면서 함께 기뻐했었다.

시작하고 한두 해 지날 무렵부터 몇 차례에 걸쳐 "태권도를 끊었으면 좋겠다."는 뜻을 내비쳤다. 세세한 속내를 털어놓지 않았지만 어림짐작할 때 수련에 제대로 따르지 못할 경우 가해지게 마련인 위압적인 명령이나 육체적인 기합 따위를 견뎌내기 힘들었던 문제가 원인이었을 게다. 그런 하소연을 늘어놓으면 어려움이 닥칠 때마다 포기한다면 이 세상에서 아무것도 이룰 수 없단다. 그러므로 어렵고 힘들어도 견디며 버텨보라고 조언하는 한편 용기를 북

돋아 주려고 애를 썼다.

일생을 공부하면서 남을 교육시키는 일을 해왔다. 때문에 아이들을 얼마 동안 살피면 대략적인 재능이나 소질을 파악할 수 있다. 유진이는 공부엔 도통 관심이 없을 뿐 아니라 특출 난 구석도 없다. 이런 아이를 막무가내로 공부하라고 내몰며 닦달하면 빗나가거나 자신감에다가 자존감까지 잃고 방황할 가능성이 다분하다. 따라서 태권도라도 맘을 붙이고 즐기면서 수련하도록 분위기를 조성해 주는 게 무엇보다 중요하다는 판단에서 입때까지도 일주일에 두 차례 도장에 나가 수련토록 응원하고 있다.

나는 모든 면에서 모자라고 미욱해 내세울 바가 전혀 없다. 그래도 가정을 이루고 가솔을 이끌 정도의 삶을 꾸려왔다. 여태까지 살면서 예체능계엔 유독 약하고 평균 수준 이하를 맴돌았다. 아마도 숨을 쉬고 단순히 걷는 것도 운동이라고 했다면 항상 꼴찌를 했을 게다. 이런 측면에서 이들 분야에 출중한 능력을 발휘하는 사람은 나와는 비교할 수 없는 우성 인자를 지닌 것으로 믿고 있다. 맹추 같은 나에 비해 태권도에 제대로 적응해 현재 4품을 취득한 유진이가 그저 높고 멋있게만 보여 부럽다.

현재 16세로 지난해 섣달에 4품에 합격했기 때문에 고등학교를 졸업하는 2025년 말 무렵에 국기원에서 실시하는 보수교육을 이수한 후에 4단으로 단 전환이 가능하다. 4품에 합격한 뒤에 만 4년 이상 경과하고 나이가 22세 이상이 되어야 5단의 승단 심사에 응시할 수 있는 것으로 알고 있다. 그러므로 지금부터 22세가 될 때까지는 나이 제한 때문에 수련만 해야 한다*. 엄격한 규정 때문에 현재보다 상위의 단(段)에 도전하려면 앞으로 6년쯤 쥐 죽은 듯이 납작 엎드려 있어야 한다.

다른 종목과 달리 나이에 따라 승품(昇品)과 승단(昇段)을 결정하도록 규정하는 게 특이하다. 실제로 만 15세 미만일 경우 품(品) 심사에 응해 합격하면 1품, 2품, 3품, 4품으로 유품자(有品者)가 된다. 한편 만 18세 이상부터는 유단자(有段者)로 호칭이 바뀐다. 이처럼 품과 단은 나이에 따라 갈래짓는 명칭일 따름이란다. 또한, 나이 어린 유품자들이 만 18세가 되면 1품, 2품, 3품의 경우는 간단히 신청하면 1단, 2단, 3단으로 전환이 가능하다고 한다. 하지만 비록 만 18세 이전에 4품에 합격했을지라도 4단은 사범자격조건(師範資格條件)이 되는 수준이라는 이유에서 보수교육을 받은 다음에 단전환(段轉換)이 가능하다는 귀띔이다.

'유품자'가 되면서 한 가지 신경 써야 할 일이 생겼다. 아직은 '욱! 하는 성질을 참고 견뎌내기 어려운 나이'가 분명한 청소년이다. 따라서 다양한 친구들과 어울리다 보면 뜻하지 않은 다툼이 벌어질 가능성이 다분하다. 혹여 불가피하게 그런 불상사에 휘말렸을 경우 가능한 그 자리를 피하라고 조언한다. 만일 감정이 격해져 서로 치고받았을 경우 유품자가 폭력을 행사했다는 덤터기를 쓸 개연성이 높다. 비록 그것이 정당방위라도 비난이 따를 위험이 도사리고 있다. 혹시나 밖에서 누군가가 때리면 한 대 맞을지라도 절대로 같이 때리지 말 것을 기회가 있을 때마다 환기시키고 있다. 손주 얘기이다. "할아버지! 그 얘기 한 번만 더하면 백 번이에요!"라는 대답이다. 그래도 반복한다.

우리 가계에서 손주 유진이는 별종인가 보다. 증조할아버지를 비롯해 할아버지인 나는 물론이고 제 큰아비와 아비 중에 유단자가 없었다. 이런 집안에서 태권도 유단자라니 기특하고 자랑스럽다. 게다가 신장도 우리 가계의 누구보다 훤칠하게 크며 이목구비까지 나무랄 데 없는 귀공자인 데다가 호남형의 도령이니 어찌 사랑스럽고 귀엽지 않으리오. 하기야 고슴도치도 제 새끼는 함함하다고 했거늘 금쪽같은 손주를 일러 무엇하리오.

* 손주 유진이는 1품(2015년 5월 30일), 2품(2016년 5월 22일), 3품(2018년 6월 24일), 4품(2021년 12월 11일)에 합격했으며 현품단은 4품, 품단 번호는 「21669706」으로 국기원 홈페이지의 '유품 · 단 조회'에서 '생년월일과 이름'을 입력하고 클릭하면 앞의 내용이 일목요연하게 나타난다.

* 이 같은 규정 때문이었을까? 태권도에 시들한 듯한 태도를 보였다. 그러다가 일주일에 한두 차례씩 주짓수(Jiu-Jitsu)를 배우를 배우러 다니는가 싶더니 2025년 3월 6일 '주짓수 공인 1단(No. 055 – 250306 – 382 – 1)' 단증을 '대한주짓수회'로부터 받았다.

2022년 8월 8일 월요일

표음문자 세대와 표의문자

요즘 청소년들은 철저한 한글세대로서 '소리 나는 대로 표기'하는 표음문자(表音文字)를 전부로 생각한다. 하지만 실제로 우리말에서 한자어(漢字語) 비중이 70%에 이르고 학술용어는 90% 이상이라는 현실에 심각한 문제가 내재되어 있다. 때문에 발생하기 마련인 문해력(文解力) 문제가 빈발해 은근슬쩍 구렁이 담 넘어가듯이 넘길 일이 아니다. 이러한 현상은 뜻글자 즉 표의문자(表意文字)인 한자어를 제대로 이해할 수 없다는 데 심각한 문제가 있다. 한편 아날로그 시대(analog generation)에 태어나 디지털 시대를 살고 있는 대부분의 노령계층은 디지털 문맹(digital literacy) 때문에 점점 소외되며 고약한 구석으로 몰리고 있다. 이로 인해서 오늘날 삼대(三代)가 한 지붕 밑에 살지라도 의사소통에 문제가 제기될 개연성이라는 관점에서 최근 부각되는 이런저런 현상을 들여다본다.

언젠가 인터넷에 떠돌던 내용이다. 대학에서 교수가 '금일(今

日)까지 리포트를 모두 제출하라.'고 했다. 그 얘기를 들은 일부 학생들은 '금요일(金曜日)까지 제출하라.'는 것으로 이해하여 논란이 됐었다는 말을 전해 듣고 껄껄 웃으며 해프닝이라 여기고 넘겼던 적이 있다. 한자어를 모르는 학생들이 금일을 오늘이 아닌 금요일로 받아들이는 어처구니없는 사고였다. 그에 대해 일부 학생들이 쏟아냈다는 불만 내용은 실로 가관이었다. '교수가 오해를 불러일으킬 단어를 선택해 사용한 게 잘못.'이라며 교수에게 책임을 떠넘기더라는 전언에서 할 말이 없어 입을 꽉 다물고 말았다.

얼마 전에 인터넷을 뜨겁게 달궜던 내용이다. 어떤 사적인 모임에서 시스템의 오류가 발생하자 주최 측에서 '심심한 사과를 드린다.'고 했단다. 이를 잘못 이해했던 일부 네티즌들이 심심(甚深)을 '마음의 표현 정도가 매우 깊고 간절하다.'는 뜻이 아닌 '하는 일이 없어 지루하고 재미가 없다. 또는 밋밋하거나 지루하다.'는 의미로 곡해하고 벌떼처럼 달려들어 진심이 결여된 사과를 했다고 맹공을 했다는 신문 기사가 웃프게* 했다. 또 어떤 이는 '깜냥'이라는 단어를 글에 썼다가 비속어를 함부로 쓴다고 네티즌들로부터 호되게 경(黥)을 치기도 했다는 풍문이다. 분명히 비속어가 아니며 사전에 '스스로 일을 헤아림. 또는 헤아릴 수 있는 능력'이라고 정의되어 있다. 한데, 왜 그런 비상식적인 사태가 발생했는지 불가사의하다. 그런가 하면 추석 연휴가 사흘로서 '3일간의 연휴'라는 정상적인 기사에 대해 터무니없는 시비를 입찰했던 네티즌들이 우리를 당혹하게 했다. 그들에 따르면 '사흘은 4일(?)'이기 때문에 '3일 연휴'라는 기사를 쓴 기자의 자질이 의심스럽다는 엉터리 주장을 거침없이 해대는 무지를 적나라하게 드러냈다. 우리말 사전에 명확하게 사흘은 '세 날,' 나흘은 '네 날'을 나타낸다고 정의하고 있는데.

출처가 불분명한 풍문의 한 토막이다. 어떤 학교에서 임신했던 여 선생님이 휴직하고 득남(得男)을 했더란다. 동료 선생님이 출산한 선생님이 담임을 맡았던 반에 가서 "너희 선생님께서 득남하셨다."고 알렸다. 그랬더니 한 학생이 불쑥 일어서더니 "우리 선생님이 여자아이를 낳았다는 얘기예요, 아니면 남자아이를 낳았다는 얘기예요?"라고 따지듯 묻더란다. 너무도 기가 막히고 어이가 없어 소식을 전하다가 어안이 벙벙해 꿀 먹은 벙어리가 되어 아무 말도 못 했다는 얘기는 무엇을 웅변할까.

한자어에 서툰 표음문자 세대는 나이의 적고 많음에 따라 별반 차이가 없나 보다. 역시 한자를 제대로 배우지 못했던 어떤 기자의 기사가 그를 증명해준다. 정치인 누군가가 "무운을 빈다."라는 말을 했다. 여기서 쓰인 무운(武運)은 '전쟁 따위에서 이기고 지는 운수. 무인으로서의 운수'를 뜻했다. 그런데 유감스럽게도 해당 기자는 사전이나 옥편에도 등재되지 않은 무운(無運) 즉 '운이 없다.'로 해석해 기사를 쓰는 크나큰 실수를 범해 아연실색하게 만들었다.

우리말 7할 정도가 한자어인 현실에서 표음문자 세대는 거의가 다음 동음이의어(同音異議語)를 명쾌하게 구분하지 못하거나 헷갈려 허둥댈 가능성이 무척 높을 것으로 예상된다.

/'백수(白手), 백수(白叟), 백수(白壽), 백수(百獸), 백수(白水), 백수(白鬚), 백수(白首), 백수(白袖), 백수(伯嫂), 백수(白穗), 백수(白髓)'/

다시 말하면 우리말이나 글이 처한 형편을 감안할 때 표음문자인 한글로만 표기한다면 그 뜻을 정확하게 파악하기 어렵다는 근원적인 문제가 있다. 또한, 표의문자인 한자어 역시 우리의 얼과 정서가 담긴 우리말 즉 한국어라는 사실을 직시해야 한다. 이런 맥락에서 한자어가 지나치게 남용되고 있는 분야의 경우 선제적인 개선 보완대책이 필요하다는 당위성을 인정한다. 그러나 한자어를 무조건 배척하려는 자세에도 문제가 있음을 각성해야 한다.

현대를 살아가며 표음문자 교육만 받았던 세대에게만 언어나 글에 애로가 있는 것은 아니다. 지난 세기에 태어나 금세기인 디지털 시대를 살아가는 노령계층 역시 젊은 세대와 엇비슷한 어려움에 허둥대고 있다. 우선 디지털 기기를 다루는데 어둡고 굼뜨며, 홍수처럼 밀려오는 외국어로 표현된 각종 용어에 깜깜해 의사소통에 애로를 겪고 있고, 젊은이들의 전매특허인 신조어나 약어에 정통하지 못해 끌탕을 치는 심란한 현실이다. 이런 관점에서 본다면 표음문자 세대는 우리 사회에 폭넓고 뿌리 깊게 토착화된 한자어로 인한 글의 해독 능력인 문해력 때문에, 노령계층은 괴물 같은 디지털 시대가 도래하면서 대두되는 디지털 문맹에 대한 적절한 대처가 어렵다는 애로사항은 난제 중의 난제이다. 어느 쪽이든 슬기롭게 극복하기 위한 자발적이고 적극적인 도전 자세가 전제될 때 굳건한 철옹성을 허물 수 있지 않을까. 세상에 거저 얻거나 해결되는 것은 아무것도 없기에 이르는 독백이다.

* 웃-프다 : '웃기면서 슬프다'는 뜻으로서 겉으로는 웃기지만 실제로 처한 상황이나 처지가 좋지 못해서 슬프다.

2022년 8월 25일 목요일

L 박사와 H 박사

제자 L 박사와 H 박사 얘기다. 둘은 대학원 석사·박사과정을 비롯하여 조교를 거쳐 시간강사 생활을 하면서 내 연구실에서 20년 이상 동고동락했다. 피붙이인 형제자매보다도 함께했던 세월이 훨씬 길다. 그 때문에 말을 하거나 어떤 표정을 짓지 않아도 이심전심으로 서로를 헤아릴 수 있을 지경이다. 내가 불혹의 중반쯤이었고 둘은 청운의 꿈에 부풀었던 20대 중반에 만났는데 그동안 속절없이 세월이 흘러 내가 산수(傘壽)를 넘보고 있고 젊은 청춘들은 칠칠하게 지성미가 넘쳐나는 지천명(知天命) 중반의 고개에 이르렀다. 게다가 각각의 혼례에서 주례를 맡았던 자별한 인연이다.

대학원에서 지도했던 석사학위 수여자는 정확히 몇 명인지 따져보지 않아 잘 모른다. 대충 어림짐작할 때 기백(幾百) 명이지 싶다. 한편 박사학위 지도는 12명으로 대부분 스스로 일터를 찾았다. 하지만 웬일인지 L 박사와 H 박사 문제는 제대로 풀리지 않아 무척 신경을 썼어도 원하는 대로 되지 않았다. 매번 잘 풀릴 듯했다가도 뭔가 씌었는지 틀어져 여러 차례 애를 태웠다. 그 시절 도울 방법은 알음알음으로 여기저기 시간강사 자리를 알선해 주는 게 고작이었다. 그렇게 세월만 보내다가 내가 정년퇴임을 했다.

지성이면 감천이고 뜻이 있는 곳에 길이 있게 마련이던가. 물론 본인들의 끊임없는 노력과 원만한 인간관계가 낳은 결과이리라. 선배인 L 박사가 몇 년 앞서 모교에 교수로 임용되었다. 그리고 몇 해 뒤에 후배인 H 박사도 역시 모교의 교수로 안착해 요즈음 중견 학자로서 소임을 다하고 있다. 내가 재직 시에 직접 발탁했다면 이런 저런 잡음이 발생할 소지가 다분하다. 오해의 빌미를 원천적으로 차단한 격으로 나의 퇴임 후에 제자들을 발탁해 준 게 무척 감사하고 자랑스럽다. 만일 정년퇴임 한 지도교수가 학교 당국이나 후배 교수들에게 미운털이 박혔다면 과연 불문곡직하고 제자들을 등용시켜 줬을까. 물론 그런 외적인 요인보다는 당사자들이 각각 연구했던 학문적 성과에 대한 평가를 비롯해 인성이 원만했기에 좋은 결과로 나타났다고 사료되어 둘에게 끝없는 응원을 보낸다.

L 박사는 심성이 곱고 사교적이며 다양한 방면에 박학다식하다. 학사·석사·박사과정까지 몽땅 컴퓨터공학을 전공한 공학박사이며 교수임에도 딱딱하다거나 답답함이 없이 시원시원해 인문사회계열 전공자 같다. 만일 인문사회 분야를 공부했더라면 더욱 대성했으리라는 생각이 들기도 한다. 평소에 대화를 나누다 보면 모든 분야에 막힘이 없기 때문에 나는 화자(話者)가 아닌 청자(聽者)가 되어 조용히 경청하는 처지가 되는 경우가 숱하다. 신은 사람에

게 모든 걸 허락하지 않는 모양이다. 어떤 연유인지 모르지만, 슬하에 자녀 없이 남편과 둘이서 비둘기 집을 지키듯이 오순도순 금슬 좋게 삶을 꾸리면서 지천명의 중반 고개에 이르렀다. 어제 모처럼 잠깐 얼굴을 봤는데 평소보다 야위어 30대 초반 같아 보여 되레 젊어진 것 같아 나쁘지 않았다. 그럼에도 인사치레로 한마디 건넸다. "요사이 무슨 일이 있느냐?"고 했더니 돌아오는 대답이었다. 특별한 일은 없는데 다만 "갱년기를 겪기 때문인 것 같다는 대답"이었다. 맑고 곱던 청청한 20대에 인연이 시작되었는데 어느덧 갱년기를 맞았다니 세월이 무상할 뿐 아니라 마냥 낯설고 믿기지 않았다.

H 박사의 반려자 역시 석사과정에서 지도했던 제자로 현직 중등학교 선생님이다. 부부가 L 박사 몇 해 후배이다. 그럼에도 50대 중반에 이른 지금 첫째인 딸이 대학원 박사과정 중이고, 둘째인 아들은 대학을 휴학하고 군 복무 중이다. 역시 학사·석사·박사과정까지 컴퓨터공학을 공부한 공학박사로 현직 교수이다. 타고난 성격이 대쪽같이 곧고 강직한 선비 성품이라서 비리나 불의에 타협을 모른다. 하나도 나무랄 구석이 없다. 그렇지만 현실은 적당히 타협을 요구하는 구석이 많음을 외면하지 않았으면 하는 생각이 들기도 한다. 평소 H 박사의 자신에 찬 표현이나 매사에 반듯한 행동에서 선비의 기개가 넘쳐난다. 내가 지니지 못한 엄청난 장점이 마냥 부러워 닮고 싶을 때가 많다.

오랜 세월 비좁은 공간인 연구실에서 부대끼면서 어찌 좋은 낯으로 웃고 즐기던 추억만이 쌓였겠는가. 때로는 서로가 언짢아 가슴앓이하면서 이해하고 보듬으며 인간적인 소통을 통해 조금씩 다가가면서 가까워지기도 했을 게다. 본인들은 어떻게 기억하고 있을지 모르지만 짧지 않은 세월 동안 애증이 겹치면서 신뢰를 쌓으며 믿음을 여퉜다. 그런 인간관계가 끈끈한 정으로 이어져 급한 일이 생기면 앞뒤 따지지 않고 도움의 손길을 원하면 자기 일처럼 최선을 다해 주는 둘이 옆에 있어 엄청 든든하다. 그런데 해를 거듭할수록 베풀 일은 전혀 없고 도움을 받을 일은 자꾸 늘어나 편편치 않다.

천성이 게으른 까닭일까 아니면 변화를 싫어하는 성격 때문일까. 그런 대표적인 예이다. 퇴임한 지 10년을 훌쩍 넘긴 여태까지 재직 시 사용했던 이메일(E-Mail)을 그대로 사용하고 있다. 대학 당국에서 명예교수에겐 이승을 하직할 때까지 그대로 사용하도록 배려하고 있어 가능하다. 그런데 보안을 위해 3개월마다 비밀번호(password)를 바꿔야 계속 사용할 수 있다. 이에 대한 대응이 성가시고 낯설어서 H 박사에게 관리를 떠맡기고 있다. 그 외에도 컴퓨터를 구매한다든지 작동 상에 문제가 생기면 그때그때 사정에 따라 H 박사 아니면 L 박사에게 전적으로 의존하고 있다. 일련의 행태에 대해 다른 관점의 생각이다. 어떤 경우이든 내 편의를 위해 둘을 시도 때도 없이 호출해 도움을 강요하는 갑질(甲-)*은 아닐까. 이런 생각을 하면서도 시나브로 길든 잘못된 버릇을 고치지 못하는 것도 예사롭지 않은 중병일 게다.

* 갑질(甲—) : 계약 권리상 쌍방을 뜻하는 갑을(甲乙) 관계에서 상대적으로 우위에 있는 갑에 특정 행동을 폄하해 일컫는 '~질'이라는 접미사를 붙여 부정적인 어감이 강조된 신조어이다.

2022년 9월 8일 목요일

턱도 없었던 단견

기억하고 싶지 않은 설익었던 지난날의 회상이다. 어린 시절 모든 게 자연적으로 이루어지는 줄 알았다. 마치 봄이 오면 새싹이 나고 묵은 등걸에서 움이 트고 꽃이 피며 가을이면 단풍이 들고 낙엽이 지는 것처럼 말이다. 우매한 사고의 틀에 갇혀 세상을 제대로 이해하지 못함으로써 크고 작은 마찰이나 문제가 얼마나 발생했었는지 지혜롭게 헤아려본 적이 없다. 지극히 작고 얕은 눈에 비친 세상은 관견(管見)*으로 들여다본 것과 다를 바 없기에 주위에 얼마나 많은 불편과 누를 끼쳤을까.

미욱하기 때문이었을 게다. 서른이 넘어 결혼해 두 아이를 얻어 기르며 교육시키면서 깨닫기 시작했다. 어린아이들이 태어나 성장하고 교육을 받는 이면에 보이지 않는 부모의 정성과 땀이 뒷받침되어야 한다는 사실을 말이다. 그 이전까지는 태어나면 스스로 성장하면서 각자가 타고난 운명에 따라 자신의 길을 가는 것으로 착각하는 우매함을 벗어나지 못했다.

농사는 씨앗을 뿌려 놓거나 모종을 심어두면 그것으로 끝인 줄 알았다. 하지만 거기에는 자연과 맞서 무더운 여름날 김매고 거름 주면서 쏟는 농부의 피땀이 필요 충족요건이라는 평범한 사실을 제대로 터득하지 못했다. 이는 어쩌면 세상사에서 겉으로 보이는 단세포적인 사실이 전부라고 생각하는 어리석음을 웅변하는 단면이다. 모든 사물이나 이치가 겉으로 드러나지 않은 내면의 정신이나 거기에 담긴 뜻이 더욱 크고 범접하기 어려운 경우가 대부분인데 말이다. 그렇다고 현명함과 거리가 먼 나 자신이 미덥지 못해도 어쩌겠는가. 타고난 본성이 그랬던 때문에 누군가를 탓할 수도 없다.

물이 높은 곳에서 낮은 곳으로 흐르는 게 자연의 이치이다. 그렇다고 전적으로 자연에 맡기면 사람이 원하는 곳으로 맞춰 흐르거나 물길을 바꾸지 않는다. 이 때문에 때로는 댐(dam), 인공수로, 보(洑), 겉도랑(명거(明渠)), 속도랑(암거(暗渠)), 수도관(水道管) 따위를 축조 또는 매설하여 원하는 방향으로 물길을 돌리거나 양을 조절하는 지혜가 필요하다. 높은 곳에서 낮은 곳으로 흐르는 물조차도 자연 그대로 두면 소용이 닿거나 원하는 대로 이용할 수 없어 적정한 조치는 필연적인 대응이다. 이는 마치 홍시(紅柹)가 먹고 싶을 때 감나무 아래에서 입을 벌리고 기다려도 원하는 대로 입으로 떨어지지 않는다는 것과 같은 이치이다. 따라서 그에 상응하는 노력이 필요한 것과 마찬가지 원리가 아닐까.

어린 시절 어리석게도 인품은 연륜의 길이와 정비례한다고 믿어왔다. 그런 관점에서 젊은 날의 실수나 흠결을 대수롭지 않게 넘기기 예사였다. 그 이면에는 세월 따라 고매해지게 되면 지난날의 잡다한 흠결은 자연스럽게 묻혀 깔끔하게 해결되리라는 가당치도 않은 속단이 그리 부추겼다. 크나큰 착각이고 돌이키기 어려운 오판이 분명했다. 왜냐하면, 낼모레이면 산수(傘壽)*에 이른 지금 그렇게 되기는커녕 젊은 날에 견줄 때 별반 달라진 게 없다. 나이가 들어감에 따라 품성이 변한다는 생각은 어불성설로 터무니없는 희망 사항에 불과했다.

여태까지 살아오면서 대부분 모자라거나 어리석음을 면키 어려운 경지에 머물렀던 경우가 대부분이다. 돌이켜 생각하니 동네 뒷산의 등산로를 오르내리며 건강을 지키려 했던 결심은 퇴임 무렵에 했던 가장 빼어난 단안이었다. 야트막한 산의 정상(323m)을 오가는 노정으로서 왕복 12km 안팎의 거리일지라도 말이다. 매주 5~6회씩 오갔던 세월이 어언 스무 해를 훌쩍 넘기고 현재 진행형이다. 이런 식으로 마음도 잘 다스리면 행복이 자연스럽게 따라오리니 밝아 온 오늘을 보람되게 보내고 또 다른 내일의 희망을 그려보련다.

오랜 경험의 축적으로 선인들은 세상에 공짜로 되는 일이 없다는 지혜를 깨우치고 "땀을 흘리지 않고 이룰 수 있는 것은 없다."고 하여 무한불성(無汗不成 : 무한불성)이라고 일렀던가 보다. 이 말은 중국의 송(宋)나라 학자인 여정덕(黎靖德)이 편찬했던 《주자어류(朱子語類)》에 실린 글이다.

" / 양기가 발하면 금석이 뚫어지며(陽氣發處 金石亦透 : 양기 발처 금석역투) / 정신을 한 데, 모으면 어떤 일이라도 이루어 진다(精神一到 何事不成 : 정신일도 하사불성). /"

위의 말에서 무한불성이 비롯되었다는 전언이다. 이를 서양식으로 표현하면 "고통이 없으면 얻는 것도 없다(No pain no gain)."에 해당할 것이다. 한편, 아무리 편법이나 술수가 난무하는 물질 만능의 세상이라고 해도 진정한 땀과 노력 없이 이루어지는 게 없음은 만고불변의 진리이다. 그럼에도 험한 세파에 휘둘리다 보면 이런 단순 명쾌한 진리를 망각해 패가망신에 이르는 경우가 숱하게 많다. 어떤 경우일지라도 정당한 대가를 치르지 않는 얻음이나 이룸은 사상누각이며 신기루 같은 허상임을 망각하는 어리석음에서 비켜서는 삶이라면 더할 수 없는 축복일 터인데.

* 관견(管見) : '대롱 구멍으로 사물을 본다'는 뜻으로, 좁은 소견이나 자기의 소견을 겸손하게 이르는 말이다. 이는 《장자(莊子)》의 〈추수편(秋水篇)〉과 《사기(史記)》의 〈편작창공열전(扁鵲倉公列傳)〉에 나오는 말이다.

* 산수(傘壽) : 80세를 이른다. 여기서 우산 산(傘)자를 약자(略字)로 쓰면 여덟 팔(八) 밑에 열 십(十)으로 나타내기 때문에 「八 + 十」은 80이라는 의미에서 붙여진 별칭이다.

문학춘하추동, 창간호, 2023년 3월 25일
(2022년 10월 19일 수요일)

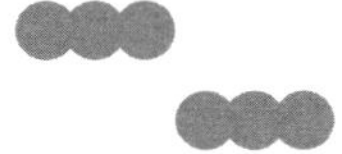

배달 의뢰인 미상의 난 화분

그저께(11월 6일) 저녁 생각지도 않던 난 화분 하나가 배달되었다. 원래는 의뢰인이 내일(7일) 배달해달라는 주문이었는데 꽃집 사정상 오늘 미리 배달해 미안하다는 얘기와 함께. 언제 누가 배달을 의뢰했는지 모르겠다며 주소와 이름을 비롯해 전화번호가 맞으니 우선 받아두면 연락이 올 것이라는 얘기에 못 이기는 척하고 꼬치꼬치 캐묻지 않기로 했다. 화분을 인수하고 오늘(8일)까지 누가 보냈는지 어림짐작하며 머리를 쥐어짜 봐도 도통 감이 잡히지 않는다. 해서 두서없이 용의 선상에 떠오르는 지인들에게 슬며시 전화를 넣어 봐도 연신 헛다리만 짚어댈 뿐 여전히 미궁을 헤매고 있다.

서양란인 만천홍 화분으로 6개의 꽃대에 싱그러운 보랏빛 꽃이 무척 소담스럽고 아름답게 주렁주렁 매달렸다. 화분을 장식한 두 개의 리본에는 이런 내용이 담겨있다. 그 하나에는 나태주 시인의 3줄 시로 유명한 〈풀꽃〉 중에 앞의 두 줄 내용인 '자세히 보아도 예쁘다. 오래 보아도 사랑스럽다.'가 적혀있다*. 다른 하나의 리본에는 '두 분의 특별한 오늘, 행복한 동행을 빕니다.'라고 적혀있다. 이들 문구를 바탕으로 미루어 유추할 때 문학적 감성이 넘쳐나는 이가 우리 부부의 결혼기념일(8일)을 축하하는 의미로 보낸 게 분명하다. 지난날을 헤아려보니 부부의 연을 맺은 지 마흔일곱 해째이지만 가족 외에는 주위의 누군가로부터 이런 축하를 받았던 적이 없어 더더욱 생경했다. 그래서 보내준 이를 기필코 찾아보고픈 마음이다.

지난 10월은 유난히 일도 많았을 뿐 아니라 병원도 수없이 들락거려 얼이 빠질 지경이었다. 그렇게 시달리다 보니 11월이 되었다는 사실조차도 의식하지 못했다는 게 솔직한 고백이다. 부부가 함께 독감 백신, 대상포진 백신, 동절기 코로나19 백신(5차 접종) 등을 접종했다. 게다가 나는 치아 6개를 발치(拔齒)하고 여기에다 이전에 발치했던 2개의 치아 등 모두 8개의 임플란트 시술을 위해 생쥐 풀 방구리 드나들듯 병원을 들락거리느라 초주검이 될 정도로 경(黥)을 치면서 한가하게 생각할 겨를이 없었다. 곤혹스러운 나날을 보냈기에 내외 모두가 오늘이 결혼기념일이라는 사실을 까마득하게 잊고 있던 터였다.

밖에서 지인들을 상대로 가정사 얘기는 입말에 올리지 않는 편이다. 게다가 결혼기념일 얘기를 입에 올렸던 기억은 아무리 떠올려도 도통 없다. 설사 떠벌려봤자 누구도 귀담아듣거나 기억해줄 리 없다. 별난 존재가 아니었기에 여태까지 주위 지인들로부터 이런 축하를 받아봤던 경우가 없어 더더욱 신기하고 화분의 배달 의뢰인의 실체가 몹시 궁금했다. 누가 어떤 경로를 통해 우리 부부의 결혼기념일을 탐지했을까? 혹시 내가 펴낸 수필집 어딘가에서 그날을 적시했던 적이 있을지도 모르겠다. 여태까지 졸작을 그러모아 펴낸 수필집이 17권이다. 그들 내용 중에서 언급했을지라도 그 날짜를 매구같이 기억하는 사람이 과연 존재할까.

며칠 뒤(12일) 몸담은 문인협회의 계간지 출판기념회가 열린다. 그 자리에서 말부조를 할 기회가 주어진다면 배달 의뢰인 미상의 난 화분 얘기를 해볼 요량이다. 어찌 생각하면 아름답다고 여겨지기도 하지만 한편으로는 이름 없는 필부로 살아온 삶을 있는 그대로 반추해 보고픈 생각에서이다. 또한, 혹시라도 그 자리에 참여한 문우 중 누군가가 그 원흉(?)일지도 모를 일이기 때문이다. 예로부터 '등잔 밑이 어둡다.'는 뜻으로 등하불명(燈下不明)이라고 이르지 않던가. 하기야 내 둥지는 마산인데 창원 중심가의 꽃집에 배달을 의뢰했다는 사실을 감안할 때 마산과 창원의 사정에 어두운 타지에 거주하는 경우일 가능성이 크다. 어찌 되었든 평범한 삶을 누리던 터수로서 화분 하나에 벅찬 감동을 한 단면을 더덜이 없이 표출하는 게 청자(聽者)들에게 진솔하게 공명할 수도 있기에 들려줘도 이상하게 투영되거나 부담되지 않을 것 같다.

모자라는 처신과 주변머리 때문일까. 여태까지 아내의 생일이나 결혼기념일을 제대로 챙겼던 적이 거의 없는 맹추이다. 그런 날들을 잘 기억하고 있다가도 막상 당일이 되면 까마득하게 잊어버리거나 마(魔)가 껴 그냥 지나치기 일쑤였다. 이런 푼수데기 같은 기질을 제대로 꿰뚫지 못한 아내는 나의 행동을 미필적 고의 정도로 치부하고 괘씸하게 여겨 서운함을 토로하기도 했었다. 아내도 올 결혼기념일은 까마득하게 잊고 있다가 화분을 보고 겨우 떠올렸단다. 그렇게 다시 기억했던 오늘이 그냥 지나가도 무덤덤한 아내에게도 세월은 비껴가지 않나 보다.

벼슬길에 나가 승승장구했거나 거대한 기업을 일궈 많은 부를 축적한 경우 때가 되면 주위에서 불나비처럼 떼를 지어 몰려들어 아첨하는 경우가 다반사이리라. 하지만 어느 모로 봐도 내세울 바가 없이 애옥살이를 겨우 면할 정도의 삶을 꾸렸던 이름 없는 사람의 생일이나 결혼기념일을 누군가가 챙겨줌은 진정한 축복이고 정을 주고받는 아름다운 모습이 분명하다. 이런 측면에서 난 화분을 보낸 이를 다행스럽게 찾는다면 참으로 고맙다는 인사를 정중하게 사뢸 참이다. 다른 관점에서 생각하면 영원히 찾지 못하는 것도 그리 나쁘지 않겠다. 보낸 이유가 어디에 있던 그로 인해 달콤한 꿈속에서 흐뭇한 마음에 실실거리면서 살아갈 테니까*.

* 실제 나태주(羅泰柱) 님의 시는 '오래 보아야 예쁘다. 자세히 보아야 사랑스럽다.'인데 분명히 리본에는 '오래 보아도 예쁘다. 자세히 보아도 사랑스럽다.'로 잘못 표기되어 있었다. 왜 '보아야'를 '보아도'로 바뀌었을까, 의심했었다. 그런데 배달 의뢰인의 존재가 밝혀지고 나서 원흉(?)인 L 박사의 설명에 따르면 '결혼 후 47주년이 되도록 아내를 오랫동안 보고 또 봐도 예쁠 뿐 아니라 사랑스럽다.'는 의미로 패러디하려고 일부러 '야'를 '도'로 바꿨다는 얘기였다.

* 11월 9일 20시 53분에 휴대전화 문자 메시지로 배달 의뢰인이 자수했다. 그 원흉(?)은 대학 선배이자 대학원 동기인 친구로서 내 모교의 교수로 재직하고 정년퇴임 한 서울의 L 박사였다. L 박사가 보낸 문자 메시지 전문이다. "11월 8일, 형수님의 결혼 47주년을 축하하며 '행복이 날아옴'이라는 꽃말의 '만천홍'을 골라 보았습니다. 아무쪼록 두 분 건강하시고 집안에 웃음꽃 만발하시기를 기도합니다. 이승영 올림"

한올문학, 2023년 1월호(통권 157호), 2023년 1월 10일
(2022년 11월 8일 화요일)

엄동의 초입에서

어젯밤 찬비가 촉촉이 내렸다. 겨울을 재촉하는 비는 나뭇가지에 간당간당 위태롭게 나부끼던 마른 잎을 모지락스럽게 몽땅 떨궈놓고 제 갈 길로 사라졌다. 한꺼번에 많이 떨어진 낙엽이 산속 등산로에 수북이 쌓여 발길을 옮길 때마다 폭신폭신 밟혀 마치 양탄자 위를 걷는 기분이었다. 잎이 모두 졌기 때문에 갑자기 옷을 훌훌 벗어젖힌 격이라서 숲속이 환하고 밝아져 되레 낯설었다. 마치 어두컴컴했던 세상을 탈출해 밝은 행성에 불시착한 것처럼 얼떨떨했다.

마지막 남아있던 잎이 우수수 떨어지니 낙목한천의 을씨년스러운 풍경이었다. 남녘으로서 아직 수은주가 빙점 이하로 내려갔던 적이 없기 때문인가 보다. 늦가을의 정취가 가시지 않고 어른거려 어느 계절인지 당최 헷갈린다. 거무칙칙하게 변색했을지라도 된서리가 내리고 살얼음이 보이지 않아 메타세쿼이아(metasequoia) 잎이 아직 그대로 달려 있다. 또한, 우리 동네 일부 도로의 가로수인 은행나무 잎이 샛노란 채 아직도 가을을 노래하고 있다. 그런가 하면 등산로 입구에 식재된 하얀 동백 10여 그루는 어쩐 일인지 10월 말쯤에 꽃을 피워 11월 말 무렵 본격적인 추위가 시작되면 몽땅 진다. 한데, 아직은 새하얀 자태를 자랑하며 가을을 지우지 못한 채 만추를 읊고 있다.

스무 해를 훌쩍 넘게 같은 동네 뒷산 야트막한 정상(323m)을 매주 대여섯 차례씩 오르내리고 있다. 사계절 모두 나름대로 등산의 맛과 멋이 다르지만, 특히 겨울 산행을 선호한다. 청청한 소나무 군락지를 제외하면 모든 수목이 발가벗은 채 엄동설한에 대비하는 나목에서 강인한 결기가 엿보인다. 봄의 화사함이나 여름의 나른함을 비롯해 가을의 달뜬 화려함 같은 부담 없이 청아한 설한풍이 몰아치는 등산길은 언제나 기껍다. 그 길에서 이심(異心)이나 욕심을 내려놓고 자분자분 걸으면서 진솔한 나와 조우하며 적당히 옴츠리고 긴장하는 맛과 멋이 그렇게 흡족할 수 없다.

겨울의 산행은 번잡하지 않아서 좋다. 동네 뒷산일지라도 봄부터 가을까지는 많은 사람이 찾아 왁자지껄하고 어수선한 분위기로 인해서 산만하다. 겨울에 산을 찾는 등산객이 눈에 띄게 줄어들어 차분해지는 분위기가 되레 정겹다. 산행에서 뭐 그리 깊은 생각에 잠기거나 철학적인 성찰을 하지 않을지라도 조용히 생각하며 돌아보는 시간을 가질 수 있어 동절기의 산행을 선호하며 은근히 즐긴다.

설한풍이 나목 가지를 뒤흔들며 윙윙 왈왈대는 등산길은 자연스럽게 잔뜩 긴장하거나 움츠러들게 마련이다. 매서운 바람에 손이 곱으면 두 손을 맞잡고 비벼대다가도 얼어 터질 듯한 귓불을 감싸며 총총히 발걸음을 옮기다 보면 잡스러운 생각을 할 겨를이 없다. 정신이 맑아지고 밝아져 되레 그런 상황을 즐기는 아이러니를 어떻게 설명해야 할까. 추위의 훼방에 온 몸을 던져 견뎌내는 인내의 연속인 노정이다. 몰인정할 정도로 혹독한 고통을 수반하는 설한풍이지만 청아함은 정녕 무엇과도 견줄 수 없어 겨울 산행에 점점 빠져들게 마련이다.

해를 거듭할수록 들짐승들의 서식환경이 점점 더 열악해지는 걸까. 전에는 등산길에서 까치나 까마귀 혹은 꿩 또는 비둘기 따위의 텃세와 고라니 멧돼지 등과 심심치 않게 마주쳤다. 그러나 요즘 겨울엔 기껏해야 딱따구리가 고사목을 쪼아 먹이를 찾는 소리가 이따금 들릴 뿐이다. 여름철엔 먹이가 풍부한 때문인지 철새들이 수월찮게 찾아오는 편이다. 이에 견줄 때 겨울 철새는 눈을 씻고 찾아봐도 없다. 텃새나 붙박이 짐승들도 흔적 없이 사라졌다. 그들이 다른 삶터로 옮겨 갔거나 환경에 적응하지 못해 죽었다는 의미가 아닐까.

등산길의 일정 지역에 멧돼지가 밤낮으로 먹이를 찾으려고 땅을 파헤치면서 자주 출몰했었다. 그런데 최근 몇 년 동안은 일 년에 몇 차례 흔적을 남기더니 올해는 기껏해야 한두 차례 찾아왔던 자취를 남기고 나서 감쪽같이 사라졌다. 멧돼지가 다시 그곳에 돌아왔을 때 먹으라고 길섶에 떨어져 나뒹구는 도토리와 굴밤을 한 말(斗) 이상 주워서 뿌려 놨는데 오늘도 그대로 있었다. 멧돼지마저도 영영 사라진 걸까.

지난 60년대까지 황폐했던 산림이 잘 복원되어 무성한 숲으로 바뀌었다. 하지만 인간을 위해 개발과 발전이라는 명목으로 도시를 개발하고 수많은 도로를 사통팔달로 개설했다. 이러한 개발과 도로 건설은 이동 통로를 비롯해 서식환경을 철저히 파괴함으로써 야생 짐승들을 벼랑 끝으로 내몬 결과가 아닌지 진지하게 곱씹어 볼 일이다. 등산로에서 각종 조류나 짐승들이 점점 사라져 가니 어쩐지 삭막하고 쓸쓸함은 공연한 감정의 낭비일까.

마산은 겨울에 눈이 거의 내리지 않는 온화한 지역이다. 삼동 내내 단 한 차례라도 시내에 눈이 쌓이는 강설은 축복 중의 축복이다. 이번 겨울엔 눈이 듬뿍 내려 하얀 세상으로 변한 동화 같은 설경을 만끽하는 등산길이 펼쳐졌으면 좋으련만 그런 기적이 일어날 가능성은 거의 없다. 몇 겁에 걸쳐 덕을 쌓는다면 그런 축복이 내려질 터이다. 섣부른 기대는 공연한 허욕이며 헛된 꿈이리라. 그럴 가능성이 전혀 없을지라도 얽히고설킨 현실의 굴레에서 비켜서서 몇 시간이라도 생각할 수 있는 한겨울의 등산길에 대한 기대에 설레고 가슴이 마구 나대며 뛴다. 살을 에는 추위와 매서운 칼바람과 맞서며 진정한 나와의 만남이 기대되는 계절이다. 흔히들 '건강은 몸의 단련으로 얻을 수 있으며, 행복은 마음을 갈고 닦아야 얻을 수 있다'고 하지 않던가. 조금 춥다는 핑계로 방구석 아랫목만

파고듦은 백해무익으로 어디에도 실익이 없기에 나름대로 결기를 다지면서 내뱉는 독백이다.

한맥문학, 2023년 1월호(통권 388호), 2022년 12월 25일
(2022년 11월 23일 수요일)

만천홍 화분의 선물

매우 화려한 호접란(胡蝶蘭)인 만천홍 화분을 선물로 받았다. 오늘 오후 강의를 맡은 시와늪의 배움 교실에서 수필 공부를 함께 하는 문우들이 보내준 것이다. 그것도 S 시인이 집으로 직접 가지고 왔다. 얼결에 받아들면서 차라도 한 잔하고 가라는 얘기에 바쁘다는 핑계를 앞세워 일언지하에 거절하고 서둘러 돌아갔다. 아무리 생각해도 이 선물의 합당성 여부에 의구심이 들어 몹시 미안하고 결례를 한 것 같아 편편치 않다.

어쩌다 보니 소위 등단 이후 몇 해 뒤부터 거의 매년 한 권씩 수필집을 펴냈다. 올에도 이달(계묘년 2월) 초순에 18번째 수필집 '돌아보고 또 돌아봐도'를 출간했다. 마침 수필 배움 교실을 다시 시작하고 세 번째 강의가 열리던 날(2월 18일) 참여하는 문우들에게 한 권씩 건넸다. 그랬더니 황송하게도 오늘(2월 20일) S 시인이 대표로 난 화분을 가지고 왔다. 화분의 전면에 달린 두 개의 리본에 적혀있는 글귀이다. 그 하나에는 "한판암 교수님 돌아보고 또 돌아봐도 발간을 축하드립니다." 다른 하나에는 "배움 교실 수필반 일동"이라고 적혀있었다.

지나치게 호화롭고 꽃도 몇 백 송이가 무리 지어 피어 과하다고 판단돼서 인터넷을 뒤져보다가 엄청난 가격에 깜짝 놀랐다. 엇비슷한 수준의 화분 가격은 최하 20만 원부터 시작해 매우 비쌌다. 연분홍 색깔을 띤 꽃으로 꽃대가 물경 아홉이다. 꽃대마다 헤아리기 어려울 정도로 여러 송이가 활짝 피어났으며 끝부분엔 앞으로 피어날 꽃 몽우리가 무수하게 달려서 장관이다. 개인적으로 여태까지 이렇게 고급 난 화분을 가졌던 적이 없어 기분은 엄청 좋지만, 마음은 무겁고 문우들에게 폐를 끼치고 크나큰 빚을 진 기분이다*.

지금 진행 중인 수필 배움 교실은 일종의 재능 기부라고 생각한다. 그래서 될 수 있다면 문우들에게 심적 부담을 주거나 신경을 쓰지 않도록 처신한다. 강의가 있는 날이면 언제나 집에서 강의실까지의 교통수단은 아내가 운전하는 승용차를 얻어 탄다. 한편 강의를 마치고 귀가할 때는 특별한 변동사항이 없는 한 택시를 이용하기로 작정했다. 운 좋게 운전하는 문우 중에 우리 집과 방향이 같은 사람이 있을 경우엔 그 차를 얻어 타기도 할 참이다.

수입을 목적으로 강의를 맡은 것이 아니다. 따라서 아무리 강의를 해도 강사료를 비롯한 어떤 형태의 사례도 없다. 잘은 모르지만 참여하는 문우들은 강의가 열리는 날엔 각자의 점심이나 저녁 식사를 위해서 1만 원씩 갹출하는 것이 전부로 그 외에 개인이 부담하는 여타의 비용은 없는 것으로 알고 있다. 따라서 매월 첫째 주 토요일은 강의 종료 뒤에 저녁 식사를, 셋째 주 토요일은 점심을 먹고 헤어진다. 처음엔 나도 회비 갹출에 동참하려 했으나 극구 반대해 눈을 질끈 감고 구렁이 담 넘어가는 식으로 공짜로 식사를 얻어먹고 있다.

예로부터 '배보다 배꼽이 크다.'라는 말이 있다. 이럴 줄 알았다면 아예 책 얘기를 꺼내거나 기증하지 말았어야 했다. 아니 문우들에게 내 책이 새로 출간되었으니 구해서 한 번씩 읽어보라고 낯두꺼운 얘기를 하는 편이 부담을 덜어주는 길이 아니었을까. 책값은 기껏해야 1만 5천 원인데 비해 내게 난 화분을 선물하기 위해 각자가 책값보다 많은 돈을 부담했을 게 명명백백하다. 별 뜻 없이 책 한 권을 기증했을 따름인데 배보다 배꼽이 커진 격이 된 현실에 겸연쩍고 송구할 따름이다. 매년 책을 펴낼 때마다 여기저기 지인들에게 숱하게 책을 보냈어도 오늘의 경우처럼 부담스러운 선물을 받았던 적이 없어 어찌 대응해야 할지 허둥대고 있다.

강의하며 외형적인 체면치레를 위해 재능 기부라고 번지르르하게 포장하지만, 이는 나 스스로 합리화시키려는 연민에 지나지 않으리라. 엄밀히 따지고 보면 자신의 존재를 확인하며 치유(healing)의 방법으로서 강의에 나섰다는 게 솔직한 고백이다. 나이 듦에 따라 여기저기서 소외되어 외로움을 절감하게 마련인데 무언가에 함께하며 어울리는 길이기에 과다한 참가비를 지불한대도 기꺼이 동참할 터이었기 때문이다. 이런 견지에서 최선을 다해 강의에 임해 문우들의 한껏 부푼 기대에 부응토록 진력할 각오이다.

원래 선물이란 고마움을 더덜이 없이 진솔하게 정성을 담아 건네는 물건이다. '지나친 겸손'인 과공(過恭)이 '예의에 어긋나는' 비례(非禮)가 되기 마련이듯이 '지나친 칭찬'인 과찬(過讚) 또한 비례가 틀림없다. 결국, 격을 달리할지라도 지나친 선물 역시 그 순수성과 관계없이 부담을 안길 개연성을 부인할 수 없다. 언제나 주고받으면 기쁘고 흐뭇한 선물은 어디까지가 적정한 선일까?

* 오호통재(嗚呼痛哉)라! 마(魔)가 끼었던 걸까. 어떤 이유였던지 그 난은 뿌리 썩음병에 걸려 그 많은 꽃봉오리를 모두 피우지 못한 채 점점 시들어가다가 결국 대략 두 달쯤 뒤에 몽땅 고사(枯死)했다.

한맥문학가협회사화집, 제17집, 2023년 5월 30일
(2023년 2월 20일 월요일)

멀쩡한 산등성이 평탄한 길에서 낙상

평지나 다름없는 산길에서 얼굴부터 땅바닥에 꼬라박히는 위험한 낙상 사고를 당했다. 등산로일지라도 신작로 같은 능선의 낮익은 순탄한 길이었다. 무엇인가에 걸려 중심을 잃고 정면으로 나가떨어졌다. 어떤 이유 때문이었을까. 얼굴부터 맨땅에 부딪히며 넘어지고 나서 어안이 벙벙하고 기가 막혔다. 쓰러지는 충격으로 날벼락 치듯이 나타난 뇌진탕 증상 때문에 정신이 혼미해져 꼼짝달싹할 재간이 없었다.

오늘 아침 아홉 시 반 무렵이었다. 산 정상에서 간단한 운동을 마치고 내려오던 중이었다. 완만한 내리막을 지나 평지인 능선 길을 걷고 있었다. 등산로라고 하지만 손수레 한 대가 너끈하게 오갈 정도로 폭도 넓고 평탄한 길이었다. 재수가 없었던가. 가장자리에 낙엽에 묻혀있던 작은 나뭇등걸에 등산화가 걸려 중심을 잃으며 순식간에 고사목(枯死木)처럼 맥없이 쓰러졌다. 얼떨결에 당한 사고라서 정면으로 땅바닥에 쑤셔 박힐 수밖에 도리가 없었다.

순간적으로 머리가 띵하고 멍해져서 옴짝달싹하지 못했다. 한동안 죽은 듯이 납작 엎드려 있다가 정신이 드는 순간 형용할 수 없는 자괴감과 통증이 물밀 듯이 몰려왔다. 잔뜩 겁에 질려 머리를 좌우로 흔들어보니 정신은 멀쩡했다. 코뼈가 골절된 것 같아서 쥐고 흔들어 봤는데 별다른 이상이 없어 보여 안도의 한숨을 쉬었다. 콧등 부위에 상처가 났는지 쓰리고 아팠어도 출혈이 없어 천만다행이었다. 거울이 없어 확인을 못 한 채 넋이 나간 상태로 우두커니 앉아 있다가 가까스로 정신을 가다듬고 일어나 어기적어기적 걸으며 하산을 서둘렀다.

왕복 12km 안팎의 등산로를 매주 5~6회 정도 20년 이상 다녀 익숙해졌기 때문에 눈을 감고도 오르내릴 수 있다. 오랜 세월 오가며 익혀 길가의 나무 한 그루나 길바닥에 돌부리도 깡그리 꿰고 있다는 교만이 화를 불러일으켰다. 아무래도 지난 세월 적어도 5천 번 이상(52주×5번×20년=5,200) 오갔던 길이기에 손바닥 들여다보듯이 잘 안다는 선부른 생각에서 길바닥을 제대로 살피지 않았던 불찰이었으리라. 또 하나의 이유를 붙인다면 세월을 들먹일 수 있지 않을까.

젊은 날 이런 위기를 겪었다면 어땠을까. 아마도 나뭇등걸이나 돌부리에 등산화가 걸려 중심을 잃는 순간 비틀거렸을지라도 넘어지지 않고 다시 일어서거나 가볍게 넘어져 크게 다치지 않았으리라. 세월의 무게 때문일까. 나이가 들면서 예기치 못한 위기에 처하면 행동이 굼뜨고 판단이나 대응 능력이 눈에 띄게 떨어져 낭패를 당할 가능성이 크다. 물론 신체적인 측면뿐 아니라 정신적인 문제가 제기되어도 즉각적으로 적합한 대응이 불가능해 손발 놓은 채 눈을 뜨고도 당하는 경우가 점점 늘어난다. 그래서 옛 어른들이 "나이는 속이지 못한다."고 일렀나 보다.

돌이켜 생각하니 20여 년 동안의 등산길에서 낙상 사고가 세 번째이다. 그 첫 번째가 10년 전쯤에 비탈길을 내려오다가 길바닥에 굴러다니는 자갈을 잘못 밟아 미끄러지면서 엉덩방아를 찧다가 뾰족하게 솟아난 돌부리 위에 주저앉으면서 꼬리뼈를 부딪쳐 반년 가까이 호되게 고생을 했었다. 한편 두 번째는 불과 몇 해 전 등산로 입구의 돌밭 비탈을 내려오다 역시 돌부리에 걸려 넘어지며 오른쪽 어깨와 오른손바닥의 근육이 심하게 파열되어 되게 고생을 했다. 그 이후 나름 신경을 쓰고 조심하는 편이었는데도 불가사의였던가. 또다시 낙상 사고를 당하니 어이가 없고 칠칠치 못한 내가 미웠다.

한 번쯤 돌아봐야겠다. 무조건 아무런 문제가 없다고 생각하고 지난날처럼 불쑥불쑥 등산에 나서기 일쑤다. 처음 등산을 시작하던 50대 중반부터 70대의 마지막 해를 보내는 지금까지 아무런 변화가 없다고 믿어왔다. 하지만 곰곰이 되짚어보니 20여 년 전에 등산길에서 누군가에게 추월당하는 경우가 거의 없었다. 그에 비해 요즘은 오르내리는 과정에서 추월하는 등산객이 부지기수이다. 많이 추월을 당한다는 사실은 세월이 그만큼 흘렀음을 증명하는 명백한 증좌이다. 이런 이유에서 거의 매일 무의식적으로 되풀이하는 등산길을 진지하게 곱씹어 봐야겠다. 자칫 잘못해 계단이 연속되는 가파른 비탈길에서 낙상한다면 치명상을 입을 위험이 도사리고 있기에 하는 얘기다.

사회학자들에 따르면 100세 시대에 70대의 마지막은 팔팔한 청춘에 해당한다는 얘기다. 그럼에도 외람되게 나이 운운하며 핑계를 대는 게 옳은 판단인지 당최 헷갈린다. 그렇다고 해도 세월이 흐르며 시나브로 젊은 시절과 확연히 다른 걸 어찌할 것인가. 물론 주위에 아흔을 훌쩍 넘겨 상수(上壽)*를 넘보는 연세에도 왕성하게 활동하시는 어른들을 존경의 시선으로 지켜본다. 따르고 싶어 애를 쓰고 발버둥 쳐도 건강과 수(壽)에 관한 문제는 후천적인 노력보다는 타고나야 한다는 생각을 지우기 어렵다. 그래도 진인사대천명(盡人事待天命)의 심정으로 몸 관리와 건강에 최선을 다할 요량이다.

집에 돌아와 거울을 보고 놀랐다. 콧등 대부분이 시뻘겋게 멍이 들었을 뿐 아니라 여기저기 피부가 까졌고 얼굴엔 흙투성이로 목불인견의 참담한 몰골이었다. 서둘러 대충 씻고 나서 상처에 후시딘 연고를 바른 뒤에 쉬고 있다. 여기에 그쳤으면 좋으련만 넘어지며 얼떨결에 오른손으로 땅을 짚었던 모양이다. 엄지손가락의 손바닥 부분이 찐빵처럼 부어오르고 시퍼렇게 멍이 들어 호랑이 고약(萬金油)을 덕지덕지 발랐다. 무거운 물건을 들 수도 없고 움직임도 엄청 불편하다. 가장이 이른 아침에 등산길에 나섰다가 패잔병 모양으로 돌아와 허둥대는 꼴을 보여 가족들도 꽤 놀랐던 눈치이다. 민망하고 겸연쩍기 그지없다. 편치 않은 마음 때문일까. 자꾸만 찜찜하고 서글프며 우울하고 무겁다.

* 상수(上壽) : 백 살 이상 된 나이 또는 그 노인.

2023년 2월 28일 화요일

좌우명 이야기

'늘 자리 옆에 갖추어 두고 가르침으로 삼는 말이나 문구'인 좌우명(座右銘) 얘기다. 사람마다 취향이나 성격에 따라 정해지기 마련인 좌우명은 매우 다양하다. 내 경우 고등학교 시절 우연히 보강시간에 들어오셨던 선생님이 칠판에 쓰셨던 시구(詩句)가 그것이 되었다. 신기한 점은 그분은 단 한 시간도 정규수업에 들어오셨거나 개인적인 교분이 전혀 없었던 때문에 인격적인 감화나 학문적인 존경의 대상이 아니셨다. 그럼에도 언뜻 스쳐 지나가듯 보강으로 들어오셨다가 내 삶의 지표가 되는 소중한 일깨움을 남겨주셨는데 지금은 성함도 잊어 무척 죄송할 따름이다.*

돌이켜 생각하니 어느덧 60년이 지난 시절의 회상이다. 아마도 고등학교 2학년 어느 늦은 봄날 비가 내리는 날이었다. 개인적 사정으로 선생님 한 분이 결근하셔서 한 시간 동안 자습을 하게 되었다. 그때 1학년의 교과목을 담당하시던 선생님이 들어오셨다. 비 내리는 창밖에 시선을 고정한 채 칠판에 매월당(梅月堂) 김시습

(金時習 : 1435~1493)의 시 〈사청사우(乍晴乍雨)〉의 두 구절(句節)인 열네 자를 칠판에 한자(漢字)로 써 놓았다. 그리고 차근차근 설명해 준 뒤에 각자 취향에 따라 자유학습을 하도록 시간을 주었다.

/ 꽃이 피고 지든 봄이야 알 리 없고(花開花謝春何管 : 화개화사춘하관) / 구름이 가고 오던 산은 탓을 하지 않네(雲去雲來山不爭 : 운거운래산불쟁) /

별다른 의미 없이 그 시구(詩句)를 노트에 꼼꼼하게 적어두었다. 언젠가 다시 새겨 볼 수도 있으려니 생각하면서. 그 후 어쩌다가 다시 들여다보니 예사롭지 않은 시구로 여겨졌다. 그러다가 슬그머니 가슴속 깊이 똬리를 틀면서 자연스럽게 좌우명이 되었다. 원래 시가 어떤 의미를 담고 있었을지라도 시시콜콜 따지지 않기로 했다. 대신에 '세상이 어찌 돌아가더라도 공연히 휩쓸려 부화뇌동하지 않고 내 할 일만 하고 살자.'는 정도의 의미로 받아들이기로 했다. 이런 이유에서 평소 남들이 어떤 행동을 할지라도 내 길이나 몫이 아니면 오지랖 넓게 참여하지 않으려 노력하며 이런저런 이유를 내세우면서 남의 탓을 하지 않는 삶을 꾸리려고 신경을 써 왔다.

민족상잔의 전쟁인 6·25의 휴전 무렵부터 시작했던 배움의 길은 초등학교를 시작으로 대학원 박사과정까지 20년 이상 지속되었다. 그동안 수많은 선생님과 교수님들에게 교육과 지도를 받았다. 그 장구한 과정에서 학문적인 배움 못지않게 인격적인 측면의 감화도 형용할 수 없을 만큼 많고 컸었다. 직접적인 영향을 많이 준 은사들의 말씀이나 가르침 중에 천금 같은 내용을 좌우명으로 삼아야 했지 않았을까? 현실은 그렇지 않았다. 믿을 수 없게도 보강시간에 처음 대했던 선생님이 알려주셨던 시구가 나의 좌우명이 되었다는 사실을 두고 이르는 독백이다.

좌우명으로 자리 잡게 된 시의 내용을 제대로 이해해 보고 싶은 욕심 때문이었으리라. 지은이인 김시습의 일생에 대한 다양한 자료를 찾아 다각도로 살펴보기도 했다. 아울러 해당 시 〈사청사우(乍晴乍雨 : 잠시 개었다 비 내리고)〉 전문도 틈이 날 때마다 정독하며 음미하며 곱씹어 보기도 했다.

> / 乍晴乍雨雨還晴(사청사우우환청) / 天道猶然況世情(천도유연황세정) / 譽我便是還毁我(예아편시환훼아) / 逃名却自爲求名(도명각자위구명) / 花開花謝春何管(화개화사춘하관) / 雲去雲來山不爭(운거운래산불쟁) / 寄語世人須記認(기어세인수기인) / 取歡無處得平生(취환무처득평생) /

> / 잠시 개었다 비 내리고 내리다 다시 개니 / 하늘의 이치가 이럴진대 인간 세상 어떠하랴 / 나를 높이다가 어느결에 나를 헐뜯고 / 공명을 피하더니 돌연 공명을 구하는 구나 / 꽃이 피고 지든 봄이야 알 리 없고 / 구름이 가고 오던 산은 탓을 하지 않네 / 세상 사람들아 이 말을 부디 새겨 두시라 / 즐거움만

을 평생 누릴 곳은 없다는 것을 /

청교도적인 삶과 다르게 변변치 못한 처신을 했던 때문일까? '쓸데없이 오지랖 넓게 나서서 덤벙대거나 거친 세파에 휘둘리며 나를 잃는 어리석음을 피해 오로지 내 길을 묵묵히 가리라.'고 다짐을 했었다. 딴에는 다부지게 결기를 다졌었음에도 돌이켜보니 아무것도 이루거나 얻은 게 없는 빈손으로 허망하다. 결국, 매사에 맺고 끊음이 야무지지 못하고 생각이 물러 터져 어우렁더우렁 어울려 지동지서하다가 제대로 얻거나 건지지 못한 채 엄벙덤벙 살아온 업보이리라. 이런 현실의 처지에서 나 자신에게 묻는다. 이제라도 길이 아니면 가지 않고 도리가 아니면 외면하려고 결기를 다지며 나잇값을 할 자신이 있는지 말이다. 문제는 보이는데 해법이나 가야 할 길 쪽은 칠흑같이 깜깜해 더더욱 안타깝고 곤혹스럽다.

* 정순홍 선생님 : 2025년 8월 22일 원교 교정을 보다가 정확히 61년 전의 '고등학교' 시절 졸업 앨범이 떠올라 부리나케 찾아 봤더니 정순홍 선생님이셨다.

경남문학, 제143호, 2023년 여름호, 2023년 6월 5일
(2023년 3월 12일 일요일)

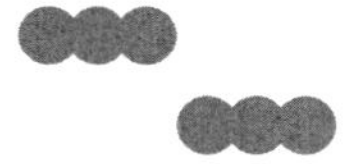

만년필과 원고지

어린 시절 책상 앞에 앉아서 만년필로 원고지에 글을 쓰는 사람이 무척 부러웠다. 어쩌면 해탈한 도인처럼 보이기도 하고 달관한 구도자 같은 경건한 모습으로 투영되며 닮고 싶어 동경하게 되었을 게다. 그런 생각은 아무짝에도 쓸데없는 백일몽이었을 뿐 그럴 기회가 영영 주어지지 않았다. 행일까 아니면 불행일까. 대학원에 진학하면서 컴퓨터공학을 전공으로 택하면서 모든 문서나 원고 작성은 컴퓨터에 의존하게 되었을 뿐 아니라 갈무리도 마찬가지였다. 이로 인해 필기구(만년필)를 이용해 원고지에 글을 쓰는 수작업은 자연스럽게 멀어졌다.

여태까지 책을 꽤 여러 권 집필했다. 대학에 똬리를 틀었던 시절 전문서적 서른 권 남짓을 포함해서 현재 진행형으로 쓰고 있는 수필집 열여덟 권까지 합하면 얼추 쉰 권 안팎의 원고를 썼다. 이들 중에서 어느 하나도 원고지에 만년필로 쓸 기회가 없었다. 그 옛날 문필가들의 경우 원고는 200자 원고지에 만년필이나 펜으로 쓰는 게 정석처럼 여기던 시대가 있었음에도 그렇다.

지난날 책을 출판하거나 신문을 발간할 때는 문선공(文選工) 즉 채자공(採字工)들이 원고지를 한 손에 들고 모든 자모(字母)를 하나씩 찾아 조판하여 인쇄했다. 그 시절 첫째로 원고의 양을 정확하게 파악하고, 둘째로 문선공들이 한 손에 원고를 든 채 다른 한 손으로 자모를 찾아 조판하기 쉽도록 배려하는 차원에서 원고지에 쓰지 않았을까. 왜냐하면, 아무런 규제 없이 크기가 들쭉날쭉한 종이에 되는대로 쓴 원고는 문선공들의 작업 능률을 떨어뜨릴 개연성이 다분하다. 이에 대한 대책으로 표준화된 원고지를 사용했을 것으로 추정된다.

정확하지 않지만 내가 책을 펴내기 시작할 무렵엔 지난날 사용하던 조판 인쇄 방식이 아니라 오늘날의 활판인쇄로 바뀌었다. 그런 때문에 원고를 쓰는데 구태여 원고지를 고집할 이유가 없었다. 하기야 지금도 신문사나 잡지사에서는 지면 관리를 위해서 외부 인사들에게 원고를 청탁할 때 200자 원고지 몇 매라고 명시하는 게 불문율처럼 되어있다.* 그렇다고 원고지에 직접 글을 써서 투고하는 경우는 거의 없을 것으로 알고 있다.

내게도 한동안 대표적인 필기구가 만년필이었다. 어떤 과정을 거쳐 지니게 되었는지 명확하지 않지만, 대학 재학시절 대중적이면서도 기품 있는 파커(Packer) 만년필을 애용했었다. 강의 내용 필기를 비롯해 노트 정리나 리포트 작성에 필수품이었다. 하지만 값이 저렴하고 휴대가 편한 볼펜이 등장하면서 뒷전으로 밀리기 시작해 책상 서랍 속에 나뒹굴다가 끝내 분실을 하고 또다시 구입하지 않았다.

저렴하고 부담이 없는 볼펜에 길들여졌다가 개인용 컴퓨터 즉 PC(personal computer)가 등장하면서 손으로 쓰는 글씨가 소용없어졌다. 강의안을 작성하거나 논문을 비롯해 다양한 원고 작성은 컴퓨터에 의존했다. 결국, 손으로 쓰는 수기문화(手記文化)에서 컴퓨터에 의존하는 전산화(電算化) 문화로 전환되면서 원고지에 만년필로 글을 쓸 이유가 없어졌다. 한발 앞서 세상을 살며 글을 썼던 선배 문인을 기리는 문학관의 전시품 중에는 대부분 누렇고, 칙칙하게 변색 된 육필 원고가 전시되어 눈길을 끌게 마련이다. 하지만 우리 세대 이후 글 쓰는 이들은 모두가 컴퓨터를 사용했기에 육필 원고 대신에 유에스비 메모리(USB Memory)나 영상자료가 비치되어 있지 않을까.

거의 20여 년 전의 일이다. 고가(高價)의 부담스러운 몽블랑 마이스티스튁(Meisterstuck) 볼펜을 선물로 받았다. 수필에 호기롭게 도전할 무렵이었다. 아마도 기왕에 글을 쓰려면 열성을 다해 우뚝한 문인으로 거듭 태어나라는 높은 뜻을 담은 고마운 선물이었다. 하지만 여태껏 그 볼펜은 책상 서랍 깊숙이 모셔둔 상태로서 허접한 잡동사니 취급을 할 수가 없다. 분명 필기구임에도 불구하고 외출 시 지니고 다니거나 글을 쓸 때 함부로 내돌리기 부담스러워 특별하게 관리하고 있다. 어제저녁 문득 그 존재가 떠올라서 깊숙이 넣어둔 것을 꺼내 몇 자 끼적여 봤더니 멀쩡했다. 신경 쓰지 않고 스스럼없이 취급하려고 마음먹지만 끝내 썩 내키지 않아 제자리에 도로 넣어둠으로써 여전히 깊은 잠에 빠져있는 꼬락서니다.

옛날에는 고고한 학처럼 곧은 자태로 책상 앞에 앉아 만년필로 원고지에 또박또박 글을 써 내려가는 기품은 선비의 전형으로 선망의 대상이었다. 디지털 시대가 활짝 열리면서 그러한 기능 전부를 컴퓨터에 의존하게 되었으며 갈무리 또한 마찬가지다. 이런 격랑의 소용돌이 영향이리라. 태어나 여태껏 해왔던 일이라고 해야 학업을 마친 뒤에 곧바로 대학에 뿌리를 내리고 강의와 집필을 계속해왔을 따름이다. 여기에 더하여 지천명의 중반 무렵에 요식 행위에 해당하는 등단 절차를 거쳐 지금까지 써온 수필을 책으로 펼쳐낸 게 전부이다. 그 흔적의 결과물이 어쭙잖게도 양적으로 수월찮게 많다. 그중에 어느 하나도 만년필로 원고지에 썼던 적이 없다. 구태여 원고지를 의식하고 썼던 경우는 신문사의 객원 논설위원을 역임할 때 칼럼을 쓰며 정해진 원고지 매수를 지키기 위해 울며 겨자 먹기로 응했던 게 전부였다.

어딘가에 쓸 요량으로 사 두었던 200자 원고 한 묶음(100매)이 미운 오리 새끼 취급을 받으며 서재에 굴러다니는 데 하도 오래되어 누렇게 변색 되어 볼썽사나운 모양새이다. 또한, 지난날 선물로 받은 고급 몽블랑 마이스티스튁 볼펜을 책상 서랍 깊은 곳에 고이 모셔두고 적당한 기회를 엿보지만 사용할 기회가 거의 없다. 그렇다면 앞으로 단 한 번이라도 책상 앞에 단아한 자태로 앉아서 만년필(몽블랑 마이스티스튁 볼펜)로 원고지에 글을 쓸 기회가 있을까? 이보다 낯익고 길들여진 쪽이 컴퓨터이기에 내뱉는 독백이다.

* 경남신문에 2025년 5월부터 9월까지 매월 마지막 금요일에 '작가칼럼'을 게재하고 있다. 그런데 신문사의 원고청탁에 "200자 원고지 8매"라는 조건이 명시되어 그를 철저히 준수하고 있다.

현대작가, 제17호, 2023년 9월 4일
(2023년 5월 27일 토요일)

내려놓고 쉬며 차 마시는 지혜

생이라는 길을 생각한다. 정해지거나 경험했던 낯익은 게 아니라 미지의 초행길로 어느 한 구석도 같거나 닮은 데가 없다. 멀고 험하며 끝이 보이지 않는 고행 길임을 짐작하면서도 우리는 털끝만큼이라도 연이 닿았거나 이뤘던 모든 걸, 이고 지고 끌며 나서기 때문에 꼴사납게 비틀거리기 마련이다. 구도승이 죽장망혜(竹杖芒鞋)의 차림으로 걸망에 짚신 한두 켤레와 표주박 달랑 하나 달고 떠나는 단출한 만행과 전혀 딴판이다. 이런 걸망 속의 괴나리봇짐에는 정처 없이 떠돌 여정에 소용이 닿을법한 영혼과 신심 한 자락을 비롯해 해져 꿰맨 누더기 잿빛 승복 한 벌이 전부일 터이다.

어떤 형태이든 연이 맺어졌거나 마음에 있는 모두를 통째로 가지고 먼 길을 가는 우직한 착득거(着得去)*는 재앙에 가깝다. 이를 피하기 위해 적당히 쉬고 내려놓으며 차(茶) 마시면서 생각하는 지혜는 삶을 풍요롭게 한다. 길을 떠나는데 녹록지 않은 걸림돌이 짐이다. 원래 짐이란 내려놓거나 덜어내지 못하는 욕심이며 집착이고 연민이다. 따라서 커지고 무거워질수록 쓸데없는 망상과 번뇌만 요란하게 키우기 때문에 원천적으로 경계할 대상이다. 게다가 욕심은 과적(過積)을 부추긴다. 일반적으로 과적은 교통수단 자체의 무리를 자초해 고장의 원인이 되는가 하면 화물기가 추락하거나, 차가 주저앉거나, 배가 가라앉는 사고를 일으킨다. 모든 걸 몽땅 쓸어 담아 끌어안고 가려고 할 경우 많은 무리가 따를 개연성을 참작해 선택과 집중을 기하는 게 현명한 대응이다. 결국, 미련할 정도로 우직한 착득거는 시련이 연속될 수밖에 달리 묘수가 없다.

생의 길은 두 번 반복되지 않은 전인미답의 낯선 노정으로서 단거리 달리기처럼 몇 초 또는 마라톤처럼 몇 시간 내에 해결되는 게 아니다. 태어나는 순간부터 북망산을 찾는 순간까지 이어진다. '땅이나 강을 비롯해 바다와 하늘 한 곳에서 다른 곳으로 가기 위해 닦았거나, 또는 자연적으로 생긴 거리'를 뜻하는 길은 서로 다른 수많은 사람이 오가게 마련이다. 하지만 생은 어느 누구도 똑같은 경우가 없다. 사람이 다니는 길은 평탄대로, 험준한 된비알의 비탈길, 험한 뱃길이나 위험천만의 하늘 길로 갈래지어 나름대로 대비할 수 있다. 이에 비해 생은 한 치 앞은 물론이고 다가올 미래의 예측이 불가능해 어떤 대비도 완벽할 수 없다.

긴 생을 탈 없이 영위하기 위해서는 '적당히 쉬었다 다시 가는' 즉 휴헐거(休歇去)*가 필연적으로 뒤따라야 한다. 이승의 삶을 접는 순간까지 지속되기에 때가 되면 밥을 먹고 잠을 자는 것도 자연스러운 그 과정의 일부분이다. 뜻하지 않은 사고나 병고를 만나도 마찬가지이다. 상황이 어찌 전개되든 모두가 포함된다. 너나없이 힘들고 지칠 경우는 그때그때 휴식은 불가피하다. 원래 첨단 가전제품(Electric Home Appliances)이나 스마트 기기(Smart Device)도 장기간 계속 작동시키거나 과부하가 걸리면 고장 나기 마련이다. 마찬가지로 아무리 만물의 영장인 사람일지라도 무턱대고 앞으로 밀고 나가기만 할 수 없다. 심신이 피폐해지고 에너지가 고갈되면 거기에 맞춰서 쉬며 에너지를 보충하는 게 더 멀고 더 높이 비상할 수 있다는 사실을 잊지 않아야겠다.

어렵고 힘이 들수록 쉬면서 차 한 잔 마시며 돌아보고 생각하는 끽다거(喫茶去)의 여유가 절실하다. 우리가 당면하는 문제 중에는 술술 풀리는 경우보다는 많은 고민과 난관을 타파하려는 전향적인 자세와 결기가 전제되어야 한다. 이런 사례에서는 즉각적인 해결이 불가능할 때 많은 시행착오를 겪으며 합당한 해법을 모색해야 한다. 무조건 서두르는 게 능사로서 금과옥조가 아니다. 난관에 봉착할수록 냉철한 분석과 다양한 해법을 찾아 대응하려는 지혜가 요청된다. 생의 여정에서 도저히 해결의 방법이나 실마리가 보이지 않을 때 차분하게 쉬면서 '차 한 잔 마시며 생각하고 돌아보는' 끽다거야말로 활력을 재충전하는 계기가 된다.

어떤 경우이든 덜어내거나 비우는 재주인 방하착(放下着)은 비움이나 내려놓음의 미학이며 달관의 징표이다. 예로부터 '넘어진 김에 쉬어 가라.'는 말이 있다. 난제에 직면했다고 무모한 직진이

해결의 알파(α)요 오메가(Ω)가 아니다. 위기일수록 한 발쯤 뒤로 물러서거나 비켜서서 생각하며 부담이 되는 욕심이나 부질없는 집착은 과감하게 내려놓거나 덜어대는 방하착은 슬기로운 사람만이 할 수 있는 대범한 결기의 상징이다. 원래 뜻은 '마음속에 있는 번뇌, 갈등, 집착, 원망 등을 비우고 마음을 내려놓으라.'는 것일 게다. 그런데 버리고 내려놓는 일이 범부로 어찌 쉬울 것인가. 낡아빠진 신발 한 켤레 버리기도 아쉬워 만지작거리기 마련인데 하물며 애써 일궜거나 어렵게 얻은 결실들을 버리기가 손바닥을 뒤집는 것처럼 쉽다고 한다면 그게 되레 이상하다. 그래도 어쩌겠는가? 연(緣)이 다한 것은 끊어내고 새롭게 시작되는 연 쪽으로 마음이 기우는 게 얍삽한 세상인심이기에 하는 얘기다.

세상을 살면서 우직할 정도로 일하면 적당히 쉬어 가는 휴헐거를 취하는 한편 어려움에 처하면 끽다거하면서 돌아볼 줄 알아야 한다. 아울러 너무 많은 걸 안고 가려 애걸복걸하지 않고 과감하게 내려놓은 방하착은 우리의 생활을 기름지고 품위 있게 이끄는 첩경이다. 그렇다면 미련퉁이처럼 모든 걸 잔뜩 틀어쥐는 착득거에 집착했다가 그들의 노예로 전락하는 어리석은 현실에서 언제쯤이면 지혜의 눈이 틔어 진정한 자유인이 될 수 있을까?

* 방하착(放下着)과 착득거(着得去)와 끽다거(喫茶去) : 중국 당(唐)나라 시절의 고사에서 탄생한 말이다. 어느 날 탁발승 엄양존자(嚴陽尊者)가 선승(禪僧)인 조주선사(趙州禪師)를 친견하는 자리에서 주고받았던 선문답에서 '방하착과 착득거 그리고 끽다거'가 등장한다.

* 휴헐거(休歇去) : M 스님께 전해 들었던 내용이다. "지치고 힘들어 계속 가기 어려울 경우 '쉬었다가 휴식을 취하고 다시 출발한다.'라는 뜻"으로 휴거헐거(休去歇去)에서 비롯된 성어이다. 여기서 후거헐거는 《벽암록(碧巖錄)》에 나오는 문구(文句)인 "/ 쉬고 또 쉬면(休去歇去 : 휴거헐거) / 쇠로 된 나무에도 꽃이 핀다(鐵(木開 : 철목개화) /"에서 비롯되었다. 이 말을 넓은 의미로 해석하면 '마음이 쉬고 또 쉬다 보면 쉬고 있는 그 마음까지 쉴 수 있어 아무것에도 얽매이지 않는 자유로움을 얻기에 이른다.'는 의미를 지니고 있다.

2023년 6월 13일 화요일

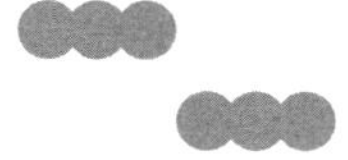

스무 해를 훌쩍 넘긴 등산

버릇처럼 반복하는 행위 중에서 으뜸은 아무래도 등산이다. 물론 먹고 자며 숨 쉬는 원초적 본능을 제외하면 딱히 맡겨진 책임이나 정기적인 만남이 전무해 삼시 세끼 애꿎은 밥만 축내는 밥쇠이다. 일터에서 물러난 허구한 날 남는 게 시간뿐임에도 정붙일 소일거리가 마땅찮아 더더욱 그리되지 않았을까. 무료함 아니면 건강 운운하며 구차한 이유를 끌어다 붙일 필요가 없이 마음 가는 대로 따르다 보니 동네 뒷산과 찰떡궁합을 자랑할 정도로 배가 맞아 짝짜꿍하는 지경에 이르렀다. 매주 대여섯 차례 오가는 길이 어느덧 스무 해를 훌쩍 넘긴 여태까지 현재 진행형이다. 하기야 처음 산을 찾아 나설 무렵엔 이것저것 끌어다 붙이며 건강을 들먹였다. 지금은 버릇처럼 자연스러워져 거기에 거창한 목표나 그럴듯한 이유를 들먹일 까닭이 눈곱만큼도 없다.

특별한 사달이 발생하지 않는 한 지속해왔던 등산을 보름 가까이 쉴밖에 선택의 여지가 없었다. 지난달 중순께(5월 16일)부터 시작된 아내의 수술 후속 조치인 방사선 치료에 보호자로 늘 동행해야 했다. 토요일과 일요일을 비롯해 공휴일은 거르기 때문에 이달까지 계속되다가 마지막 3번을 남겨놓고 부부가 나란히 신종 코로나바이러스 감염증(코로나19) 검사에서 양성으로 판정되었다. 그 때문에 어쩔 도리가 없어 자가 격리에 들어갔다가 지난주(6월 19일)에 가까스로 남아있던 치료를 마무리했다. 엎친 데 덮친 격인지 그 와중에 나의 임플란트 시술과 외부 강의가 뒤엉키면서 막다른 골목으로 내몰림을 당해 잠시 중단했다. 그렇게 일시적으로 멈췄던 등산을 이번 주 월요일(6월 19일)부터 다시 시작했다.

갑자기 더워진 날씨에 대응하기 위해 인정(寅正 : 오전 4시 정각) 무렵에 집을 나서는 새벽 등산으로 바꿨다. 어둑어둑해 조심스레 길을 나서 본격적인 등산로 초입에 이르면 주위가 어슴푸레 밝아져 가파른 비탈이나 깔딱 고개를 걷는데 아무런 문제가 없다. 올해 들어 새벽 등산의 마수걸이를 했다. 오랫동안 오르내리던 길에서 동행했었거나 낯을 익혔던 네댓 명을 다시 만나 반갑게 인사를 나눴다. 지난날 새벽 등산에서 낯익은 길동무가 열 명 가까이 되었었는데 절반 정도는 며칠째 그림자도 보이지 않으니 아마도 등산에서 퇴역한 게 아닐까. 그 대신 생면부지의 낯선 얼굴 몇몇이 눈에 띄었다.

물론 한여름이라도 시간만 잘 선택하면 햇볕은 별로 문제가 되지 않는다. 집에서 출발하여 아파트 숲을 터덜터덜 빠져나가는 구간을 벗어나면 울창한 수목의 터널을 걷고 또 걷는 모양새이기 때문에 불볕 같은 햇살을 크게 염려하지 않아도 된다. 다만 지나치게 땀을 많이 흘리는 게 문제이고 골칫거리이다. 보통 삼복더위의 한낮에 등산을 다녀오려면 땀수건을 몇 차례 쥐어짜야 한다. 여기에 더해 등산복 전체가 땀으로 흠뻑 젖어 물에 빠진 생쥐 꼴이 되는 볼썽사나운 꼴을 피하기 위해 차선책으로 새벽 등산을 선호하게 마련이다.

처음 등산을 시작할 무렵엔 속도가 빨라 추월당했던 적이 없었다. 그렇지만 그동안 강산이 두 번 바뀌고도 남을 세월이 흐른 지금은 나보다 느리게 오가는 경우를 찾기 어려울 정도로 정반대의 처지가 되었다. 다른 분야에서 이 정도의 경륜을 쌓았다면 장인이나 전문가 반열에 올랐을 터인데. 결국, 적지 않은 경험을 축적했음에도 되레 속도만 형편없이 느려졌다. 가는 세월을 이겨낼 장사가 없음을 실감하고 있다. 언제부터인가 산을 오가는 길에서 스쳐 지나는 이들의 모습을 흘끔흘끔 곁눈질로 살피며 나이를 어림짐작해 보려는 이상한 버릇이 생겼다. 유심히 지켜봐도 나보다 나이가 많아 보이는 이가 고정적으로 산행하는 경우는 거의 없다는 사실은 무엇을 웅변하는 걸까.

등산 중에는 잡다한 일상의 속박에서 벗어나 무념무상의 호사를 누릴 수 있어 무한정 빠져들게 마련일까. 줄기차게 혼자서 산행을 고집하기 때문에 다른 사람에게 방해를 받거나 반대로 남에게 피해를 줄 개연성이 전혀 없다. 셀 수 없을 만큼 아주 오랫동안 오갔던 길이다. 손바닥 들여다보듯이 세세하게 꿰고 있어 새로울 게 없는 길임에도 매번 느낌과 맛이 다르고 새로운 멋으로 다가와 엄청 경이롭다. 어쩌면 너무 익숙해 시들해질 법도 하련만 현실은 그렇지 않다. 아마도 사람의 만남이 거듭될수록 새록새록 정이 깊고 두터워진다면 미움이나 다툼이 깡그리 사라져 사랑이 넘쳐나는 천국 같은 별천지가 될 터인데.

여름철 새벽 등산을 나설 때마다 정상을 맨 먼저 밟아 보고 싶다는 생각을 했던 적이 있었다. 그럼에도 이제까지 단 한 번도 그 꿈이 이뤄졌던 경우가 없다*. 기껏 빨라야 6~10번째 정도가 고작이었다. 이처럼 꿈을 이루지 못했어도 상관없다. 실제로 그 같은 바람은 백년하청의 부질없는 꿈일 게다. 왜냐하면, 앞서 정상을 밟는 이들은 언제나 나보다 30분쯤 일찍 집을 나서기 때문에 함부로 넘을 수 없다. 그럴지라도 산길을 쉼 없이 걷고 또 걸을 수 있도록 건강한 다리를 갖고 태어난 사실을 고마워하며 내일도 여명이 밝아올 무렵인 어두컴컴한 첫 새벽 인정(寅正) 무렵에 서둘러 산행에 나설 요량이다. 아울러 등산이 해피 바이러스(happy virus)를 무진장 전해주기 때문에 체력이 뒷받침되는 한 중단하지 않을 작정이다.

* 언제나 나보다 한 발 앞서서 산에 오른 이들이 오랜 세월 동안 첫 번째로 정상에 발을 디디는 영광을 넘겨주어야 했다. 그런데 지난 날 새벽 4시 경에 등산하던 그룹들이 등산을 하지 않으면서 올(2025년) 여름엔 첫새벽에 등산하는 사람들이 거의 없어 몇 차례 첫 번째 정상을 밟는 환희를 만끽했다.

2023년 6월 22일 목요일

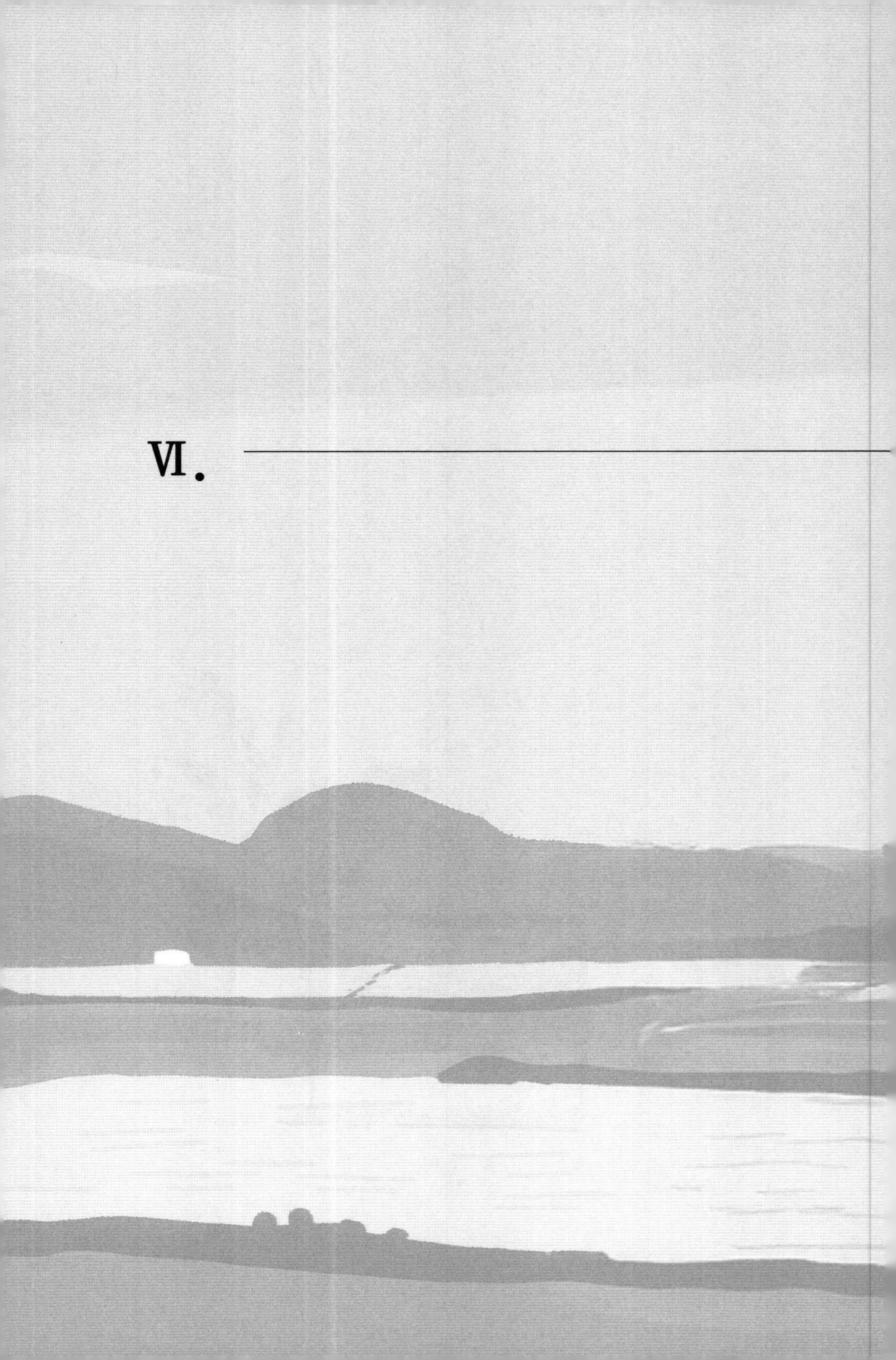

Ⅵ.

수의 단위를 되새겨 봄

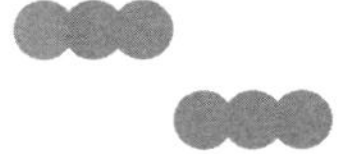

교수의 전제조건

운전하려면 기본적으로 운전면허를 소지해야 하듯이 대학교수가 되려면 전제조건(a prior condition)으로 박사학위가 필요하다. 여기서 말하는 학위는 어떤 부문의 학문을 전문적으로 익히고 공부하여 일정한 수준에 오른 사람에게 대학에서 수여하는 자격으로 학사·석사·박사 등이 있다. 한편 대학에서 학위를 수여할 때 학위기(學位記)를 수여한다. 이는 '일종의 졸업장 개념으로 학위를 인정하는 사유 같은 내용이 요약 기록되어 있다.'는 점에서 초중등학교 졸업장과 사뭇 다르다.

교수의 기본적 충족조건을 가까스로 갖췄기 때문에 중간에 퇴출당하지 않고 정년 보장을 받았다. 그 외에 학위는 어디에서도 쓸 일이 없었다. 주민등록증이나 운전면허증은 사회생활을 하면서 여기저기에서 긴요하게 쓰인다. 이들에 비해서 박사학위기는 수여 받고 난 이후에 펼쳐볼 일이 아예 없었다. 그동안 몇 차례 옮겨 다니면서도 풀지 않은 이삿짐 꾸러미 속에 섞여 있다. 그런 까닭에 보관 장소마저도 아리송한 상태이기에 이참에 찾아 별도로 잘 갈무리해야 하겠다.

대학에 뿌리내리면서 무난하게 박사학위까지 취득했다. 물론 대학에 머무는 데 기본적으로 갖춰야 할 자격조건을 충족하기 위한 대응이라고 하더라도 최고의 학위까지 마쳤다는 사실은 기쁨이고 보람이다. 천성적으로 게으르고 투미한 탓에 한 가지 일에 오랜 세월 몰두하지 못한다는 사실에 비추면 더더욱 그렇다. 어렵고 힘든 세월을 경험했지만 꾸준한 도전을 하면 꿈을 이룰 수 있었던 시대에 태어나 사회의 양지바른 쪽에 자리 잡고 꽃길을 걸었다. 요즘처럼 각박하고 경쟁이 치열한 세대로 태어났다면 어림도 없는 호사를 한껏 누렸다.

운전면허를 취득했다고 일조일석에 베스트 드라이버(best driver)가 되는 것이 아니다. 그를 취득하고 이런저런 경험과 오랜 세월 운전을 하면서 터득한 지식이 쌓여 점점 숙달된 운전자로 발돋움하다가 어느 경지에 오르면 자연스럽게 최고의 운전자가 될 것이다. 학문의 세계 또한 이를 빼닮은 판박이다.

학문의 세계에서 최종 학위를 취득하면 공부가 끝났으며 도통한 도인처럼 해당 분야를 모두 아는 것으로 착각하는 경우가 허다하다. 오히려 이렇게 생각해야 한다. 박사학위는 이제부터는 누구의 지도나 가르침 없이 스스로 학문의 목표를 세우고 연구를 하면서 논문을 쓸 수 있는 수준에 이르렀음을 인정해 주는 요식 절차

쯤으로 이해하면 무리가 없다. 학문적 성과를 크게 이루어 석학이 되기 위해서는 학위 취득 후에 끊임없는 각고의 노력이나 연구가 뒤따라야 함은 누구도 부정할 수 없다.

주민등록증, 운전면허증, 학생증, 학위기(학사, 석사, 박사), 2급 정교사 자격증, 신분증(전임강사, 조교수, 부교수, 교수) 등이 대외적으로 나를 증명하는 증서 또는 징표였다. 그중에서 가장 소중하다고 여기며 취득했던 박사학위기는 수여식 날 외엔 제대로 펼쳐봐야 할 일이 도통 없었다. 그뿐 아니라 현재 집안의 어느 짐 꾸러미 속에 꽁꽁 숨겨져 있는지 확실히 모르는 아이러니(irony)를 어떻게 설명해야 할까.

모든 게 과해 넘쳐나는 세상인 때문일까. 어느 모로 봐도 보통사람들은 언감생심의 부를 축적하거나 사회적 명성을 얻은 이들이 박사학위를 취득했다는 소식이 종종 전해진다. 그럴 때마다 누구도 범접할 수 없는 성공을 거둔 위에 최고의 학위까지 취득함을 축하해 주고 싶은 심정이었다. 유감스럽게도 거기에 적지 않은 문제가 내재해 사회적 비난의 대상이 돼 원성을 사는 경우가 허다했다. 그렇게 학위를 취득한 이들이 고위 공직 후보자로 지명되어 검증 과정에서 상당수가 논문을 표절해 공분의 대상으로 전락하는 꼴을 볼라치면 참담하다. 다른 분야에서 우뚝한 성공을 거둔 처지에 박사학위는 장식품으로 생각했던 걸까. 게다가 그런 이들은 대부분 학위논문 이외에 다른 논문 한 편도 없는 경우가 수두룩해 몹시 혼란스러웠다. 이런 외형적인 자기 과시나 쓸데없는 포장이 사라져 내적으로 충실한 사회로 정화는 진정 어려운 화두일까.

대학에 재직 시 지도했던 석사는 정확히 몇 명인지 헤아려보지 않았지만, 얼추 2백 명에 이른다. 하지만 박사는 12명이었다. 이들 중에 8명은 이미 정년퇴직을 했고 나머지 4명이 현재 교수로 재직하고 있다. 어쩌다가 한 번씩 제자들과 통화할 때마다 재직시절이 떠오른다. 아무리 후하게 접어줘도 교수직을 유지하기 위해 의무 방어전 치르듯이 학위를 취득했던 것 같다. 이처럼 연구와 강의도 그런 선에 머물지 않았다고 단언할 수 있을지 늦었지만 진지하게 곱씹어 봐야겠다.

2022년 8월 11일 목요일

무보수 강제성의 부역

사전에 따르면 부역(賦役)을 '국가나 공공단체가 특정한 공익사업을 위하여 보수 없이 국민에게 의무적으로 책임을 부과하는 노역'이라고 정의한다. 멀리는 조선 시대를 필두로 일제 강점기를 거쳐 대한민국의 건국 초기를 지나서 지난 70년대까지도 이따금 시행되었다. 그 옛날 외세나 전쟁의 위협에 대비하기 위한 축성(築城)과 성곽의 보수를 위시해서 하천의 둑이나 방천(防川) 쌓기, 논농사에 필요한 물을 다루기 위한 보(洑)의 축조(築造) 및 농수로 개설을 비롯해 보수 따위에 부역은 흔했었다. 그런데 이런 공공의 의무 부과인 부역에도 사돈의 팔촌까지 연줄을 동원하여 미꾸라지처럼 빠져나가는 별종들이 심심치 않게 생겨 이웃들의 곱지 않은 눈총을 받는 볼썽사나운 경우가 적지 않았다.

고등학교 때였다. 우연히 고향에 갔다가 어느 봄과 초겨울에 부역을 경험했다. 그날 집에 아무도 없어 대신 참여했었다. 겨울을 지난 초봄으로 집에서 16km쯤 떨어진 신작로 바닥의 팬 곳에 냇가의 자갈을 채취하여 채우고 다지는 평탄화(平坦化)가 주된 작업이었다. 함께 참여했던 어른들과 함께 냇가에서 싸리 삼태기로 자갈을 골라서 바지게*(발채*를 얹은 지게)에 담아서 지고 날라야 했다. 무척 힘들어 불평불만을 토로할 지경이었다. 그럼에도 어른들은 군소리 없이 열심히 작업에 임해 예상보다 일찍 마친 뒤에 감독관의 검열을 무사히 넘기고 귀가했던 적이 있다.

어느 초가을이었다. 여름철 장마와 잦은 비로 길바닥의 여기저기가 패이고 일부 떠내려간 길을 보수하는 중노동이었다. 그 부역도 내겐 엄청 힘든 작업이 분명했다. 도시에 그런 사태가 발생하면 관계기관에서 알아서 보수 공사를 해주었다. 그러나 시골은 주민들의 부역으로 해결했다. 그렇게 강제로 동원된 누구도 당국에 불평불만을 직언하려 들거나 당일 나온 감독관에게 항의하려 들지 않았다. 이미 익숙해졌다는 듯이 체념하고 있어 나 혼자 울화통이 터져 방방 뛰었지만 계란으로 바위 치기에 지나지 않았다.

거대한 요원의 불길처럼 전국으로 번졌던 부역(?)의 성격이 짙었던 예가 1970년대에 근면·자조·협동이라는 기치를 내걸고 전국적으로 펼쳐진 새마을운동이었다. 고샅길이나 마을 입구의 길을 곧고 너르게 넓히거나 개울 위로 다리를 놓아 찻길을 뚫는 작업에 주민들의 자발적 참여라는 미명하에 동원되었다. 그때 점심은 스스로 해결했고, 쉴 때 짬짬이 마시게 마련인 막걸리값까지도 참여자들의 형편에 따라 추렴(出斂)*하는 식으로 갹출해 마련했다.

국가나 공공단체가 '일시적으로 국민을 동원하여 공과(公課)하는 노역'이 부역이다. 이를 제도화시켜 장기적으로 운용하면 징용(徵用)이리라. 징용하면 일제 강점기에 강제로 끌려가 탄광에서 짐승 같은 대접을 받았던 광부, 공장 노동자, 정신대 등의 아픈 역사가 먼저 떠오른다. 이와 연관되는 징집하면 현재 우리의 국방의 무인 징병제도가 생각난다. 돌이켜 생각하니 옛날 조선 시대나 일제 강점기를 비롯해 대한민국 건국 후인 지난 70년대까지도 위정자들은 필요할 때마다 백성을 강제로 동원하여 수많은 부역을 시켜왔다. 다행인 것은 지난 1980년대 이후엔 극히 일부 재난지역(수해나 산불)에서 민방위 대원이나 예비군을 동원하는 외에는 거의 자취를 감췄다.

원래 우리는 국가나 마을 공동체가 어렵거나 위기에 처했을 때 상부상조하는 슬기로운 민족이었다. 예로부터 선조들은 마을의 안녕을 위한 동제(洞祭), 가뭄에 기우제(祈雨祭), 장마에 청우제(請雨祭) 등을 모실 때는 지체가 높고 낮음이나 빈부를 따지지 않고 모두가 동참해 십시일반(十匙一飯)으로 경비를 갹출해서 정성껏 모셔왔다. 게다가 농사철에는 누가 간섭하거나 지시하지 않아도 일손이 모자라면 소규모인 경우는 이웃끼리 '품앗이'로 해결했다. 그런가 하면 마을 전체를 대상으로 하는 대규모의 '두레'를 결성하여 함께 대처하는 생존법을 스스로 터득했다. 또한, 어려운 재난에 직면하면 관의 개입이 없어도 자발적으로 여러 사람이 힘을 합해서 하는 일인 '울력'을 통해 위기를 극복하고 우뚝 일어섰다. 상부상조 정신이 우리의 핏속에 도도히 흐르기 때문일 것이다. 각박한 현실에도 수해 봉사, 농촌 일손 돕기, 독거노인 돌봄, 각종 재난 현장의 봉사 등을 비롯해 아름다운 정신이 도처에서 빛을 발해 세상을 살맛나게 한다.

옥에 티라고 할까. 당국에서 툭하면 백성들에게 강제로 명하는 부역 같은 행정행위는 공정성이 전제되어야 한다. 그런데 힘 있는 사람에겐 해당이 되지 않고 애꿎은 민초들만 내모는 모순이 없었는지 곰곰이 되돌아볼 일이다. 중국의 송(宋)나라에서 노역을 부과할 때는 차역(差役) 즉 백성을 빈부에 따라 9등급으로 나누어 4등급 이상만 노력을 징발하고 5등급 이하는 면제하던 과역법(課役法)을 시행했다. 한편 조선 초기에는 부역을 전지(田地 : 논밭과 땅)의 광협(廣狹 : 넓고 좁음)이나 인구(人口)의 다소(多少)에 따라 차등분정(差等分定 : 등급에 따라 정함)했다. 이런 사실을 따져보다가 뜬금없이 세상이 맑고 공정해져 썩은 동아줄 같은 보잘것없는 권력에 빌붙어 령(令)의 위에 군림하려는 망종(亡種)들의 설 자리가 없는 세상이 도래했으면 하는 바람이 떠오름은 무슨 심사인가.

* 바지게 : 발채를 얹은 지게. 접지 못하게 만든 발채.

* 발채 : 짐을 싣기 위하여 지게에 얹는 소쿠리 모양의 물건. 싸리나 대오리로 둥글넓적하게 조개 모양으로 결어서 접었다 폈다 할 수 있게 되어있다. 끈으로 두 개의 고리를 달아서 얹을 때 지겟가지에 끼운다.

* 추렴(出斂) : 무슨 모임이나 놀이의 비용으로 각자가 얼마씩의 돈을 거두어 냄.

2022년 8월 15일 월요일

욕을 들여다 봄

'남의 인격을 무시하는 모욕적인 말 또는 남을 저주하는 말'이 욕(辱)이다. 아울러 '아랫사람의 잘못을 꾸짖음'이라는 뜻도 포함하고 있다. 칭찬하거나 격려와 응원의 말이 아니다. 그러므로 감정이 극도로 고조된 상황이 아니라면 당사자 면전에서 직설적으로 내뱉는 게 거북해서 쭈뼛거리는 경우가 생각보다 숱하다. 이런 심리를 꿰뚫은 표현의 예이다. 예로부터 '직접 말을 못 하고 잘 들리지 아니하는 곳에서 불평이나 욕을 하는 것을 비유적으로 이르는 말'을 뜻하는 "다리 밑에서 욕하기"라는 관용구가 통용되고 있다. 사람 사는 세상이라서 욕은 암암리에 사용되어 왔다. 그런 이유인지 어떤 대상에 대하여 욕을 퍼부은 글을 일컬어 욕글이라고 한다. 이제까지 살아오면서 주위에서 흔히 쓰이던 몇몇 욕에 대해서 들여다본다.

어린 시절 어른들이 "경(黥)을 칠 놈"이라는 말을 간간이 입에 담던 기억이 또렷하다. 이는 '팔이나 얼굴에 범죄자임을 나타내는 글씨를 새기던 가혹한 형벌'로서 '지나친 처벌을 당하고 그보다 더 한 수모를 당한다.'는 의미가 담긴 저주에 가까운 욕이다. 원래 중국의 오형(五刑)* 중에 몸에 문신(文身)처럼 까만 먹 글씨로 죄인이라는 표시를 하는 묵형(墨刑)이 있었다. 훗날 이 표시를 얼굴에 하도록 법이 바뀌면서 삽면형(鈒面刑) 혹은 경면형(黥面刑)으로 불렸다. 이 형이 조선 시대에 도입되었다가 영조 시절 폐지되었다. 지난날 대수롭지 않게 통용되던 욕이지만 사실은 저주에 가까운 악담이었다.

육시(戮屍)할 놈은 '이미 죽은 사람의 사체에서 목을 베는 형벌을 가함.'을 뜻하기 때문에 최상급 욕에 해당한다. 염병(染病)할 놈에서 염병은 '장티푸스를 속되게 이르는 말 혹은 전염성을 가진 병들을 통틀어 이르는 말'이다. 그 옛날 염병에 걸리면 오늘날과 달리 죽을 확률이 무척 높은 무서운 병이었다. 염병할 놈이라는 욕설은 전염병을 앓다가 죽을 가능성이 다분함에도 상대방에게 퍼붓는 악담 중에 최고의 악담을 한 꼴이다. '지랄하네.'에서 지랄이란 '간질(癎疾) 혹은 정신병을 속되게 이르는 말'이다. 그 옛날 이들은 치료가 불가능한 불치병이었다. 이런 병에 걸린 사람처럼 행동한다는 말은 정상적인 사람이 아니라는 전제가 담긴 욕설이다. '급살(急煞) 맞을 놈'에서 급살은 '갑자기 닥쳐오는 재액(災厄)'을 뜻한다. 얼마나 밉고 보기 싫었으면 닥쳐오는 재앙을 맞을 놈이라는 표현을 했을까. '오살(五殺) 맞을 놈'에서 오살은 '죄인의 머리를 찍어 죽인 다음에 팔과 다리를 베는 사형 법으로 주로 역적을 처형할 때 사용'했던 처형 법이다. 오죽이나 미운털이 박혔으면 이런 형벌을 받을 놈이라는 저주의 말을 직설적으로 퍼부었을까.

'행실이 나쁜 남자를 욕하여 이르는 말'이 잡놈이다. 이 범주에는 사색(四色)잡놈, 오색(五色)잡놈, 오합(烏合)잡놈, 만고(萬古)잡놈, 오사리잡놈 등이 눈에 띈다. 이들 또한 사람다운 대접을 받지 못하는 따돌림의 대상이었으리라. '못된 짓을 하여 천벌을 맞을 놈'일 경우에 벼락 맞을 놈이라고 몰아붙이며 상종을 하지 않았다. 제대로 하는 일도 없이 빌붙어 살아 희망이 없어 보이는 경우로서 '남에게 구걸하여 공짜로 얻어먹으려는 사람'을 빌어먹을 놈이라고 몰아세우며 조롱했다. 그런가 하면 '야비하고 교활하며 간교한 데다가 비열하고 사악하기 이를 데 없는 사람'을 쥐새끼 같은 놈이라고 호칭한다. 또한 '서로 따르며 친하게 지낼 수 없는 사람'이 상종 못 할 놈이다. 한편 '행동이나 일의 상태를 오래 끌거나 잘 견디는 사람'이 질긴 놈이고, '말이나 행동이 상황에 어울리지 않고 엉뚱한 느낌을 주는 사람'이 싱거운 놈이다. 아울러 '어떤 사람을 좋지 않게 여겨 욕하여 이르는 말'이 개새끼이다. 미친 사람처럼 행동할 때 '미치광이를 욕하여 이르는 말'을 뜻하는 미친놈이라고 호칭한다.

'남이 하는 언동을 비속하게 이르는 말'이 '육갑(六甲)을 떤다.'이다. 그런 행동을 하는 당사자의 자존심이나 인격을 폄하하는 욕으로 삼가야 할 표현이 분명하다. 무엇인가를 크게 잘못했을 경우 흔히 주리를 틀 놈이라고 한다. 여기서 주리는 '모진 악형을 가하거나 모진 매를 때린다.'는 뜻으로 매우 심한 욕이 틀림없다. 우리는 '격에 맞지 아니하는 아니꼬운 행동'을 보면 꼴값을 떤다고 비꼬는 경우가 더러 있다. 이 또한 상대방의 인격을 생각해 순화해야 할 대상이다. '일정하게 자리 잡힌 주장이나 판단력이나 일정한 줏대가 없이 되는대로 하는 행동'을 주책없다고 몰아붙인다. 또한 '짐작할 수 없거나 어떤 표준을 잡을 수 없게 행동'할 때 대중없다고 여겨 곱지 않게 생각하며 모자라거나 분수를 모른다고 치부하게 마련이다.

'생각이 모자라고 어리석은 사람을 놀림조로 이르는 말'이 푼수이다. 이는 마음이 좋거나 모자랄 개연성이 다분하기에 조심스럽게 입에 올려야 한다. 자칫하면 상대에게 깊은 상처를 줄 위험이 도사리고 있기 때문이다. '자기의 처지나 생각을 꿋꿋이 지키고 내세우는 기질이나 기풍이 부족한 경우'를 줏대가 없다고 한다. 그리고 '어떤 일이나 사람이 앞으로 잘될 것 같은 낌새나 징조가 보이지 않을 때' 우리는 싹수가 노랗다고 이른다. 이들 '줏대가 없다 혹은 싹수가 노랗다.'는 표현 역시 신중해야 한다. 왜냐하면, 당사자에게 치명적인 낙인이 찍힐 개연성 때문이다. 이들 외에도 언뜻 떠오르는 멍청한 놈, 얌체, 얌생이, 등신, 간살쟁이, 죽일 놈, 못된 놈, 나쁜 놈, 호래자식(개망나니, 돌놈, 후레자식) 따위는 긍정보다는 업신여김 혹은 조롱의 뜻이 강하기 때문에 입에 올릴 때는 쓰임새에 특별히 신경 쓸 필요가 있다.

'한데 어울리지 못하고 조금 동떨어져 행동'하는 배돌이, '행동이나 말 따위가 다부지지 못해 어리석고 둔한' 어리보기나 '아무 역할도 못 하고 수효만 채우는' 충수꾼에 지나지 않는 이름 없는 존재로 삶을 꾸리는 게 우리네 인생이다. 그럴지라도 누군가와 주고받는 말 중에서 욕은 항상 그 어원이나 의미를 생각해 보고 입에 올리는 지혜가 필요하지 않을까. 하기야 보통 사람인 경우 감정 통제가 불가능한 지경에 이르면 부지불식간에 불쑥 튀어나오는 게 욕의 본디 모습이다. 따라서 인위적인 절제가 쉽지 않은 난제가 분명하다.

* 오형(五刑) : 이는 원래 ≪서경(書經)≫의 〈순전(舜典)〉에 나오는 유유오형(流宥五刑)에서 비롯되었다. 그런데 주(周) 나라 형서(刑書)인 ≪여형(呂刑)≫에 묵(墨 : 刺字)·의(劓 : 코 베기)·궁(宮 : 거세)·비(剕 : 발뒤꿈치 베기(아킬레스건 절단))·살(殺 : 사형) 등의 다섯 가지 형벌을 일컫는다.

2022년 8월 17일 수요일

셋에 대한 이런저런 생각

별로 눈길을 사로잡기 어려운 숫자 셋(三)에 대한 얘기다. 수를 헤아리는 첫 번째인 하나(一)도 아니고 완성수(完成數)인 열(十)도 아니다. 세 번째인 셋은 사람에 견주면 별로 내세울 구석이 없는 그저 그런 존재가 아닐까. 그럼에도 우리 주변엔 셋 다시 말하면 삼(三)을 포함해 만들어진 개념들이 즐비하다. 그중에 언뜻 떠오르는 몇몇이다.

사회제도에 관련된 내용이다. 지난날 인재 등용문이었던 과거(科擧)에서 문과(대과)의 경우 초시·복시·전시 등 3단계에 걸쳐 시행했으며, 합격자 중에서 첫째부터 셋째까지의 호칭을 장원(壯元)·방안(榜眼)·탐화(探花)라고 했다. 또한, 조선 시대에 영의정·우의정·좌의정 등의 삼정승(三政丞)이 있었고, 지난날 대역죄를 지은 사람을 치죄하든 형벌로서 부계(父系)·모계(母系)·처계(妻系)인 삼족(三族)이 몽땅 멸문지화를 당하는 참혹한 경우도 있었다. 이 외에도 조선 시대 과거에 급제한 사람들의 성적 등급인 과

차(科次)를 9등급인 3의 3배수로 나뉘었었다. 현재 우리나라에서 시행 중인 한 사건에 대하여 세 번의 심판을 받을 수 있는 심급제도인 삼심제도(三審制度), 국가의 권력을 입법·사법·행정의 삼권으로 분립하여 서로 견제하게 함으로써 권력의 남용을 막고, 국민의 권리와 자유를 보장하는 국가 조직의 원리인 삼권분립(三權分立) 따위가 모두 공교롭게도 셋이라는 공통성을 지니고 있다.

사회적 통념으로 자리 잡은 내용 중에 셋과 관련된 내용은 일일이 열거하기 어려울 정도이다. 유교 문화의 근간을 요약한 삼강오륜(三綱五倫)에서 '임금과 신하·어버이와 자식·남편과 아내 사이에 마땅히 지켜야 할 도리'인 삼강은 셋에 기반을 두고 있다. 또한 과거·현재·미래나 영생을 뜻하는 전생·현생·내생을 삼생(三生)이라 이르고, '동양 신화에 나오며 태양 속에 산다고 알려진 세 발을 가진 까마귀'인 삼족오(三足烏)를 신성시했다. 또한, 강남 갔던 제비가 돌아온다는 삼짇날이 3월 3일이고, 제비가 강남으로 돌아간다는 중양절이 3의 3배수인 9월 9일이다. 그런가 하면 장례문화에서 삼일장·삼우제·삼년상 따위도 있다. 또한 '사람에게 닥치는 세 가지 재해(도병(刀兵)·기근(饑饉)·질역(疾疫))로서 십이지(十二支)에 따라든다.'는 삼재(三災)가 있다. 한편 예로부터 전해지는 24절기에서 절기마다 삼후(三候)인 초후·중후·말후로 나뉘어 계절의 특징을 설명하고 있다.

우리의 관습이 된 셋에 대한 얘기다. 너무나 친숙해진 '군자의 세 가지 즐거움'인 군자삼락(君子三樂), '유익한 즐거움이 세 가지'

라는 익자삼요(益者三樂), '유해한 즐김의 세 가지'라는 손자삼요(損者三樂)라는 말도 있다. 그리고 '아이가 태어난 후 스무하루 동안 혹은 스무하루가 되는 날'인 삼칠일(三七日 : 세이레)이 있다. 또한, 맹자의 어머니가 아들의 교육환경 때문에 3번이나 이사를 했다는 맹모삼천지교(孟母三遷之敎)는 오늘날에도 본받을 만한 모성의 면모이다. 이외에도 술좌석에서 동참한 사람이 술을 내치더라도 최소한 세 차례는 정중하게 권해야 한다는 예청(禮請)·고청(固請)·강청(强請)은 기본예절로 알려져 있다. 아울러 고대 중국에서는 '술을 좋아하는 사람'을 주인(酒人)이라 부르며 삼등구품(三等九品)으로 그 품격을 갈래짓기도 했다.

'중국의 삼국시대 촉한의 유비가 남양(南陽)에 은거하고 있던 제갈량의 초옥으로 세 번이나 찾아간 데서 유래했다.'는 삼고초려(三顧草廬), '하루에 세 번 먹는' 것을 뜻하는 삼시 세끼, '단단히 먹은 마음이 사흘을 가지 못한다는 뜻으로, 결심이 굳지 못함을 이르는 말'인 작심삼일(作心三日)이 떠오른다. 이들 모두가 셋을 바탕으로 하고 있다. 요즘엔 천부당만부당한 얘기다. 그 옛날 여필종부(女必從夫)를 강요하던 시절 여자가 시집을 가면 '벙어리 삼 년(三年), 귀머거리 삼 년, 소경 삼 년'을 살아야 그 집 귀신이 된다는 얼토당토않은 말로 시집살이를 강요했다. 이는 3년의 3배인 9년이라는 세월을 쥐 죽은 듯이 살아야 비로소 시댁 며느리로 인정받을 수 있다는 얘기이기도 하다.

어떤 일에서 등위를 말할 때 유독 1등·2등·3등, 진·선·미, 상·중·하', '금메달·은메달·동메달로 셋까지만을 고집했을까 하는 의

문이 꼬리를 문다. 물론 지난날 백일장에서 수상자를 장원(壯元)·차상(次上)·차중(次中)·차하(次下)…… 식으로 수상하기도 했다. 한편 요즈음 각종 경연이나 콩쿠르에서 수상자 수(數)를 늘려 관심을 끌기 위한 술책인지 모르지만 대상·금상·은상·동상·가작·장려·선 따위로 수상자를 늘리려는 의도가 숱하게 많아졌다. 순우리말에서 '많은 것 중에서 가장 뛰어난 것.'을 으뜸이라 하고, '으뜸 바로 아래'를 버금이라고 한다. 그러나 세 번째를 이르는 말은 찾기 어렵다. 한자어로 수석(首席)·차석(次席)은 보여도 세 번째를 이르는 말은 과문한 때문인지 보이지 않았다. 그렇다고 삼석(三席)은 앞의 두 말과 격이 다를 뿐 아니라 사전에도 오르지 않아 짝을 짓을 수 없다.

불현듯 우리말이나 관습을 비롯한 제도에서 셋을 바탕으로 하는 경우들이 떠올라 내키는 대로 적바림하다가 예상보다 훨씬 많음에 무척 놀랐다. 왜 둘이나 넷 혹은 다섯이 아니고 구태여 셋이었을까. 이러한 다양한 사실을 바탕으로 생각하니 예로부터 결연한 도전 의지의 표현으로 삼 세 번이라는 말이 공연한 허튼소리가 아니었을 것이라는 생각에 셋을 곱씹어 본다.

2022년 8월 29일 월요일

수의 단위를 되새겨봄

순우리말로 수의 단위 표현을 곰곰이 생각해봤다. 급변하는 세상을 따라잡으려는 조바심 때문에 엄벙덤벙 댔던 때문일까. 어쩌면 입에 착 달라붙어 있어야 할 순우리말이 외국어보다 낯설고 어렵다. 그러다 보니 차 한 잔을 마실 정도의 시간(5~20분)인 일다경(一茶頃)을 비롯해 대략 15분 안팎인 일각(一刻)도 제대로 꿰지 못했다. 또한, 밥 한 끼 먹을 시간(대충 30분)인 한 식경(食頃)이나 2시간을 이르는 시진(時辰)은 외래어 같은 느낌이다.

순우리말로 수의 표현은 외국어보다 어려웠다. 왜냐하면, 100은 온, 1,000은 즈믄, 10,000은 골, 억(億)은 잘, 조(兆)는 울이라는 사실이 무척 낯설고 입에서 마냥 겉돈다. 그뿐이 아니다. 한자어일지라도 예로부터 전해오는 해(年)를 가름하는 개념의 자료를 접하면서 더더욱 헷갈려 어지러웠다. 왜냐하면 석(昔)은 10년, 세(世)는 30년, 운(運)은 12세이므로 360년(30년×12세=360), 회(會)는 30운이라서 10,800년(30×12×30=10,800년), 원(元)은 12회인 까닭에 129,600년(30×12×30×12=129,600년)이란다. 너무도 낯설어 고개를 절레절레 내저으며 도리질을 해댔던 내가 모자라는 걸까.

여태까지 살면서 '조(兆)의 만 배가 되는 수' 즉 10^{16}인 경(京)을 헤아려봤던 적이 없다. 우선 서양에서 사용하는 단위 일부이다.

/ 데카(deca : 10^{1}), 헥토(hecto : 10^{2}), 킬로(kilo : 10^{3}), 메가(mega : 10^{6}), 기가(giga : 10^{9}), 테라(terra : 10^{12}), 페타(peta : 10^{15}), 엑사(exa : 10^{18}), 제타(zetta : 10^{21}), 요타(yotta : 10^{24}), …… /

따위가 쓰인다. 한편 우리가 사용하는 큰 수의 단위를 예시한다(以萬遞進*).

/ '만(萬 : 10^{4})·억(億 : 10^{8})·조(兆 : 10^{12})·경(京 : 10^{16})·해(垓 : 10^{20})·자(秭 : 10^{24})·양(穰 : 10^{28})·구(溝 : 10^{32})·간(澗 : 10^{36})·정(正 : 10^{40})·재(載 : 10^{44})·극(極 : 10^{48})·항하사(恒河沙 : 10^{52})·아승기(阿僧祇 : 10^{56})·나유타(那由陀 : 10^{60})·불가사의(不可思議 : 10^{64})·무량대수(無量大數 : 10^{68})' …… /

등이다. 이 경우 실제로 큰 수를 나타내는 단위가 한 단계씩 높아질 때마다 '10^{4}'씩 더해진다. 이런 개념에 근거해 천재일우(千載一遇)라는 말을 되새겨 본다. 그를 곧이곧대로 해석하면 '재(10^{44})라는 장구한 세월을 1천 번 지나고 만남'이니 얼마나 어렵고 귀할 것인가. 따라서 인간의 수명으로는 꿈을 꿀 수 없는 까마득한 세월이다. 그러므로 '몇 천 년 동안 단 한 번 만난다는 뜻으로서 좀처럼 만나기 어려운 좋은 기회를 이르는 말' 쯤으로 받아들이면 무난하다.

큰 수와 대비되는 작은 수의 단위들이다. 먼저 공학(서양)에서 사용하는 단위의 요약이다.

/ 밀리(milli : 10^{-3}), 마이크로(macro : 10^{-6}), 나노(nano : 10^{-9}), 피코(pico 10^{-12}), 펨토(femto : 10^{-15}), 아토(atto : 10^{-18}), 젭토(zepto : 10^{-21}), 욕토(yocto : 10^{-24}), …… /

따위가 쓰인다. 한편 동양에서 사용하는 작은 수의 표현 단위를 나타내는 몇 가지가 있다. 다음은 그들 중 하나의 예이다(以十遞進*).

/ '분(分 : 10^{-1})·이(釐 : 10^{-2})·모(毛 : 10^{-3})·사(絲 : 10^{-4})·홀(忽 : 10^{-5})·미(微 : 10^{-6})·섬(纖 : 10^{-7})·사(沙 : 10^{-8})·진(塵 : 10^{-9})·애(埃 : 10^{-10})·묘(渺 : 10^{-11})·막(漠 : 10^{-12})·모호(模糊 : 10^{-13})·준순(浚巡 : 10^{-14})·수유(須臾 : 10^{-15})·순식(瞬息 : 10^{-16})·탄지(彈指 : 10^{-17})·찰나(刹那 : 10^{-18})·육덕(六德 : 10^{-19})·허공(虛空 : 10^{-20})·청정(淸淨 : 10^{-21})' …… /

따위가 있다. 이 경우는 작은 수를 나타내는 단위가 한 단계씩 낮아질 때마다 '10^{-1} 즉 10분의 1씩 값이 작아진다.' 실제로 청정의 수준에 이르면 너무도 미세하여 상상할 수 없는 크기가 분명하다. 하나의 예이다. 우리가 흔히 입에 올리는 찰나의 개념을 생각한다. 시간 단위로 나타낼 때 '1초(秒)의 10^{-18}이라는 순간'을 말하기 때문에 도저히 상상할 수 없는 공리(公理) 상의 개념적인 순간일 뿐이다.

그다지 크지 않은 조(兆 : 10^{12})는 '1에 0이 12개가 붙어있어 1 000 000 000 000(1조)라는 의미'이다. 만일 조가 아닌 무량대수(10^{68})라고 한다면 '1에 0이 68개가 붙는다.'는 생각만 해도 머리가 지끈지끈 아플 지경이다. 이와는 정반대인 작은 수의 실제 예이다. 만일 막(10^{-12})을 실제의 수로 나타내면 '0.000 000 000 001'이라는 얘기로서 달리 나타내면 '1막(漠)분의 1'이라는 뜻이 된다. 이런 관점에서 얘기이다. 수에서 상상을 초월하는 큰 수나 작은 수는 어쩌면 과학이나 공학의 전문영역에 필요할 뿐 보통 우리네 생활에서는 체감하기 어려운 화두 같은 존재일 따름이다.

천재들은 파이(π)의 값을 깡그리 기억하고 있다가 끝이 없을 정도로 줄줄이 주워섬기기도 한다. 하지만 누군가가 불시에 '10^{63}'이 정확히 얼마냐고 묻는다면 꿀 먹은 벙어리처럼 허둥댈게 자명하다. 아마도 꼭 대답해야 한다면 낑낑대며 지필로 계산하는 법석을 떨고 나서 겨우 답할 수 있을 게다. 왜냐하면, 일생 빤한 월급을 받아 이리저리 쪼개 생활하며 삶을 꾸리고 있는 까닭에 여태까지 현금 몇 십억조차도 모아봤던 적이 없다. 따라서 조(10^{12}) 이상의 큰 수를 비롯하여 미(10^{-6}) 이하의 작은 수를 접했던 경우는 기억에 없다. 기껏해야 연구나 강의에서 가뭄에 콩 나듯이 다뤄 봤을 뿐 실생활에서는 거리가 멀었다. 이런 때문이리라. 수의 단위를 살피다가 다른 행성에 불시착하여 그 세계의 암호 같은 의사소통 방법을 대하는 것 같은 낯섦을 실감했다.

* 이만체진(以萬遞進) : 만(萬) 다음부터 수사가 나타내는 수의 값과 이름이 만(萬) 배(倍)씩 변화한다.

* 이십체진(以十遞進) : 「10^{-1}」을 나타내는 분(分)으로부터 시작하여 「10분의 1(1/10)」씩 작아진다.

경남문학, 2023년 봄(통권 142호), 2023년 3월 5일
(2022년 8월 30일 화요일)

또다시 겁외사와 만남

'시간 밖의 절 즉 시공(時空)을 초월한 절'이라는 의미의 겁외사(劫外寺)*를 다시 찾았다. 성철스님의 생가터(生家址)에 지은 절로 역사가 일천하여 대덕 고승이 수도했다거나 유장하고 찬연한 역사를 내세울 바가 전혀 없다. 그럴지라도 스님은 해방 이후 해인총림 초대 방장을 비롯해 조계종 제7대 종정 등을 역임하셨던 큰 별이셨다. 게다가 8년 동안 장좌불와(長坐不臥)를 행하는 등 평생 철저한 수행으로 일관했다. 아울러 돈오사상(頓悟思想)과 중도사상(中道思想)을 설파했던 큰 족적을 되새기며 나를 돌아볼 수 있는 도량이라는 생각에서 기회가 닿을 때마다 찾는다. 이번 나들잇길에 눈길을 사로잡았던 대강이다.

대가람(大伽藍)이 아닐 뿐 아니라 최근에 신축한 사찰인 때문에 웅장하거나 고색창연한 맛과 멋은 없다. 먼저 절의 출입문인 벽해루(碧海樓)를 통해 경내에 들어서면 왼쪽에 대웅전, 중앙에 성철스님 동상인 동시에 사리탑, 오른쪽에 성철스님 어록을 새긴 누워있는 대리석을 비롯해 사철나무로 분리된 종무소와 정오당(正悟堂)이 자리하고 있다. 몇 걸음 더 안쪽으로 발길을 옮기다 보면 왼쪽에 꽤 큰 백송(白松) 한 그루가 특히 눈길을 끌며 나그네의 발길을 붙든다. 백송을 곁눈질하며 앞으로 직진하면 생가인 율은고거(栗隱故居)로 올라가기 위한 돌계단과 대문인 혜근문(惠根門)이 눈에 들어온다. 그 돌계단의 좌우에 황금송(黃金松)이 각각 한 그루씩 식재(植栽)되어 있는데 여러 정원수 중에 군계일학으로 여느 산야에서 만날 수 없는 귀공자 수종(樹種)이다.

율은고거는 약간의 언덕 위에 자리하고 있다. 먼저 돌계단을 따라 오르다 보면 보통의 집 대문에 해당하는 혜근문으로 들어섰을 때 왼쪽에 친필 자료·누더기 가사·지팡이·고무신·필기구·안경 따위의 스님 유품을 전시하는 포영당(泡影堂), 오른쪽에 사랑채인 율은제(栗隱齊)가 자리하고, 정면 약간 높은 뜰 위에 스님의 생가인 율은고거가 정확하게 절 입구 쪽을 향해 자리하고 있다.

다른 절에 견주면 일주문(一柱門)에 해당하는 걸까. 출입구로서 2층 누각인 벽해루(碧海樓)는 매우 인상적이다. 여기서 벽해는 스님의 법어 '아침의 붉은 해(大悟 : 큰 깨달음)가 푸른 바다를 뚫고 솟아오른다.'는 〈홍하천벽해(紅霞穿碧海)〉에서 따온 단어란다. 그렇다면 그 문턱을 넘어서는 순간 푸른 바다를 뚫고 해가 치솟듯이 대오각성한다는 뜻이 아닐까. 하지만 미욱한 사람에겐 그렇지 않은 모양이다. 그동안 몇 차례 문턱을 넘나들었어도 예나 지금이나 변한 게 없다.

겁외사 여러 건물에는 유독 주련(柱聯)*이 많다. 예를 들면 벽해루·대웅전·율은고거·포영정·율은제 등의 전면에 세로로 된 하얀 글씨의 주련을 꼼꼼하게 새겨보고 싶었다. 하지만 불교 경전에 대해 어두운 까닭에 제대로 판독할 수 없어 유감이었다. 다만 대웅전의 주련은 스님의 오도송(悟道頌)*이라서 어렴풋이 그 뜻을 어림할 수 있었다.

/ 황하수 서쪽으로 흘러 곤륜산 정상에 치솟아 올랐으니(黃河西流崑崙頂 : 황하서류곤륜정) / 해와 달은 빛을 잃고 대지는 꺼져 내리도다(日月無光大地沈 : 일월무광대지심) / 문득 한 번 웃고 머리를 돌려보니(遽然一笑回首立 : 거연일소회수립) / 청산은 예대로 구름 속에 있네(靑山依舊白雲中 : 청산의구백운중)' /

큰 스님인 때문일까. 아니면 최근까지 우리 곁에 계셨던 연유일까. 스님의 법어나 어록은 다른 고승보다 많이 회자 되고 있다. 우선 '마음의 눈을 뜨고 바로 보면 그 실상은 산은 산이요, 물은 물이로다.'라는 유명한 법어가 언뜻 떠오른다. 그리고 경내로 들어서 꽃등* 언저리의 오른쪽에 길게 누워있는 대리석에 8연(八聯)으로 새겨진 성철스님 법어의 첫 연(聯)에서 이렇게 이르셨다.

'/ 자기를 바로 봅시다 / 자기는 원래 구원되어 있습니다 / 자기는 원래 부처입니다/ 자기는 항상 행복과 영광이 넘쳐 있습니다 / 극락과 천당은 꿈속의 잠꼬대입니다 /'

세속으로 여든을 넘기시고 열반에 드실 무렵의 큰 스님 사유를 엿볼 수 있는 흔적은 열반송(涅槃頌)*이지 싶어 조심스럽게 옮겨 본다.

> "/ 한평생 남녀의 무리를 속여서(平生欺誑男女群 : 평생기광남녀군) / 하늘에 가득한 죄업에 수미산을 지나간다(彌天罪業過須彌 : 미천죄업과수미) / 산 채로 무간지옥에 떨어지니 한이 만(萬) 갈래나 되네(活陷阿鼻恨萬端 : 활함아비한만단) / 태양이 붉은빛을 토하면서 푸른 산에 걸렸구나(一輪吐紅掛碧山 : 일륜토홍괘벽산) /"

이에 대해서는 별도의 추가적인 설명을 생략하고 독자의 몫으로 남겨 두련다.

꽤 오랜만에 찾았더니 입구 길 건너편에 성철기념관이 완공되어 있었다. 그 내부엔 여러 상황을 상징하는 불상을 비롯해 스님의 기념 서적을 판매했다. 불심이 부족한 때문인가 아니면 보는 눈이나 마음의 문제일까. 일반적으로 겁외사로 알려졌지만 실제로 살펴보면 주된 터에는 생가가 복원되어 있고 절의 시설은 입구 한 쪽에 달랑 대웅전 한 채였다. 이는 마치 생가터에 절집 한 채가 전세로 입주한 기분이 듦은 나 혼자만의 삐딱한 심보일까. 하기야 큰 스님의 높은 뜻을 이어받아 중생을 제도한다면 이런들 저런들 어떠하리. 공연히 중뿔나게 시비를 입찰하는 듯한 내가 관견(管見)*으로 세상을 보는 우매함에서 벗어나지 못함이리라.

* 겁외사(劫外寺) : 경남 산청군 단성면 성철로 125

* 주련(柱聯) : 기둥이나 벽 따위에 장식으로 써 붙이는 글귀. 주로 한시(漢詩)의 연구(聯句)를 많이 쓴다.

* 꽃등 : 맨 처음

* 오도송(悟道頌) : 수행 중에 깨우침이 있을 때 그 느낌을 적은 글

* 열반송(涅槃頌) : 열반게(涅槃偈) • 입적게(入寂偈)라고도 하며 선승을 비롯해 고승들이 열반에 들기 전에 자신의 철학과 사상을 총체적으로 담아 후세 사람들에게 전하는 마지막 글이나 말을 이른다. 일반적으로 한시(漢詩)의 오언절구나 칠언절구 형태를 취한다. 보통 오도송은 비유적이고 화려한 반면에 열반송은 화려한 언사를 쓰거나 비유를 거의 하지 않는 특성을 지니고 있다.

* 관견(管見) : 대롱 구멍으로 사물을 본다는 뜻으로 좁은 소견이나 자기의 의견을 겸손하게 이르는 말

2022년 9월 4일 일요일

덕담이 담긴 옛 그림 읽기

어해도(魚蟹圖)는 '물고기와 게 따위의 바다 생물을 그린 그림'으로 어락도(漁樂圖)라고도 한다. 그 옛날 중국의 송(宋)나라 시절 쏘가리를 그린 궐어도(鱖魚圖), 잉어를 그렸던 이어도(鯉魚圖) 등의 어도(魚圖)와 게(蟹)와 수생식물(水生植物)을 함께 그린 해도(蟹圖)가 전해졌다. 그러나 이들 그림과 어해도는 다른 개념으로 알려졌으며 우리나라에서 18세기 즉 조선 후기에 이르러 등장한 장르라는 귀띔이다. 이 무렵 물고기와 게를 그렸던 족자·화첩·병풍으로 많이 제작되었다.

어해도 소재들의 대략이다. 먼저 잉어(鯉魚)는 등용문의 고사(故事)처럼 남자의 입신양명을 기원하는 뜻으로 쓰인다. 아울러 쏘가리(鱖魚)·게(蟹)·거북(龜) 따위도 유사한 의미이다. 그런데 특히 쏘가리를 나타내는 한자 '쏘가리 궐(鱖)'이 '대궐 궐(闕)'과 같은 발음이라는 견지에서 '벼슬길에 들어서 궁궐로 진출 즉 출세해 승승장구'하라는 뜻을 함축하고 있다. 한편 게와 거북은 등껍질인 갑(甲)과 과거에서 으뜸 즉 장원인 갑(甲)은 같은 음(音)으로 급제하라는 의미로 역시 입신양명과 연관이 있다. 이 외에도 중국에서는 '물고기 어(魚)'와 '남을 여(餘)'의 발음이 유사하다는 맥락에서 풍족한 삶이나 다산(多産)을 뜻하기도 했다. 여기서 다산이란 물고기는 많은 알을 밴다는 점에서 유래했다.

물고기와 거북에 대한 요약이다. 전통적으로 잉어 그림은 출세를 의미했다. 그리고 두 마리의 물고기는 금슬 좋은 부부애, 세 마리의 물고기는 학문 정진의 기원을 뜻했다. 한편 민화에서 자유스러운 물고기 모습은 세속적인 생활의 여유로움, 떼로 그린 물고기는 다산의 소원을 기원하는 의미이다. 그런가 하면 물고기는 언제나 눈을 뜨고 있다는 견지에서 도둑을 지킨다는 의미가 있다. 이런 이유에서 다락문에 물고기 그림을 붙이거나 쌀 뒤주에 물고기 자물통을 달기도 했다. 그 외에도 물고기 모양을 장식물에 새김으로써 벽사(辟邪)의 상징으로 쓰이기도 했었다. 또한, 거북은 장생의 의미를 담고 있다. 오래전부터 우리 조상들은 거북이 오천 년 이상 살면서 동서남북을 수호해 주는 신(神) 중에서 북쪽을 지켜주는 신인 현무(玄武)라고 믿어왔었다. 게다가 신과 인간을 이어주는 신령한 동물로 여기기도 했다.

이갑전려도(二甲傳臚圖)는 게(蟹) 두 마리와 갈대(蘆)를 그린 그림이다. 그 의미의 대략적인 맥락이다. 원래 게의 딱딱한 등딱지를 나타내는 글자가 갑(甲)이지만 첫째라는 의미도 있다. 따라서 두 마리의 게는 이갑(二甲)으로 과거시험에서 소과와 대과 모두 연달아 장원 합격하라는 기원이 담겨있다. 한편 중국에서 '갈대 로(蘆)'는 '살갗 려(臚)'와 발음이 같단다. 그리고 려(臚)는 과거 급제자에게 임금님이 하사하는 음식을 뜻한다는 얘기다. 다시 말하면 장원급제 후에 임금님을 알현할 때 내려주는 음식 또는 윗사람의 말을 아랫사람에게 전하고 아랫사람의 말을 윗사람에게 고(告)하는 것을 전려(傳臚)·전창(傳唱)·려창(臚唱)·려전(臚傳)이타고 한다.

연꽃밭에 한 마리의 백로가 한가롭게 노니는 모습을 묘사한 일로연과도(一路連科圖)는 언뜻 생각하면 마냥 여유롭고 낭만적인 냄새가 물씬 풍긴다. 과연 그런 의미일까. 그를 마음으로 읽는다. 연꽃 사이에 한 마리의 백로(해오라기)는 일로(一鷺)이다. 한편 연(蓮)의 열매를 달리 표현하면 연과(蓮果)이다. 여기서 일로(一鷺)는 '한 걸음'을 뜻하는 일로(一路)와 연과(蓮果)는 '과거에 잇달아 합격한다.'는 연과(連科)와 발음이 동일하다. 그러므로 이 둘을 합치면 일로연과(一路連科)라는 의미로 '한 번의 과거에 소과와 대과에 연이어 합격하라는 덕담'이 된다. 이런 이유에서 과거를 앞둔 이들에게 격려와 용기를 북돋아 격려한다는 의미로 건네는 선물로 적합하다. 원래 연꽃은 불교를 대표한다. 비록 진흙에 뿌리를 내리고 있을지라도 기품 있는 꽃을 피우는 특성 때문에 세파에 때 묻지 않은 청순함과 고결함을 나타낸다. 그런가 하면 꽃과 열매인 연과(蓮果)가 동시에 성장하면서 연밥에 촘촘히 박힌 연실(蓮實)은 다남(多男)을 상징한다.

송학도(松鶴圖)의 연원은 명확하지 않다. 그런데 조선 시대 궁중

회화인 십장생도(十長生圖)에 소나무·학·아침 해가 중요 요소로 포함되었다. 원래 송학도에는 도교적인 색채가 짙었으나 선비 화가들은 도교적인 색채를 점점 배제하고 선비의 지조와 절개를 담은 그림으로 재창조했다. 여기서 학(鶴)은 신선 세계나 태평성대를 상징하여 선비나 군자의 모습을 투영하고 있다. 한편 소나무는 사철 푸르다는 관점에서 변치 않는 지조와 절개를 상징한다. 그리고 아침 해는 붉은 해라는 이유에서 '한 조각 붉은 마음'인 일편단심을 상징한다고 여겼다. 하지만 조선 말기와 일제 강점기라는 질곡의 세월을 거치면서 송학도에서 인문학적 내용은 배제되고 장수·출세·풍요·무병장수 따위의 도교적인 내용만 남았다는 전문가의 진단이다.

동양화에서 학은 어떤 의미를 지니고 있을까. 학은 단아하고 청초하여 신선이 타고 다니는 동물로서 새의 군왕으로 여겨 천년을 살면 백학(白鶴), 이천년을 살면 청학(靑鶴), 삼천 년을 살면 금학(金鶴)으로 불렸다. 이런 믿음에 기인하리라. 신의 경지가 아니면 날지 않고, 오동나무와 소나무가 아니면 앉지 않고, 죽실(竹實)이 아니면 먹지 않는 새라고 믿어왔다. 어찌 되었든 신선처럼 오래 사는 것으로 인식되어 장수를 기원하며 벼슬이나 관직에 연관되어 입신출세를 상징한다고 믿어왔다. 한편 소나무는 사시사철 푸르다는 연유에서 변함없는 마음·정절·절개를 의미한다. 아울러 새해를 뜻하기도 하여 불로초(영지버섯)와 함께 그리면 신년여의(新年如意) 다시 말하면 '새해를 맞아 생각한 대로 되다.'라는 의미이다. 또한, 학과 소나무를 함께 그린 그림은 왕권의 신성함이나 나라의 영원불멸을 뜻하기도 한다.

석류는 하나의 껍질 속에 탱글탱글한 많은 알갱이마다 씨앗 하나씩 들어있다는 뜻으로 백자유(白子榴)라고도 한다. 이 석류 그림은 다자(多子)를 뜻한다. 이처럼 다자를 뜻하는 것으로 열매가 많이 무리 지어 달린 모양에서 포도, 주렁주렁 열린 모양에서 박 등이 있다. 한편 패랭이 꽃 그림을 축수도(祝壽圖)라고 한다. 패랭이는 석죽과 여러해살이풀로서 구맥(瞿麥)·석죽(石竹)이라고 한다. 여기서 돌을 뜻하는 석(石)은 장수를 의미하고, 대나무를 뜻하는 죽(竹)은 발음이 '축하한다는 뜻'의 축(祝)과 흡사하기 때문에 '장수하심을 뜻한다.'는 의미가 된다. 또한, 패랭이꽃 그림 즉 석죽화(石竹花)는 '돌처럼 변치 않고 대나무처럼 늘 푸른 청춘을 유지하라.'는 기원을 담기도 한다.

고양이와 나비를 그린 그림이 모질도(耄耋圖)이다. 여기서 고양이는 70세, 나비는 80세 노인을 상징한다. 따라서 모질도는 70~80세 노인을 의미한다. 중국에서 모(耄)는 '고양이 묘(猫)'와 질(耋)은 '나비 접(蝶)'과 읽는 방법이 같다는 데서 생긴 개념이다. 한편 박쥐는 한자로 편복(蝙蝠)으로 나타낸다. 그런데 '박쥐 복(蝠)'의 발음이 '복 복(福)'의 발음이 같다는 뜻에서 오복(五福) 즉 수(壽)·부(富)·강녕(康寧)·수호덕(修好德)·노종명(老終命)을 나타낸다.

수묵담채화로 여백의 미를 자랑하는 동양화는 미욱한 마음과 청맹과니의 눈으로 보면 그저 단순 담백해 허전한 것 같다. 하지만 좀 더 깊게 들여다보면 외형상 느낌과 너무 다른 심오한 뜻과 교훈이 담겨있다. 화려한 서양화가 현란해 시각적으로 눈길을 끈다면 동양화에 내포된 철학과 깊고 높은 혼이 살아 용트림하는 격이 아닐까 싶은 문외한의 편감이다.

한올문학, 2023년 1월호(통권 157호), 2023년 1월 10일
(2022년 9월 14일 수요일)

동양화의 다양한 소재 이야기

정처 없이 유랑하는 멋쟁이로서 무애도사인 구름 얘기다. 자고로 구름은 생성과 소멸을 시도 때도 없이 되풀이한다는 맥락에서 무한성을 지녔다고 생각했다. 이런 신비로움을 영생이라고 인식했을 뿐 아니라 산천의 기운이나 문물의 생기라는 뜻으로 여겼다. 그런 까닭일까. 단순한 구름이라고 여기지 않고 상서로운 구름이라 하여 서운(瑞雲)은 '좋은 일을 기원한다.'고 여겼다. 이처럼 불가사의한 존재라고 여겨 십장생도(十長生圖)의 일부가 되지 않았을까.

매화나무 매(梅)와 눈썹을 뜻하는 눈썹 미(眉)의 독음(讀音)이 유사하다는 의미에서 매화(梅花)는 '눈썹이 하얗게 세도록 부귀를 누린다.'는 뜻으로 인식되었다. 한편 '매화와 달을 한 폭의 그림으로 함께 그리면 백미(白眉)가 되도록 즐거움을 누린다.'는 미수(眉壽)가 된다. 그런가 하면 혹독한 겨울에도 꽃을 피운다는 이유에서 '어떤 난관도 이겨내고 꽃을 피울 수 있다.'는 의미라고도 인식했다. 선조들은 이런 매화의 특성을 꿰뚫어 “매화는 일생을 춥게 살아도 향을 팔지 않는다.”는 뜻으로 매일생한불매향(梅一生寒不賣香)이라 이르고 화괴(花魁)라고 부르지 않았을까.

예로부터 대나무 그림은 지조와 절개를 상징했다. 또한, 강한 비바람에도 끄떡없이 견뎌낸다는 의미에서 역경과 고난도 이겨내고 일어선다는 강인함의 의미를 함축한다고도 여겼다. 한편 언제나 푸르름을 잃지 않는 기개를 ‘의지나 계획을 반드시 관철 시킨다.’ 혹은 ‘어떤 난관이나 역경에서도 뜻이 변함없다.’는 의미의 관점에서 일편단심·지조라고도 해석해 왔다.

그 옛날 나라에서 벼슬아치들에게 주는 봉급을 녹봉(祿俸)이라고 했다. 따라서 녹봉은 벼슬자리에 올랐다는 징표이다. 한편 사슴을 나타내는 ‘사슴 록(鹿)’은 ‘복 록(祿)’과 음이 같다는 이유에서 같은 뜻으로 사용했었다. 이런 이유에서 사슴 그림은 록(祿)을 받는 사람 즉 벼슬길로 나가라는 기원이 담겨있다. 게다가 사슴뿔은 매년 돋아났다가 빠진다는 관점에서 장수·재생·영생의 존재로 여겨 신성시했다. 또한, 큰 눈과 온순한 성품은 세속을 초월해 때묻지 않은 영혼이 순수한 선비를 닮았다고 여기기도 했다.

천도(天桃)는 이름 때문인지 하늘에서 자란다는 전설이 있으며 벽도(碧桃) 혹은 승도(僧桃)라고도 부른다. 여기서 벽도는 초록색이 변색되지 않은 채로 익는 관점에서 붙여진 이름이다. 그리고 승도가 함축하는 의미는 ‘천도의 털이 없는 것을 스님들의 깎은 머리에 빗대서 붙여진 이름'으로 보인다. 한편 잘 익은 천도는 득도한 후에 신선이 먹는다고 하여 선도(仙桃)라고 호칭되며 장수를 의미한다. 그 옛날 중국 고사에서 한무제(漢武帝)에게 바쳐진 서왕모(西王母)의 천도를 동방삭(東方朔)이 30개 중에서 3개를 훔쳐 먹고 3천 갑자(甲子 : 60년×3000=180,000년)를 살았다는 전설이 전해지고 있다. 또한, 천도 중에는 다 익었을 때까지 초록색을 유지한다는 맥락에서 젊음을 뜻하기도 한다는 귀띔이다. 한편 복숭아를 여러 개 그리면 다수도(多壽圖)이고, 복숭아를 내미는 그림은 공수도(供壽圖)가 된다.

밤(栗)과 대추(棗) 얘기이다. 흔히들 대추는 아들을, 밤은 딸을 뜻하는 것으로 알고 있다. 이는 잘못 이해한 것이라는 지적이다. 한편 '대추나무 조(棗)'와 같은 소리로 읽는 '새벽 조(早)'로 바꾸고, '밤나무 율(栗)'자가 중국어로 발음할 때 '설 립(立)'과 같다는 데서 '설 립(立)'을 취하여 '조립자(早立子)'를 만들면 '아이를 일찍 낳아라.'는 뜻이 된단다. 그 옛날 대(代)를 잇는 것은 무엇보다 중시하던 가치관이 지배하던 시절 혼인하여 빨리 아들을 낳아 대를 잇는 것은 무엇보다도 중요했다. 그런 풍습에서 혼인하는 날 시부모들이 새댁 차마 폭에 대추와 밤을 던져 주었다는 전언이다.

우리나라에서는 한해살이풀이지만 따뜻한 곳에서는 여러해살이풀인 여뀌가 있다. 이 여뀌를 한자로는 '여뀌 료(蓼)'로 표기한다. 여기서 '여뀌 료(蓼)'는 '마칠 료(了)'와 같은 의미로 쓰인다. 그래서 여뀌 그림은 결국 '학업을 마치다.'는 뜻으로 쓰인다. 한편 맨드라

미는 쌍떡잎식물로 한해살이풀이다. 이 꽃의 모양은 수탉 머리의 벼슬과 비슷하다는 이유에서 계관화(鷄冠花)라고 일컫는다. 결국, 이는 닭이 관을 쓴 꽃이라는 뜻이 된다. 그러므로 이 꽃의 그림은 벼슬을 한다는 의미를 나타낸다. 모란(牧丹)은 화중지왕(花中之王)으로 부귀, 난초(蘭草)는 자손을 뜻한다.

단명한 시대 때문일까. 장수와 노인을 나타내는 그림 소재가 특히 많았다. 매화와 연관되어 생겨난 '백미(白眉)가 되도록 즐거움을 누린다.'는 미수(眉壽)를 비롯해서 십장생(十長生) 즉 백령(百齡)을 뜻하는 소나무가 장수를 뜻한다. 또한, 향나무를 나타내는 '나무 이름 백(栢)'은 일백 백(百)을 뜻하는 것으로 여겨 향나무 그림은 결국 백수(百壽) 즉 장수(長壽)를 의미한다. 이들 외에도 패랭이꽃 그림은 석죽도(石竹圖) 또한 축수도(祝壽圖)로서 장수의 의미가 있고 국화(菊花)·수석(壽石)·바위·학(鶴)·박쥐(蝙蝠)·장생과(長生果 : 땅콩) 등도 장수의 의미를 함축하고 있다. 한편 머리 깃털이 흰색의 새인 백두조(白頭鳥)는 백발노인을 뜻한다. 그리고 고양이를 나타내는 '고양이 묘(猫)'가 '늙은이 모(耄)'와 득음이 같다는 이유에서 70세 노인을 의미하고, 나비를 한자로 나타내는 '나비 접(蝶)'이 '늙은이 질(耋)'과 읽는 소리가 같다는 이유에서 80세 노인을 뜻한다. 한편 부엉이를 묘두응(猫頭鷹 : 고양이 머리를 가진 매)라 하여 '노인이 70세(古稀)가 되었음을 축하한다는 의미가 담겨'있다. 장미(薔薇)는 한자로 장춘화(長春花)로 표기하는데 '봄이 길다.'는 즉 '오래도록 젊음을 유지'하라는 뜻이 담겨 있다.

동양화에서 특별한 의미를 나타내는 소재들이 무척 많지만, 그 중에 몇 가지만 추가로 살핀다. 먼저 닭은 주로 수탉의 볏 즉 계관(鷄冠)의 생김새가 관(冠)을 쓴 모양 같다고 하여 벼슬길에 올라 이름을 빛내는 것으로 받아들이고 있다. 한편 오리는 한자로 '오리 압(鴨)'으로 표기하는데 여기서 갑(甲)을 따서 첫째라는 의미로 쓰인다. 결국, 빼어난 성적으로 과거에서 장원급제하라는 의미이다. 까치와 참새는 다 같이 기쁨 즉 희(喜)를 상징한다. 그런데 까치 두 마리를 그리면 부부가 해로의 기쁨을 누린다는 의미이다. 한편 까치는 한자로 희작(喜鵲), 참새는 작(雀)으로 표기하기 때문에 '둘의 읽는 소리(까치 작(鵲)과 참새 작(雀))'가 같다.

달(月)은 즐거움 즉 락(樂)을 나타내며, 귤(橘)은 대길(大吉)을 의미한다. 그런가 하면 원앙(鴛鴦)은 부부의 금슬을 뜻하며, 기러기는 한자로 '기러기 안(雁)'으로 표기하는데 같은 음의 '편안할 안(安)'의 뜻으로 사용된다. 또한, 기러기는 암수의 사이가 좋은 것으로 알려져 부부의 해로를 나타내기도 한다. 한편 흰 사슴 즉 '백록(白鹿)'은 같은 음의 '백록(百祿 : 백 가지, 복록)'의 의미로 쓰인다. 대나무의 순(筍)이 죽순(竹筍)이다. 여기서 '죽순 순(筍)'을 비슷한 발음인 '손자 손(孫)'으로 바꿔서 자손이나 손자라는 뜻이다. 끝으로 '책꽂이와 어항 속에 쏘가리' 그림은 '높은 벼슬을 기원한다.' 뜻이다.

동양화 혹은 한국화에 대해서 전혀 배운 바가 없기 때문일까. 여태까지 그들을 대하면서 별다른 의미 없이 산수·자연·동식물을 그때그때 적당히 그린 것으로 생각했었다. 그러다가 귀중한 자료를 얻어 찬찬히 들여다보던 중에 나 자신의 무지와 형편없는 안목에 할 말을 잃었었다. 만시지탄일지라도 능력이 허용하는 범위 내에서 부족하고 모자라는 부분을 조금씩 채워 나갈 요량이다.

2022년 9월 15일 목요일

천재일우 이야기

몇 겁(劫)*을 지나는 동안 한 번 만날까 말까 하는 행운이 찾아 왔을 때 흔히들 천재일우(千載一遇)라는 말을 떠올리게 된다. 이를 곧이곧대로 해석하자면 '재(載)를 천(千) 번 맞은(지난) 뒤에 단 한 번의 만남(一遇)'이라는 의미이다. 그렇다면 과연 어느 정도의 세월이 지난 후에 만남이라는 의미인지 정확히 따져 헤아려 본다.

서양과 달리 우리가 사용하는 큰 수의 단위와 의미를 간추려 요약하면 다음과 같다.

/ '만(萬 : 10^{4})·억(億 : 10^{8})·조(兆 : 10^{12})·경(京 : 10^{16})·해(垓 : 10^{20})·자(秭 : 10^{24})·양(穰 : 10^{28})·구(溝 : 10^{32})·간(澗 : 10^{36})·정(正 : 10^{40})·재(載 : 10^{44})·극(極 : 10^{48})·항하사(恒河沙 : 10^{52})·아승기(阿僧祇 : 10^{55})·나유타(那由陀 : 10^{60})·불가사의(不可思議 : 10^{64})·무량대수(無量大數 : 10^{68})' …… /

우리는 좋든 싫든 일상생활에서 크고 작은 수를 셈하거나 기억하며 살아가게 마련이다. 특수한 분야를 제외하면 기껏해야 만(萬)·억(億)·조(兆)·경(京)을 넘는 경우가 거의 없다. 그 이상 수의 단위에 관해서는 관심도 없고 알아야 할 이유도 없다. 이런 분위기 때문인지 거의 모든 사람이 '재(載)'가 수(數)의 단위라는 사실 자체를 모른다. 게다가 혹여나 재가 수의 단위라고 인지하고 있어도 정확히 수치로 어느 정도의 큰 수를 이르는 개념인지 아는 경우는 거의 없다고 봐야 한다.

먼저 재(載)는 정확하게 10^{44}를 의미한다. 그러므로 '숫자 1 다음에 0(零)이 44개 붙은 만큼의 세월'을 이르는 개념이다. 결국 '10^{44}의 세월이 천(千) 번을 지나'야 천재(千載)가 된다. 일반적으로 우리가 다루는 수(數) 중에 가장 큰 수중에 하나라고 생각하는 '경(京)이 10^{16}'인데 비해서 '재는 10^{44}'이다. 여기에 비하면 인류의 역사는 촌음이나 찰나에 지나지 않을지 모른다. 어찌 되었든 '천재의 세월만에 한 번 맞이하는 일우(一遇)'가 곧 천재일우이다. 수치적으로는 수긍이 되지만 보통의 셈법으로는 가늠할 수 없는 상상의 세월이 흘러가고 나서 만남이니 오죽이나 귀한 기회이겠는가.

현생(現生) 인류의 조상인 호모 사피언스(homo sapiens)가 출현한 지 겨우 20만 년 전 남짓 지났다. 여기에 얼마에 보태야 천재가 될까. 한편 요즘 인간의 수명이 길어져 백세(百歲) 즉 기이(期頤)*까지 사는 세상이라도 몇 억 만 번을 다시 태어나야 천재에 이를까. 아마도 일생동안 지속적으로 수만을 헤아려도 천재에 이를 수 없으리라. 이처럼 어림하거나 감을 잡기도 어려운 세월이 지나고 난 뒤에 한 번의 만남 즉 일우이니 얼마나 크나큰 축복을 받은 셈인가. 한 개인이 그런 천재일우의 기회를 맞는다는 것은 선조 때부터 억겁의 세월에 걸쳐서 선업(善業)을 짓고 어진 덕을 쌓고 또 쌓아야 겨우 얻을지 말지 한 것이리라.

분명 장수 시대라고 하지만 몇 천만 번 다시 태어나도 천재에 도달할 수 없음은 자명하다. 이 같은 맥락에서 문자 그대로 천재일우는 헤아리기 어렵기에 유한한 삶을 누리는 인간이 감히 꿈꾸거나 넘볼 수 없을 상상 밖의 개념이다. 그러므로 수천만 년 만에 단 한 번 맞이한다는 뜻으로 이해하고 '운이 좋으면 일생에 한 번 만날 기회를 이르는 말' 쯤으로 받아들이면 큰 무리가 없을 것 같다.

* 겁(劫) : 불교에서 천지가 한 번 개벽한 때부터 다음 번 개벽할 때까지의 오랜 기간을 이른다.

* 기이(期頤) : 백 살의 나이. 또는 그 나이의 사람.

2022년 10월 21일 금요일

계묘년 원단의 단상

새해인 계묘년(癸卯年)의 첫날 아침이다. 혹자는 새해 첫날은 해가 바뀔 때마다 되풀이되는 그저 그런 날로 치부할지 모른다. 하지만 내게는 올해 첫날은 아주 특별한 의미를 부여하고 싶다. 그 이유는 단순 명쾌하다. 우선 내 조부모나 부모가 살아보지 못했던 수를 누리는 원년인 데다가 아울러 70대의 마지막 해이기 때문이다. 물론 장수 시대에 일흔아홉의 나이는 청년에 해당한다고 일러도 큰 병치레 없이 건강한 상태로 맞이하는 새해 첫 아침 마당은 마냥 설레고 신선해 전율하고 있다.

같은 태양일지라도 어제 임인년(壬寅年) 해넘이 때의 그것과 새해 첫날인 오늘 아침 동녘에 이글거리며 불끈 솟아오르는 해돋이는 사뭇 다른 느낌이다. 천지신명께 빌고 또 빌련다. 그렇다고 젊은 날처럼 무모하게 도전하여 이루고 싶은 일이 많거나 열정과 패기가 넘쳐나는 게 아니다. 차분하고 조용하며 허황된 꿈보다는 소박하고 진솔한 바람뿐이다. 가족 모두 무해 무덕하고 건강하며 주위의 지인들 모두가 함께 행복하기를 간원이 전부이다.

사회학자들의 견해이다. 백세시대를 맞이하여 새로운 나이의 계산법으로 '현재 나이-15=100세 시대 나이' 혹은 '현재 나이× 0.7=100세 시대 나이'를 제안하고 있다. 이들 방법으로 산출할 때 현재 나이 50세의 경우는 어느 방법으로 계산해도 같은 35세가 산출된다. 그런데 현재 나이 50세 미만은 전자(前者)의 방법으로 계산하는 게 적은(낮은) 나이로 산출된다. 이에 비해 현재 나이 50세 이상은 후자(後者)로 계산하는 쪽이 적은(낮은) 나이로 산출된다. 한편, 이 방식에 따라 산출된 100세 시대 나이 예순은 겨우 인생의 출발 선상에 다다랐다는 견해이다. 현재의 나이 79세는 55살 안팎으로 산출되기 때문에 청년이란다. 그들이 제시하는 장수 시대의 구분 기준은 이렇다. 앞에서 제시된 방법에 따라 산출된 100세 시대의 나이 중에서 0~17세는 미성년자, 18~65세는 청년, 66~79세는 중년, 80~99세를 노년, 100세 이상을 장수 노인이라 이르고 있다. 물론 이 기준이 진리이거나 법률은 아니지만 충분히 고려할 만하다. 이런 관점에서 현재 나이 79세 정도는 두 가지 방법 중에 어느 쪽을 적용하더라도 팔팔한 청년이기에 감히 과거의 단명시대처럼 나이를 들먹이며 거들먹거릴 계제가 아니다.

젊은 시절 결코 허랑방탕했던 적이 없다. 그렇다고 어떤 분야에 대해 끈질기게 매달려 변변하게 성공을 거뒀거나 뚜렷한 업적 또한 없다. 무명의 보통 사람으로 일터를 지키고 가정을 꾸리며 별다른 어려움을 겪지 않고 운 좋게 양지 녘에 터(址)를 잡았었다. 어쭙잖게도 그것이 성공이려니 만족하며 생을 찬미했었다. 그 같은 현실임에도 젊은 날에는 무언가를 이뤘다고 큰 착각에 빠져있었다. 막상 세월이 지나고 황혼 길에서 돌아보니 그것은 허황된 판단으로 손에 거머쥔 이룸이나 남은 게 전혀 없는 빈손인데도 별로 섧거나 떫지 않다. 왜냐하면, 결과와 관계없이 최선을 다했던 지난날이라는 생각 때문이다. 이런 철학을 바탕으로 선인들이 인생은 공수래공수거(空手來空手去)라고 일갈했던가 보다.

80세를 청년이라 함은 어쩌면 구두선(口頭禪)에 지나지 않을지 모른다. 현실적으로는 아무런 준비 없이 장수 시대가 활짝 열려 정신적으로나 제도적으로 제대로 된 대비 없이 허울 좋은 말의 성찬만 난무하기 때문이다. 은퇴한 뒤 생계를 위해 일자리가 절실한 노인들이 일거리를 찾으려 해도 어연번듯한 일자리 찾기는 황소가 바늘구멍으로 빠져나가기보다 어려운 현실이다. 눈에 불을 켜고 사방을 샅샅이 뒤져봐도 젊은이들이 거들떠보지 않는 하찮은 경비나 노란 조끼를 걸치고 파트타임(part time)으로 참여하는 공공일자리가 고작이다. 그것도 운이 좋은 일부에게나 주어지는 시혜일 따름이다. 그런 때문에 번개처럼 지나간 젊은 날이 그립고 청춘이 허무해 당나라 시인 백거이(白居易)의 시 〈花非花 : 꽃인 듯 꽃이 아니요〉를 읊조리고픈 충동이 절로 생기지 싶다.

/ 꽃인 듯 꽃이 아니요, 안개인 듯 안개도 아닌 것이(花非花 霧非霧 : 화비화 무비무) / 한 밤에 왔다가 동이 트면 떠나가네(夜半來 天明去 : 야반래 천명거) / 봄날의 꿈처럼 와서 잠

시 머물다(來如春夢幾多時 : 내여춘몽기다시) / 아침 구름처럼 사라지니 찾을 길 없어라(去似朝雲無覓處 : 거사조운무멱처) /

단명한 시대에 일터에서 물러난 뒤 앞으로 살날이 매우 짧다는 의미에서 여생(餘生)이라고 하여 그 기간을 적당히 즐기다가 생을 마감하면 된다는 분위기가 지배했었다. 하지만 장수 시대엔 젊음을 바쳤던 일터에서 물러나 살아갈 세월이 물경 30~50년이 되는 까닭에 제2의 생을 위해서 경제력이 필요해 황혼에 일자리를 찾는 경우가 흔하다. 이런 사회적 분위기가 자연스레 자리 잡으며 전문가들은 60세 이상 현역으로 활동하는 모두를 신중년(新中年 : new senior)이라는 개념으로 정의하고 있다. 이 같은 맥락에서 요즘 80의 나이는 젊은 청춘으로 자리매김하는 게 당연하지 않을까.

돌이켜 생각하니 지난 세월 진정 내가 했거나 이룬 게 뭘까. 태어나 성장하며 공부하는 척 시늉을 하다가 다행스럽게도 30대 중반부터 대학에 자리를 잡았었다. 백수(白首) 무렵에 직에서 물러났으니 어쩔 수 없이 세상 물정에 어두운 책상물림이 틀림없다. 그럼에도 내세울 바가 마땅찮은 나를 어떻게 합리화시켜야 할까. 황금 같은 세월을 세류에 적당히 타협하고 야합하며 어우렁더우렁 보낸 업보로 인해서 앞으로 어떤 삶이 펼쳐질까. 비록 어떤 시련이나 벌이 내려진다 해도 탓하거나 구차하게 피하지 않고 하늘의 뜻을 겸허하게 수용할 요량이다. 하지만 70대를 마감하는 올해를 시작으로 앞으로 삶을 다하는 순간까지 또 하나의 바람이 있다. 한

마디로 요약할 때 글에 전적으로 매달려 좋은 글 한 편이라도 쓸 수 있도록 은전을 베풀어 준다면 더없는 축복으로 여기고 기꺼이 최선을 다할 각오이다. 아울러 같은 길을 가며 글밭을 가꾸는 경향 각지의 동도에게도 문운이 활짝 열리는 올해가 되길 소원한다.

시와늪, 2023년 신년호(통권 58호), 2023년 1월 22일
(계묘년 원단)

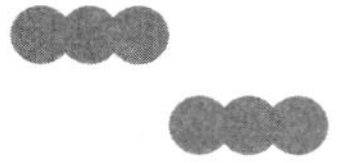

망초와 개망초

현재 우리 아파트 정원에 자생하는 대표적인 잡초가 망초(網草)와 개망초이다. 누군가가 일부러 옮겨 심거나 씨를 뿌려 기른 것도 아니련만 지나치게 많다. 노후화된 아파트를 재건축하면서 지하에 주차장을 만들었기 때문에 땅 표면의 흙을 모두 파내서 반출해 버렸다. 그 후 지하 주차장 시설공사를 마치고 다시 외부에서 새로운 흙을 옮겨다 매립했다. 그런데 어디서 그 많은 씨앗이 혼입되어 매년 끈질기게 새싹이 돋는지 이해할 수 없다.

재건축한 지 칠팔 년 된 아파트로 여덟 개 동에 구백여 세대가 거주하는 중형 단지이다. 타원형 대지를 양쪽으로 나누어 네 개 동씩 건축되었고 중앙에는 연못과 어린이 놀이터를 위시해서 수목원을 방불케 하는 정원이 자리 잡고 있다. 또한, 아파트의 바깥쪽의 울타리 쪽에도 큰 타원형 정원으로 꾸며져 있다. 그런 때문에 입주민의 모든 차량은 지하로 드나들고, 청소나 택배 혹은 이삿짐 차량 따위만 지상으로 오가고 있다. 결국, 아파트 단지 내엔 여덟 동의 아파트와 필수적인 통로를 제외한 나머지는 몽땅 정원이다. 여기에 자생하는 야생초의 대세는 축복받지 못한 그들이다.

한해살이풀이 아니라는데 문제가 있다. 아파트 관리사무소에서 전문 업체에 용역을 줘 매년 두 차례 정도 아파트 내 정원의 제초 작업을 한다. 풀을 뽑는 게 아니라 예초기로 깎기 때문에 뿌리가 그대로 남아있다가 이듬해 봄에 되면 새싹이 돋아나는 관계로 완벽하게 제거되지 않는다. 제대로 된 대응책은 오직 하나뿐으로 일일이 뿌리째 뽑아내야 하는데 아무도 관심이 없다. 이런 상태이기 때문에 해가 더할수록 그들은 점점 더 증가하는 악순환이 되풀이되고 있다.

망초는 국화과의 쌍떡잎 두해살이풀로서 북아메리카가 원산지인 귀화식물로서 큰망초, 망풀, 잔꽃풀, 지붕초라고도 호칭한다. 망초의 귀화 시기는 명확하지 않으나 구한말 개항 이후에 유입되어 경술국치(1910) 무렵엔 이전에 볼 수 없었던 이상한 풀이 전국으로 퍼지면서 망국초(亡國草)라고 부르기도 했었다는 기록이다. 한편 명사 앞에 붙는 접두사(接頭辭)인 ‘개’는 개살구나 개나리를 위시한 개차반 따위에서처럼 부정적인 의미를 강조하는 뜻을 내포하고 있다.

망초의 잎은 가늘고 끝이 뾰족하며 연한 초록색이다. 한편 줄기 전체에 털이 나 있으며 곧은 줄기 모양으로 대략 150cm 내외 정도의 키로서 비교적 큰 편이다. 하나의 줄기에 많은 잔가지가 뻗어나고 그 잔가지에 직경 3mm 이내의 흰 꽃이 수없이 달리며 개화기는 7~9월이다. 한편 개망초의 잎은 넓고 둥글며 초록색으로 진하다. 보통 30~100cm 정도로 키가 비교적 작다. 줄기는 곧게 자라다가 위쪽에서 가지가 몇 개 뻗어나며 한두 송이 흰색이나 연한 자주색 꽃이 핀다. 그 꽃의 크기가 20mm 정도로 비교적 크며 국화 모양으로 계란 프라이(fired egg)와 흡사하다는 의미에서 '계란 꽃'이라고 부르기도 한다. 아울러 개화기는 망초보다 한 달쯤 늦은 것으로 알려졌다. 이들은 모두 한 그루에 맺는 열매(씨앗)의 숫자가 무지무지하게 많아 번식력은 상상을 초월한다.

아파트의 정원에 기승을 부리며 지배종(支配種) 노릇을 하는 망초와 개망초를 보면 한숨이 절로 날 지경이다. 그러나 누구도 관심이 없어 그냥 지나친다. 기껏해야 한 해에 두 차례 예초기로 깎을 뿐이다. 그 때문에 땅속에 남아있던 뿌리에서 이듬해 봄이 되면 새싹이 돋아나 성장해 수많은 씨앗이 달렸다가 바람에 사방으로 날아가서 아무데나 뿌리를 내린다.

예로부터 '목이 말라야 비로소 우물을 판다(渴而穿井 : 갈이천정).'고 했던가. 오가며 그런 꼴에 정나미가 떨어져 이사 온 첫해부터 지상의 보행 통로를 지나다가 거슬리는 그들이 눈에 띄면 가차없이 뽑는 버릇이 생겼다. 하지만 기하급수적으로 증식되는 그들을 효과적으로 제거하거나 멸종시킬 도리가 없었다. 그런 까닭인지 오지랖 넓게 걱정이 앞서 올봄부터는 등산 갔다가 돌아오는 길에 일부러 정원 구석구석을 기웃거리며 그들을 뽑는다. 하루에 적게는 몇 십 뿌리에서 많게는 몇 백 뿌리씩 뽑아서 길옆의 적당한 모서리에 놔두면 청소하는 아저씨가 거둬 갔다.

그저께부터 어젯밤까지 제법 많은 비가 내렸다. 비가 온 뒤라서 풀을 뽑기 쉽다. 습기가 마를 때까지 진득하게 기다렸다가 점심 식사 후에 아내 몰래 슬며시 밖으로 나가 그들을 뽑았다. 내가 사는 동이 아닌 옆 동 중간쯤에서 열심히 뽑을 때였다. 아파트 둘레 길을 걷던 할머니가 다가와 살뜰하게 말을 건넸다. 젊은 입주민이 많아도 잡초를 뽑는 사람이 없었는데 머리가 허연 분이 땀을 흘리며 잡초를 제거해줘 무척 고맙다고 말하면서 주민대표 회의에 알려야겠다고 했다. 하도 민망해서 할 일이 없어 시간 보내기 위해서 하는 행동으로 그럴 가치가 전혀 없다고 하면서 공연히 헛수고하시지 말라는 당부를 했다. 아마도 할머니는 누군가에게 그 얘기를 했었나 보다. 어느 날인가 후미진 곳에서 잡초를 뽑고 있었다. 그때 부녀회장이라는 중년 여인이 다가와 감사하다면서 아파트 노인회에 가입을 권유했다. 일언지하에 거절해 전혀 뜻이 없음을 확실히 했다. 그 외에도 이것저것 꼬치꼬치 물어 적당히 말대꾸하다가 집에 바쁜 일이 있다면서 서둘러 집으로 돌아왔다. 그 뒤부터는 누군가를 만나는 게 번거롭고 쑥스러워 꼭두새벽에 나가 며칠에 걸쳐 더 뽑음으로써 아파트 정원 전체에 손길이 닿을 수 있었다.

2023년 5월 19일 금요일